JN098260

ライブラリ 経済学への招待 —— 5

財政学への招待

中川 雅之

MASAYUKI NAKAGAWA

新世社

はしがき

本書は財政学の教科書です。財政学は，政府の経済活動を扱った経済学の確立された一分野です。これまでに多くの財政学の素晴らしい教科書が記されています。そのような中で，今回私が本書を執筆したねらいと，本書の特徴を最初に述べさせてください。

本書では，「政府」を，国民あるいは住民が集団で意思決定したことを，つまりみんなで決めたことを強制力をもって実現することのできる機関だとしています。このため，集団で意思決定されたことは，私たち個人の思いとは別に実現してしまいます。つまり，自分にとって好ましくないと思われる結果を招かないためにも，私たちは集団的な意思決定の機会があれば，それを逃さずに利用すべきでしょう。

集団的意思決定に参加する機会は様々です。集団的な意思決定を行う議会を構成する人を選ぶ選挙がその代表でしょう。しかし，若い人の投票率は年々低下しています。なぜでしょうか。政府は集団的意思決定に基づいて，ずっと我々の生活を支えるインフラを整備し，長期的にも私たちの行動を規律する制度を整備します。そうであれば，この社会にとどまる時間が長い若い方ほど，集団的意思決定に参加することに意義がありそうです。

本書の中でも触れますが，若い人ほど「将来」よりも「現在」を大切にするという，人間の認知の特性があることが知られています。そのような若者の特徴が，「現在」の時間コストを支払って，「将来」の自分に影響する意思決定に参加する機会を放棄させているのかもしれません。

また，「集団的意思決定が，今の，将来の自分に与える影響」を十分に理解していない場合は，自分に与えられたその機会の価値を簡単に放棄してしまうかもしれませんね。経済学が従来前提としてきた合理的個人であれば，集められるだけの情報を集めて，整合的な思考プロセスで，自分の利害得失を考えて行動を選択するかもしれませんが、実際には人間の認知能力や注意力は，当たり前ですが有限です。集団的な意思決定に参加しないという行動を選択した結果が，自分の現在や将来にどのような影響を及ぼすかを考えないままに，それを選択している可能性は十分にあります。

財政学を学ぶことを通じて，政府の経済活動がみなさんの現在や将来にもたらす意味を，再度考えていただく機会が提供できたらと思っています。政府の集団的な意思決定に参加する方法は，選挙だけではなく様々です。公務員を目指されている方，現に公務員の方は，より直接的に政策の企画立案に参加しています。それができなくても，政府の政策について的確な評価をして，それを声に出す機会は，SNS をはじめ飛躍的に増えています。政府の方でも政策決定の際に，パブリックコメントなどみなさんの意見を求めることが多くなっています。

財政学を学ぶことを通じて，みなさんの現在，将来をより豊かにするための行動を選択していただくことが本書の目的です。ここで「みなさん」と呼びかけているのは，大学の学部生の方がメインですが，そうではなくとも公務員として，あるいは政策を評価する立場で集団的意思決定に参加したいと思っている若い方全般を想定しています。

次に本書の特徴を三つあげます。第一に，財政学の教科書で多かった，財政制度をはじめとした各種制度の解説は最低限のものにとどめているということです。既に制度の解説を詳細に行っている教科書が多く存在しているということも，一つの理由です。また，財政制度自体は集団的意思決定で変化しうるものです。私は制度を選び取る力を身に着けていただきたいと考えました。このため，現にある制度の詳細を解説することよりも，現在の制度，あるいは代替的に提案されている制度の背景にある考え方，それに対する経済学的な見方を解説することに力点を置いています。理論的な内容が多くなっているかもしれませんので，できるだけ平易に解説しています。

第二の特徴は，最近発展の目覚ましい行動経済学の成果を取り入れていることです。先にお話ししたように, これまでの経済学は合理的個人を前提に, 様々な理論を組み立ててきました。しかし，心理学実験等を通じて，人間はそこまで合理的ではないという，当たり前のことが明らかになってきました。そうであれば，必ずしも合理的ではない個人を前提として，政府活動を評価することが求められます。

第三の特徴は，危機時の政府の対応に注目していることです。執筆開始時点では，COVID-19のパンデミックがこれほど長期にわたることは想像できませんでした。想定していなかった安全保障秩序をゆさぶるような戦争も起きています。日本は大きな災害を経験してきましたし，いつ大災害が起こるかもしれない状況にあります。そのたびに，政府は危機を克服するために大きな役割を果たしてきました。しかし，そのことによって財政に大きな負担がかかっています。このような予想ができない危機だけではなく，人口減少も，予測のできる緩やかな災害として受け止めることができるかもしれません。このような危機にどのように対応すべきかを，都市経済学，地域経済学の知見を借りながら議論をしています。

みなさんの未来は，みなさん自身の日々の選択だけではなく，社会の集団的意思決定を通じた選択にゆだねられています。本書を読んでいただくことが，ご自身の未来の選択に資することを期待しています。

最後にこの書籍の刊行にあたって著者からの謝辞を述べさせていただきます。日本大学経済学部教授の鷲見英司さん，助教の安田昌平さん，日本大学経済学部の岩上晃宝さんにおいては，原稿をていねいに読んでいただきとても貴重なコメントを頂きました。著者の研究室の川久保久美さんには原稿の作成，チェックなどで面倒な作業をやって頂きました。ここに深く感謝申し上げます。

なお本書の執筆内容の研究に際しては，科学研究費助成事業（課題番号：（18H03639））の助成を受けています。

2022年7月

中川 雅之

目　次

第１部　財政学とは？

第２部　政府の仕事

第４部　政府間関係

第1部

財政学とは？

財政学とは政府の経済活動を扱った経済学の一分野です。朝起きて，顔を洗うときの水道も政府によって整備されるインフラですし，みなさんの生活のあらゆる分野に政府の経済活動は深いかかわりをもっています。それだけではなく，政府の経済活動はみなさんの将来にも大きな影響を及ぼします。第Ⅰ部では，財政学を通じて政府の経済活動に関する向き合い方を学ぶことが，みなさんの賢い未来の選択につながることをお伝えしようと思います。

第1章 なぜ財政学を学ぶのか？

財政学は政府の経済活動を学ぶ学問です。この章ではまず，「なぜ政府が家計や企業とは区別されて理解されなければならないのか」を解説します。それによって，政府が果たすべき役割とは何なのかを，検証してみましょう。そして，国に代表される政府の財政の状況を把握した上で，財政学を学ぶ意味を一緒に考えていきます。私たちは，社会全体のことを決める集合的な意思決定に参加する機会を与えられています。その機会を活用することは，我々の未来を選択することにもつながります。財政学を学ぶことが，その機会を賢く活用する助けになることを期待したいと思います。

1.1　政府はなぜ存在するのか？

●政府は何が特別なのか

財政学とは政府部門の経済活動を分析する学問です。今その財政学の教科書をみなさんは手に取っています。この第1部では「なぜみなさんに財政学を学んで欲しいのか」について，そのねらいをお話しします。

まずお聞きします。政府とは何でしょうか。そんな当たり前のことを聞くな，現に日本国政府があるではないか，という反応が返ってきそうです。しかし，その政府というのは，Aさんなどの家計（消費者），○○銀行，○○商事などの民間企業とどこが違うのでしょうか。

筆者は前に国家公務員だったこともあって，法律改正を何度も経験しました。法律を改正するためには，内閣法制局というところの審査を受けなければなりません。そのときに内閣法制局から最初に問われるのは，「この法律の法律事項は何ですか」という問でした。法律事項というのは耳慣れない言葉ですが，「法律でなければできないこと」です。「法律でなければできないこと」って何でしょうか。

それは，憲法で保障されているはずの権利を制限することです。例えば，みなさんやみなさんの親御さんが不動産を所有しているとしましょう。本来，自分の財産をどのように使おうが自由なはずです。しかし，都市計画法などの法律は，都市のある地域に建築できる建物の種類や形状を制限しています。また，みなさんが，就職して給料を得るようになれば，その中から税金が自動的に差し引かれていることがわかります。みなさんが稼いだお金ですから，何に使うかはみなさんが自由に決められるはずです。では，税金の支払いを拒否することはできるでしょうか。できないですよね。支払いを拒否したら，罰則を受けてひどい目に遭うことが目にみえています。政府の本質は，このような私たちの意思にかかわらず，あることをやらせたり，やらせなかったりする強制力にあります。

政府は個々の国民の意思にかかわらず，税を徴収します。しかし，みなさんの安全を守ってくれたり，生活や経済活動の基盤となるインフラを整備してくれたり，所得の低い人に様々な給付をしてくれたりします。しかしこのことは，「個々の国民の選好にかかわらず，ある水準の公共財や公共サービスの消費を強制している」ととらえることができるかもしれません。また，都市計画法の例を出しましたが，様々な法律で，してはならない行為やしなくてはならない行為を定めて，それを強制しています。この強制力こそが，政府部門と他の経済主体（例えば，企業や消費者）を区別する最も大きな要素ではないかと私は考えています。

これに対して，「政府以外の主体による経済活動」はどんな特徴を持つのでしょうか。ここで登場するのは企業と消費者です。これらの経済主体の経済活動は，お互いに自由意志に基づく取引によって成立しています。企業同士，消費者同士，企業と消費者間の様々な取引がありますが，それらは全て自由意志の下でお互いの合意によって行われています。このような経済活動は総体として市場メカニズムと呼ばれています。

市場メカニズムは自由意志に基づいていますから，その取引を行った者にとって，「最も好ましい選択」つまり最適なものであったことがうかがわれます。それだけではなく，市場メカニズムはある意味において，社会全体を最適な状態に到達させてくれることがわかっています。取引が本人にとっても満足のいくものであり，社会全体としても最適な状態が実現できるのであれば，「強制力を持った政府」のような存在がなぜ必要になるのでしょうか。

●市場メカニズム

ここで初級レベルのミクロ経済学の復習を行います。図 1.1 には，財 X 市場の需要曲線と供給曲線が描かれています。

需要曲線は価格が低いほど，たくさんの人が財 X を欲しがりますので右下がりに，供給曲線は価格が高いほど企業の利潤が上がるので，多くの生産が行われることから右上がりに描かれています。

需要が供給を上回っている限り，高い価格でも財 X が欲しいという人がいますから，価格は上昇します。需要が供給を下回っている場合は，低い価格でも売りたいという企業がいますから，価格は下落します。このため市場均衡は需要曲線と供給曲線の交点で決まり，市場均衡価格は P_0，均衡取引量は X_0 となります。

図 1.1 左下には，価格が与えられた場合に消費者が欲しがる財 X の量を示す需要曲線，右下には価格が与えられた場合に企業が生産する財 X の量を示した供給曲線が描かれています。

消費者余剰　図 1.1（左下図）の需要曲線の横軸を出発点として縦方向にみた場合，縦の距離は，それぞれの需要量に応じて，追加 1 単位の財に関して，消費者がどれだけの価値を感じているかを示すものと解釈することができます。

それはなぜでしょうか。図 1.1（左下図）では需要曲線のみが描かれていますが，X_1 番目の X の需要曲線の高さは，消費者がそれを手に入れるために，最大限支払ってもいい価格（付け値）と考えることができます。では，なぜ消費者は，X_1 番目の財 X にそれだけの価格を支払ってもいいと思うのでしょうか。それは，X_1 番目の財 X を手に入れるために，それだけの効用

図 1.1　市場メカニズムが社会にもたらすもの

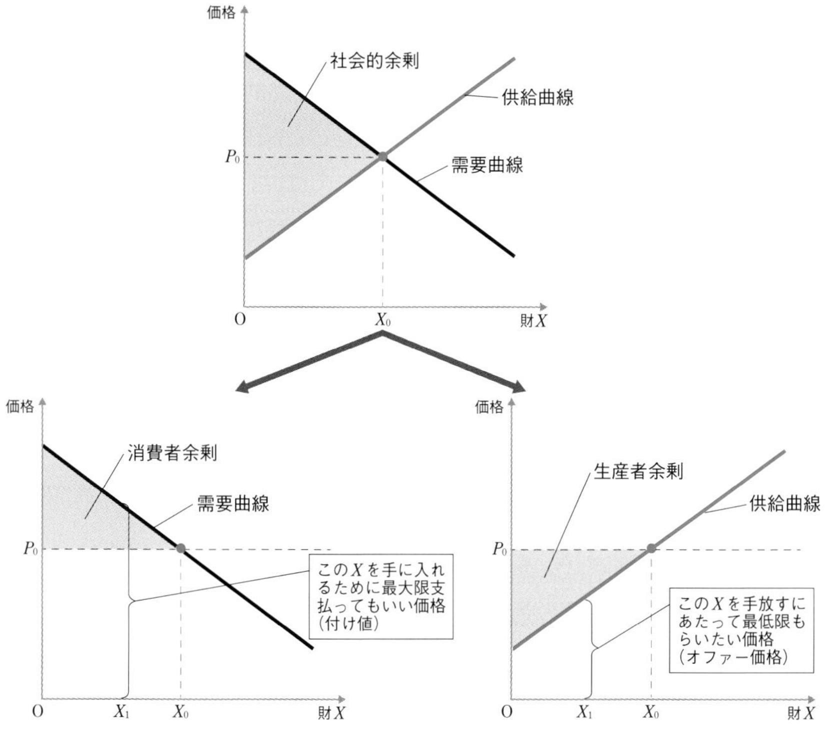

（満足感）を感じているからです。これを限界効用（限界便益）と言います。限界便益以上の価格を支払うと消費者は損をしてしまいますから，それ以上支払おうとしません。ここで，

> 需要曲線の縦の距離（財 X の消費で得られる限界便益）
> 　－ 市場均衡価格 P_0（消費者が払わなければならないコスト）

は，消費者が消費を行うことで，消費者の手元に残る効用分と考えることができます。これを消費者余剰と呼びます。消費者行動に関してこれまでに行った説明は，消費者は自らの消費者余剰を最大にするために行動するということを示しています。価格 P_0 が与えられた場合に，X_0 の財を消費することによってもたらされる消費者余剰が図 1.1（左下図）の網掛け（灰色）部分で

示されています。この消費者は，X_0 よりも少なく消費しても，多く消費しても網掛け部分以上の消費者余剰を獲得することはできません。

生産者余剰　図 1.1 右下の供給曲線は，ある財の供給量における限界費用，つまり横軸に示されている財 X の量から追加的に 1 単位を生産した場合に，どれだけの費用がかかるかを示したものと解釈できます。

それはなぜでしょうか。図 1.1（右下図）では供給曲線のみが描かれていますが，X_1 番目の財 X の供給曲線の高さは，企業がその財を手放す場合に，最低限もらいたい価格（オファー価格）と考えることができます。なぜ企業は, X_1 番目の財 X と引き換えにそれだけの価格を欲しいと思うのでしょうか。それは，X_1 番目の財 X を作るのに，あるいは手に入れるのに，それだけの費用がかかっているからです。この費用を限界費用と言います。限界費用以下の価格しかもらえなければ，企業は損をしてしまいますから，それ以下の値段では売ろうとしません。したがって，

> 市場均衡価格 P_0（生産者が得ることのできる収入）
> 　－ 供給曲線の縦の距離（財 X 生産にあたって必要な限界費用）

が，企業が生産を行うことで，手元に残る収益分と考えることができます。これを生産者余剰と呼びます。生産者行動に関してこれまでに行った説明は，企業は自らの生産者余剰を最大にするために行動するということを示しています。価格 P_0 が与えられた場合に，X_0 の財を生産することでもたらされる生産者余剰が図 1.1（右下図）の網掛け部分で示されています。この企業は，X_0 よりも少なく生産しても，多く生産しても網掛け部分以上の生産者余剰を獲得することはできません。

社会的余剰　消費者余剰と生産者余剰を合計したものを，社会的余剰と呼びます。この社会的余剰は，消費者の手元に残る効用，生産者の手元に残る収益の合計を指すため，この水準が高いほど社会にとって好ましい状態であることを意味しています。図 1.1 の上図では，これまでに述べた消費者の需要曲線と企業の供給曲線が重ねて描かれています。この二つの曲線の交点で，均衡価格 P_0，均衡取引量 X_0 が成立しています。需要曲線と供給曲線は，前述のとおり，財 X の限界便益曲線と限界費用曲線であるため，均衡では

財 X の限界便益と限界費用が一致しています。

この場合の社会的余剰の水準は，網掛け部分で示されていますが，X_0 よりも少ない取引量水準でも，多い取引量水準でも，社会的余剰はこの網掛け部分よりも少なくなります。つまり，この市場において均衡点が E_0 となる状態は，社会全体として最も好ましい状態であることになります。つまり，消費者と企業の自由な意思決定と，お互いの自由な取引によって構成される市場メカニズムは，強制力を持つ公共部門の特別な介入なしに，社会で最も好ましい状態を実現してくれるのです。

●市場の失敗と政府の仕事

公共部門の介入なしに，社会で最も好ましい状態が実現するのであれば，なぜ政府が必要なのでしょうか。それは市場メカニズムがうまく働かないケースがあるからです。そのようなケースは市場の失敗と呼ばれています。市場の失敗には，外部性，情報の非対称性，公共財，不完全競争などがあります。

さらに市場メカニズムは社会を効率性という基準で考えた場合には，最適な状態にもってきてくれますが，公平性や公正性という価値基準においては必ずしも望ましい状態を実現してくれないこともわかっています。このため所得再分配などを通じて，公平な社会を実現することが期待されています。

また，不況などによって発生する失業，設備の遊休化を緩和する景気安定化も政府の重要な仕事と考えられています。このような問題を解決するために，「強制力を持った政府」という存在を我々全員の合意の下に必要としているのです。

まとめると「政府」が行う仕事は，

- 資源配分の調整
- 所得再分配
- 景気安定化

という三つの分野が代表的な分野として位置づけられます。

政府部門というのはこのような存在意義を持っています。このことから考えれば，「みんなのためになることであれば，何をやってもいい」というものではありません。大切なのは,「みんなのためになること」を,「どういう仕組みが一番うまく達成できるか」です。財 X の生産, 消費においては市場メカニズムに任せることで, 社会にとって最適な状態がもたらされています。市場メカニズムによって解決できることは, 自由な意思に基づく相互関係によって成り立っている市場に任せた方がいいのです。

1.2 政府の経済活動の現状

財政学とは, そのような政府の活動を経済面からとらえた学問です。政府活動の本質は強制力ですから, 強制力を持ってその活動を支える歳入を手に入れることができます。また, ある財やサービスの消費を国民に強制することができます。例えば, その経済活動の概要をみるために, 2022 年度の国の一般会計の歳入, 歳出の状況をみてみましょう。図 1.2 からは, 107.6 兆円の歳入で同額の歳出を行っていることがわかります。

その使い方を具体的にみてみましょう。最も多いのは社会保障関係費で 36.3 兆円に上っています。これは後の章で詳しく触れますが高齢者, 所得の低い方, 何らかの障害をお持ちの方などに対する再分配の要素を含んだ支出となっています。年金などは, 高齢者に一定の額を支払うことを約束しているので, 自由にその支出の規模を変更するのは難しい支出になっています。その次に大きなウェイトを占めるのは, 24.3 兆円の国債費となっています。これは過去に国が行った借金の元利払いですから, 義務的に支払わなければならない支出です。その次に大きな支出は 15.9 兆円の地方交付税交付金等であり, これは地方自治体に配分してそれを地方のために自由に使ってもらう趣旨の支出です。このように, 国は 107.6 兆円と大きな経済活動を行っていますが, 時代の政策的要請に従って柔軟に「国自らの活動」を実施する余地は, かなり狭められているような印象を受けるのではないでしょうか。

一方歳入のうち, 所得税, 法人税, 消費税をはじめとした税収等は, これまで強調したように強制力を持って徴収できる歳入です。この額は, 65.2 兆円に上ります。注目して欲しいのは, 36.9 兆円に上る公債金です。これ

図 1.2　国の一般会計の歳入，歳出予算（2022 年度）

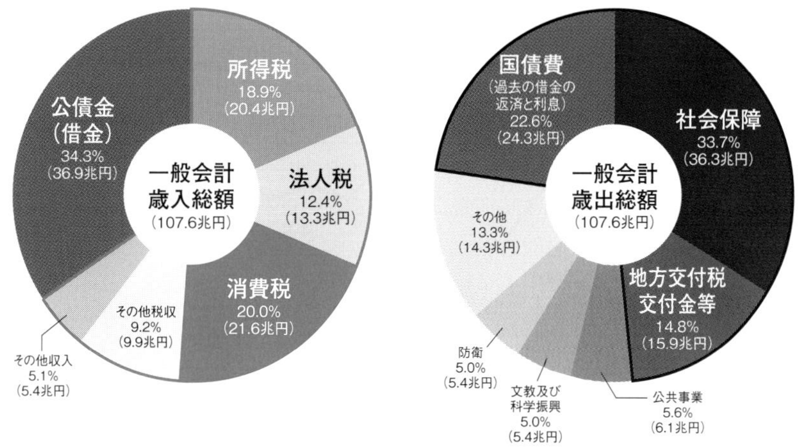

（注）　歳出の「その他」には，新型コロナウイルス感染症対策予備費（4.6%（5.0 兆円））が含まれる。
（出所）　財務省資料「これからの日本のために財政を考える」（https://www.mof.go.jp/policy/budget/fiscal_condition/related_data/202204_kanryaku.pdf）より。

は 2022 年度の国の 107.6 兆円の経済活動のうち，34.3%を借金で賄っていることを意味します。第 8 章で述べますが，国の財政状況をみなさんの家計になぞらえて理解するのは，適当ではありません。それでも歳入の 1/3 を借金に頼って，支出の 1/4 を過去の借金の元利払いに充てている状態は，好ましくないと考える人が大半を占めています。なぜこのような状況に陥ってしまったのでしょうか。また，これから何かを変えなければならないのでしょうか。それをこれから一緒に考えていきましょう。

1.3　なぜ財政学を学ぶのか？

●自ら選んだ結果

先ほど政府活動の大きな特徴は「強制力」だと言いました。それは，我々は，何かを押しつけられているということなのでしょうか。

繰り返しになりますが，市場での決定は，自分が自由意志に基づいて行わ

図 1.3　衆議院総選挙における世代別投票率の推移

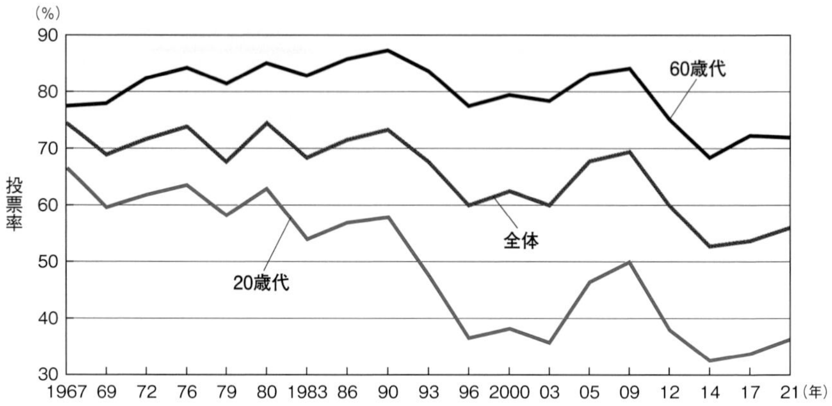

(出所)　総務省資料 (https://www.soumu.go.jp/main_content/000255967.pdf) より筆者作成。

れます。一方，政府活動にかかわる決定は，「みんなが使用する財・サービスをどれだけ供給するのか」，「社会の不公平を是正するためにどれだけの所得移転を行うか」，「そのためにどれだけの財源をどのような形で徴収するか」ということを「集団的」に意思決定します。その決定されたことは，「みんなで決めたこと」ですから，強制力をもって執行されることになります。この集団的意思決定は議会で行われます。これらのことを考えれば，みなさんは議会での集団的意思決定を行う議員を選ぶ際に，集団的意思決定に参加すると考えることができます。意思決定に参加できるのであれば，その決定を「押しつけられた」ものと考えなくてもいいかもしれませんね。

しかし，世代別にこの集団的意思決定への参加の度合いは大きく異なることがわかっています。図 1.3 には衆議院議員総選挙における世代別の投票率の推移が描かれています。これをみると，若い世代の投票率は，いずれの選挙においても他の世代に比べて低く，しかもその差が拡大してきていることがわかります。例えば衆議院総選挙における 20 歳代の投票率は全体の投票率に比べ，1970 年代は 10 ポイントほど低かったものが，現在は 20 ポイントほどの差になっていることがわかります。

それでは，若者の投票率が低いことは何をもたらすのでしょうか。もとも

図 1.4　世代別人口比率と投票比率

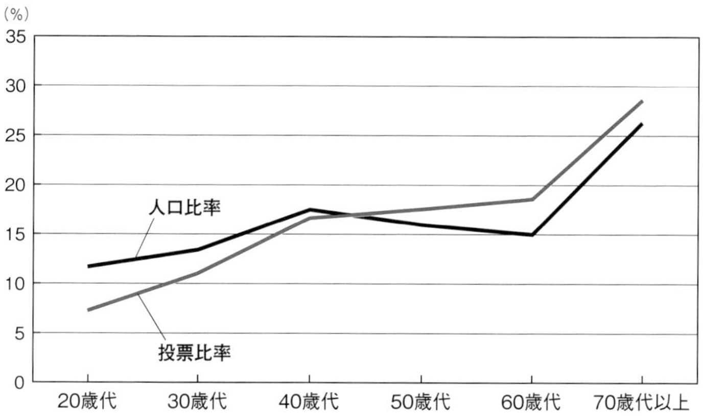

（出所）　人口比率は「国勢調査」(2020 年)（総務省統計局）を，投票比率は図 1.3 の 2021 年の年代別投票率を使用して筆者作成。

と少子高齢化が進む日本では，20 歳代の人口比率は 11%にすぎません。一方 60 歳代の人口比率は 15.0%，70 歳以上の人口比率は 26.6%に上ります（図 1.4)。これに，図 1.3 で示された最新の世代別投票率をかけて，世代別の投票比率を求めてみましょう。その結果，20 歳代は 7.4%，60 歳代は 18.6%，70 歳代以上は 28.6%に上ります（図 1.4)。投票が集団的意思決定に関する発言力だと考えれば，若い世代の発言力は高齢世代の 1/4 ～ 1/3 程度しか発揮されていないようにみえます。しかし，それは自ら選んだことです。

これはある意味奇妙なことのようにも思えます。選挙が現在の制度や政府の経済活動の在り方を規定するものだとしましょう。制度は長い間存続することが普通ですし，前節でみたように，現在の政府の経済活動が大きなローン残高（公債金）を作ってしまった場合には，将来世代の税金の使い道は限定されてしまうことにもなりかねません。しかし，長く続く制度や将来の政府の経済活動から影響を受けるのは，今の若者ではないでしょうか（図 1.5)。

図 1.5　選挙を通じた集団的意思決定への参加

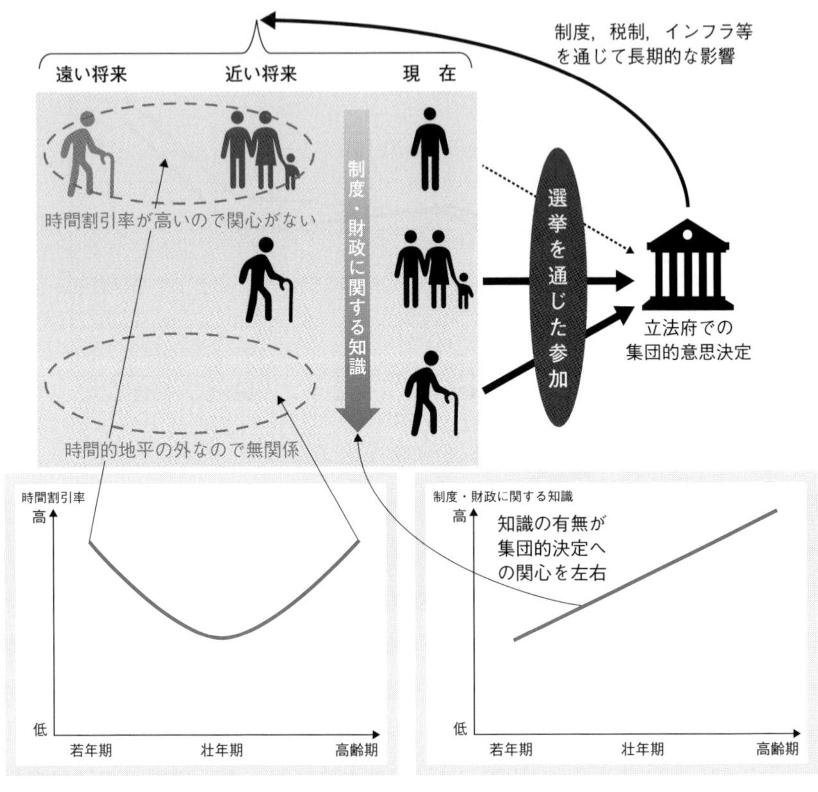

●将来を真剣に考えることの大切さ

このことには，若者の認知能力の特性が影響している可能性があります。人はそれぞれ「現在」と「将来」のことをどの程度考えて行動するかについて，差異があります。この差異は，後ほど詳しく説明しますが時間割引率というものによって測られます。時間割引率とは，「将来」と「現在」のどちらを大切にするかという指標で，時間割引率が高い人ほど，「将来」よりも「現在」を大切にする人となります。近年発展が著しい行動経済学の研究では，若い世代と高齢世代は時間割引率が高いと言われています（図 1.5）。

しかし，高齢世代も時間割引率が高いのであれば，将来を決める集合的意思決定に参加しないことになりますが，なぜ若者だけが集合的意思決定に参加しないのでしょうか。これには，そもそも政府の経済活動の在り方について「十分な知識」がないということが影響しているかもしれません（図 1.5）。自分にとって合理的な選択を行うためには「十分な知識」が必要です。長い間生きていれば，様々な経験を積むことによって，制度や財政運営が自分の現在のみならず，将来の自分にどれだけ大きな影響を及ぼすかについての知識を身に着けることができるかもしれません。しかし，若い方がそのような知識を身に着けるためには，アンテナを高くして新聞やテレビを通じて日々の出来事を知り，それに対する様々な人の評論を聞く以上に，系統的にまとめられたものを吸収する努力が必要なのかもしれません。財政学はそのような系統的な知識の取得に非常に有効なものと考えられます。本書はそれだけではなく，行動経済学の知見をお伝えすることで，特に若い方に将来を真剣に考えることの大切さを伝えたいと考えています。

●本書について

この本を手に取ってくれているみなさんは，どんな方でしょうか。政府部門で政策の企画・立案・執行を行っている方，またはそのような仕事につきたいと思っていらっしゃる方かもしれません。そういう方には，ぜひご自分の仕事が財政学の原理原則からみて，どのような立ち位置にあるかを確認していただければと思っています。また，政府部門でお仕事をされていない方も，現在の政府部門の活動が財政学の原理原則からどのように評価できるかを確かめていただきたいと思います。そのような国民の評価が選挙制度を通じて，政府活動を正しい方向に向かわせるのです。学生の方には，ぜひそのような能力を持った社会人として旅立つための基礎を学んでいただきたいと思います。

このため本書ではまず「第２部　政府の仕事」として，図 1.2 の歳出面に注目した解説を行います。第２章では公共財を取り上げます。図 1.2 の「公共事業」，「文教及び科学振興」，「防衛」など，それぞれは大きな項目ではありませんが，民間では供給できない公共財の供給は最も重要な政府の仕事の一つです。第３章では，図 1.2 で最も大きな比率を占める社会保障のうち，所得再分配と呼ばれる機能の解説を行います。さらに第４章では同じように社会保障の中に含まれるものの，少子高齢化の影響で急速に増加している歳出項目である社会保険を取り上げます。第５章では何度も起こる不況に対して，第６章では大災害やコロナ禍などの危機に対して，政府がどのような役割を期待されるのかを説明します。

「第３部　政府の財源調達」では，図 1.2 の歳入面に注目した解説を行います。第７章では税に注目して，税が社会にどのような影響をもたらすのか，どのような税が好ましいのかを解説します。第８章では前節でも触れたように，多くの人が心配している公債に関する解説を行うこととします。

最後に「第４部　政府間関係」では，国と地方の関係について解説します。今後，人口減少がさらに進む日本においては，地方部の活力が低下していくことが心配されています。その問題にどのように向き合うべきなのかを，一緒に考えていきたいと思います。

本書では伝統的な経済理論に基づきながら財政学の解説を進めます。しかし，近年発展が著しい行動経済学では，人間は伝統的経済理論が前提とするほど合理的ではないことがわかってきています。そのような，必ずしも合理的ではない人間を前提とした場合，どのような示唆が得られるのかについても解説を加えます。そして，読者の多くを占めるだろう若い方に，これから過ごす将来の生活の質を高めるために，どのようなシナリオを避けるべきなのかについても一緒に考えていきたいと思っています。

◆ 練習問題

問 1.1　市場メカニズムが社会を最適な状態にしてくれるというのは，どういう意味でしょうか。何を最大化してくれるのでしょうか。適切でないものを，以下から選択してください。

① 消費者余剰
② 生産者余剰
③ 社会的余剰
④ 所得

問 1.2　2022 年度の国の歳出予算で最も大きな比率を占めているのは，以下の歳出項目のうちどれでしょうか。

① 地方交付税交付金等
② 防衛費
③ 国債費
④ 社会保障費

問 1.3　2022 年度の国の歳入予算でどの程度の比率を国債に依存しているのでしょうか。最も近いものを選んでください。

① 1 / 2
② 1 / 3
③ 1 / 4
④ 1 / 5

問 1.4　政府はどのような仕事をすることを期待されているのでしょうか。適切でないものを，以下から選択してください。

① 国民のためになる全てのこと
② 市場の失敗の是正
③ 所得再分配
④ 景気安定化

第2部

政府の仕事

第1部では政府は「みんなのためになることであれば」，無制限に「どんな分野でも」，「どんな仕事でも」やっていいわけではないことを説明しました。つまり，市場の失敗が存在する場合や，公平な社会を実現するために必要な場合，不景気で失業があふれている場合においてのみ，政府の介入が期待されるのです。現在の日本の財政はその原則が守られているのでしょうか。第2部では政府の歳出について議論を深めたいと考えています。

第2章
公共財の供給

この章では市場の失敗の代表例である公共財について解説します。まず，公共財の供給を市場メカニズムのような自由な意思決定にゆだねた場合に，十分な公共財の供給が行われないことが示されます。さらに，ほとんどの先進国では政府の公共財の供給を議会がチェックする仕組みを採用していますが，その理由について解説します。また，人間が一定の利他性を有しているという行動経済学の知見を紹介し，そのことが公共財供給にどのような意味を持つのかを一緒に考えてみましょう。最後に，公共財供給の効果に関する評価技術の発展を眺めた上で，今後の公共財供給の在り方について議論します。

2.1　公共財の理論

前章の図 1.2 では最も大きい歳出項目ではありませんが，公共事業（歳出全体の 5.6%），教育及び科学技術（同 5.0%），防衛（同 5.0%）という歳出項目が計上されています。これらは，一見全く別の財・サービスのようにみえますが，公共財という特別な性質を持つ財・サービスです[1]。この節では市場の失敗のうち最も典型的なケース，「公共財」のケースを取り上げて，

[1] 教育など第３章の再分配の観点が入るものもありますが，ここでは公共財として説明します。

- なぜ，企業と消費者の自由な意思に基づいた取引（市場）では，その供給と消費が行われないのか
- なぜ，政府が強制力を持って徴税を行い，（それぞれの消費者の選好に基づいて自分にあった量の消費を行うのではなく）国民に一律の「公共財」の消費を行わせるのか

について説明することとします。

●公共財とは

「公共財」とは何でしょうか。「みんなのためになるもの」が公共財だと答える方も多いかもしれません。しかし,「みんなのためになる」とは何でしょうか。誰かのためにはなるけれど，その他の人には何の影響も及ぼさない財やサービスはたくさんありそうですよね。何が「みんなのためになる」のかは，異なる価値観を持つ人によって，まちまちかもしれません。経済学では，何らかの価値観を前提に，公共財であるのか，そうでないかを判断するのではなく,『公共財』であるか否かは, その財･サービスの「客観的な性質」によって定義されます。この客観的性質とは，非競合性，非排除性です。

非競合性　　非競合性とは，「ある一人の消費者の消費が，その財・サービスに関する他の消費者の消費を妨げない」という性質です。A さんがバナナを食べたら，B さんはそのバナナを食べることはできません。当たり前のことですが，誰かが消費したら，他の人がそれを消費できなくなる，または消費量が減ってしまう場合，その財の消費は「競合的」であると言います。しかし A さんが，政府によって提供される「他国の脅威から国民を守る」という国防サービスを消費したとしても，B さんの国防サービス消費が妨げられたり，消費量が減ったりすることはありません。このような場合，国防サービスという財は非競合性を備えていると言います。

非排除性　　非排除性とは，「対価を支払わない消費者を，財・サービスの消費から排除できない」という性質です。当たり前だと思われるかもしれませんが，財・サービスの売り手は，対価と引き換えにそれを提供します。仮に，「財･サービスの代金を支払ってください」という売り手の要求に, A さんはそれに応じるが，B さんは応じない場合を考えてみましょう。そ

表 2.1　公共財のスペクトラム

		競合性	
		低い	高い
排除性	低い	純粋公共財 （防衛サービスなど）	準公共財 （混雑している一般道路など）
	高い	準公共財 （混雑していない高速道路など）	私的財 （住宅など）

の際バナナの売り手は，A さんにだけバナナを渡して，料金を支払わない B さんにバナナを渡さなければいいだけです。しかし，国防サービスについては，政府は A さんだけを他国の脅威から守り，料金を支払わない B さんを国防サービスの消費から排除することができるでしょうか。できませんよね。これを非排除性と呼びます。

純粋公共財・準公共財　この二つの性質を備えているということは，対価を支払わなくとも財・サービスの消費ができるということですから，進んで料金を支払おうとする者はいないでしょう。このような，対価を支払わずに財・サービスの消費を行うことをフリーライドと呼びます。非競合性，非排除性を備えた「公共財」の消費は，フリーライドが広範に生じるため，市場では供給されないと考えられています。

今説明したような, 非競合性と非排除性をきれいに備えた財（純粋公共財）の典型例としては，外交サービスや国防サービスが挙げられます。ただ，そのような財・サービスはむしろまれです。表 2.1 のように「料金所により排除性を備えた高速道路[2]」や，「（利用者間の競合性が生じる）混雑した一般道路[3]」のように，どちらか一方しか備えていなかったり，不完全にしか備えていない場合がほとんどだと言われます。このような財・サービスを準公共財と呼びます。しかし，多少なりとも，非競合性や非排除性を備えた財に

[2] 混雑していない高速道路は，誰かが高速道路サービスを利用しても，他の高速道路を使っている人に影響を与えません（競合性がない）が，料金所で料金を支払わない人を排除できます。

[3] 混雑している一般道路は，料金所を様々なポイントに設置できませんので，料金を支払わない人を排除できませんが，誰かがその道路を利用することで，他の人の走行速度を遅くします。つまり道路サービスの消費量が減少します（競合性がある）。

ついては，政府が直接供給しなくとも，何らかの介入を行っているのが普通です。一方で，そのどちらも備えていないものを私的財と言います。表 2.1 のように住宅などがその例として挙げられます。

●公共財の最適供給条件

なぜ，このような特徴を持つ公共財の供給について，政府の介入が必要なのかをこの項では考えていきましょう。どれだけの公共財を供給した場合に，社会的に望ましい状態だと考えることができるのでしょうか。

まず，市場で取引されるバナナのような私的財のケースを考えます。私的財の場合，自由な意思決定と取引に基づいた市場が，社会にとって望ましい状態をもたらしてくれることを，第 1 章で説明しました。そのときの「私的財の最適供給条件」をまず説明します。

そのあとで，公共財については，フリーライドと呼ばれる現象が起こることを前に説明しましたが，それがどのような公共財の供給をもたらすのかを説明します。

そして最後に，この二つの特徴を持っている公共財に関して，社会にとって望ましい供給はどんな条件のときにもたらされるのかについて解説し，フリーライドが起こった状態と比較します。

私的財の最適供給条件　A さんと B さんだけで構成されている社会を考えましょう。ある私的財 X に対する A さんの個別需要曲線を図 2.1 の左上に描いています。個別需要曲線とは，「A さんが」，ある価格のときその財をどれだけ欲するかを表したものです。第 1 章でも説明しましたが，需要曲線の高さは，その財に対する限界便益を表していますから，A さんは 5 つ目の財に対して 5 の限界便益を感じています。それに対して，右上には B さんの個別需要曲線が描かれています。B さんは，4 つ目の財に対して 5 の限界便益を感じています。

さて市場で取引するためには，社会全体で価格を決めて，それで取引を行う必要があります。市場でどうやって価格や，企業側の供給量が決まるのでしょうか。図 2.1 の下図では，限界費用曲線は 5 のレベルで一定にしています。これは説明を簡単にするためですが，この価格であれば企業は無限にこ

図 2.1　私的財の最適供給条件

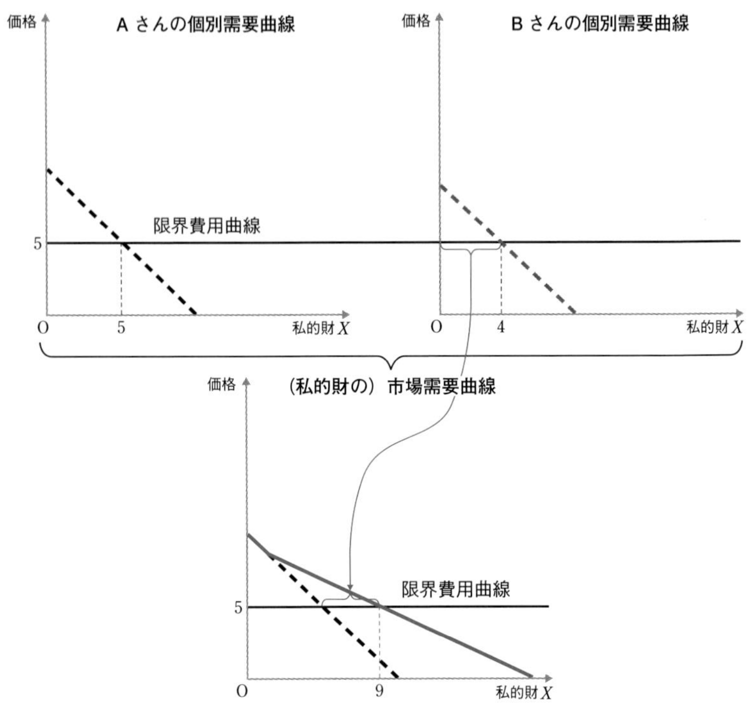

の財を供給してくれるということです。

一方，社会全体の価格がどうやって決まるかを説明するためには，「社会全体」の需要曲線がどうなっているのかを理解する必要があります。A さんと B さんの個別需要曲線が図 2.1 の上の部分で説明されていますから，この個別需要曲線の「合計の仕方」がわかればいいですね。私的財は，「競合性」がありますから，A さんと B さんは一緒に「同じもの」を消費することができません。5 の価格で 5 の量を A さんが欲しくて，B さんが 4 の量を欲しいのであれば，社会全体としては 9 の需要量があると考えることができます。私的財に関して，個別需要曲線から社会全体の需要曲線を導くためには，個別需要曲線を「横に足して」あげればいいのです。これを市場需要曲線と呼び，図 2.1 の下図で示されています。

この市場需要曲線と限界費用曲線である供給曲線が交わるところで，市場均衡が得られます。具体的には，図 2.1 の下図の，均衡価格 5，均衡取引量 9 の状態です。この状態は，第 1 章で述べた消費者余剰（需要曲線の高さと均衡価格の間の部分）が最大になっているので，「最適」であると評価することができるでしょう[4]。

では，このときの A さんの限界便益，B さんの限界便益，限界費用の関係を整理してみましょう。市場全体で決められた均衡価格を A さんも B さんも，「決められた価格」として受け止めて，消費量を決めます。それを上の個別需要曲線でみてみましょう。市場で決められた均衡価格 5 で A さんが 5，B さんが 4 消費しています。この消費量のときの A さんと B さんの限界便益はどうなっていますか。需要曲線の高さは限界便益を示すのですから均衡状態では，

A さんの限界便益 = B さんの限界便益 = 限界費用　　(1)

が成立しています。これが私的財について最適な供給をもたらす条件です。そして，市場は「放っておいても」この状態を自然に実現してくれます。

フリーライダー　　例えば，一般道路では料金所をあちらこちらに設けるわけにはいきません。このような「料金を支払わなくても」，その財・サービスの消費を行うことができる公共財では，先述のとおりフリーライドという現象が起きると言われています。図 2.2 の上の部分には，先ほどと同じ A さんと B さんの公共財 G に対する個別需要曲線が描かれています。これを，下の部分で重ねてみましょう。明らかに全ての公共財の量に対して，A さんの限界便益が B さんの限界便益よりも大きいことがわかります。A さんがより大きな限界便益を持つということは，供給されなければその限界便益を失うことになりますから，A さんは「より困る」ことになります。

ここで，A さんと B さんの自由な意思に基づく交渉で公共財の供給量が決まるとすれば，どうなるでしょうか。いろんな交渉の過程を考えること

4　限界費用曲線が水平ですから，生産者余剰は 0 となるため，消費者余剰だけを考えれば，社会的余剰を評価できます。また，この状態が社会にとって最適であることを確かめるために，この均衡取引量以外の場合，消費者余剰がどのように変化するか，各自確かめてみてください。

図 2.2　フリーライドできる場合

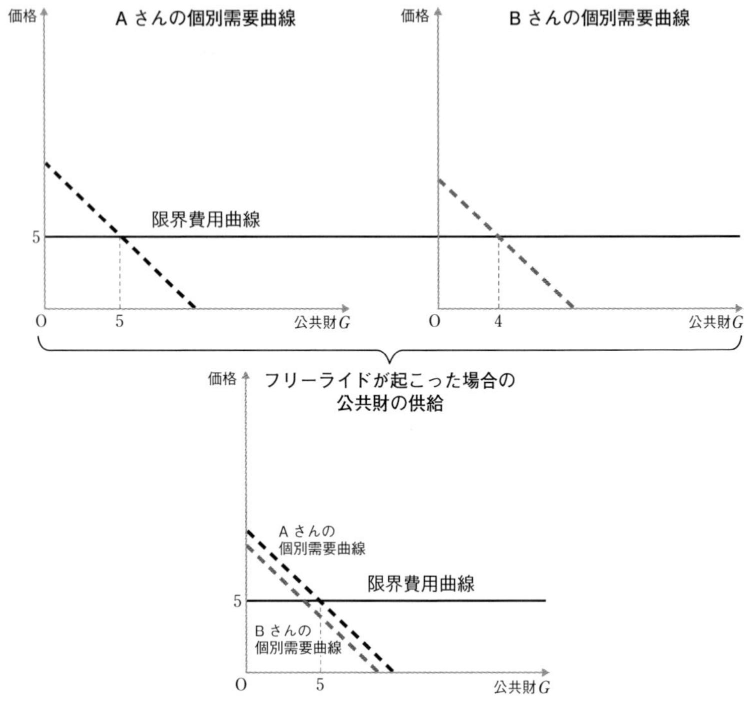

ができますが，Bさんは，Aさんがより切実に公共財を欲していることを知っているとしましょう。その場合，Bさんは一切の譲歩なく全ての負担をAさんに押しつけようとするかもしれません。Bさんが「別に公共財を欲しいとは思っていません」という態度をとり続ければ，「より困る」Aさんは，公共財の一切の負担を引き受けて公共財を消費しようとするかもしれません。つまりBさんは，Aさんの負担による公共財の供給にフリーライドすることができます。

この場合の社会全体の需要曲線は図 2.2 下図のAさんの個別需要曲線になりますから，価格 5 で 5 の公共財が供給されることになります。その場合，何も負担しないBさんも，支障なく公共財を消費できます。

公共財の最適供給条件　　この状態でも一応公共財が供給されているので，

図 2.3　公共財の最適供給条件

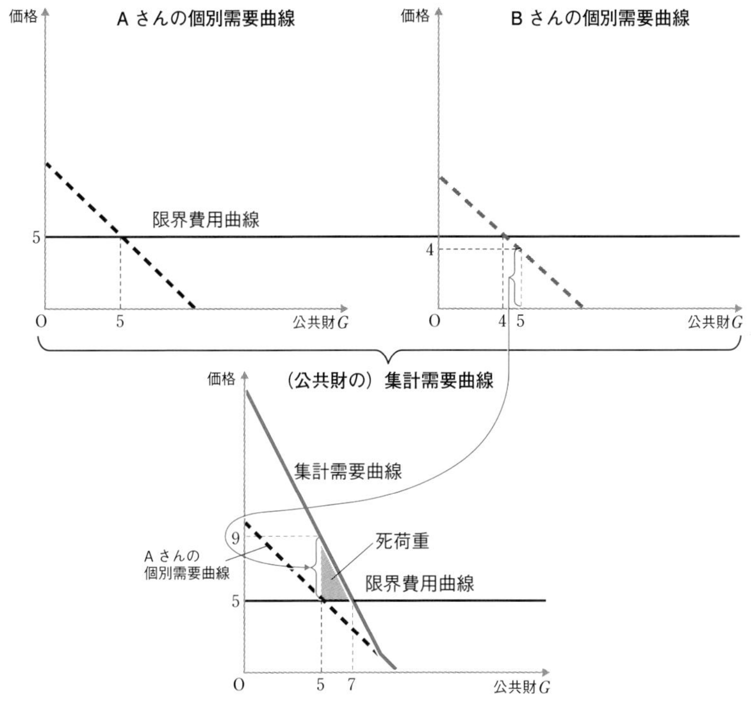

構わないのでしょうか。Aさんばかりが負担をしていて，Bさんが全く負担をしないのは「ずるい」のですが，ここでは社会にとって「余剰」が失われていないかをチェックしましょう。

まず，「社会にとっての公共財の価値」とは何かから考えていきましょう。図 2.3 の上の部分にはAさんとBさんの個別需要曲線が描かれています。需要曲線の高さは限界便益の大きさだと説明しました。上の部分の図は，Aさんが5単位目の公共財に対して5の限界便益を感じており，Bさんが4の限界便益を感じていることを示しています。公共財は非競合性を持つ財ですから，AさんとBさんが同時に5単位目の公共財を消費することが可能です。ということは，社会にとって，5単位目の公共財は，Aさんの限界便益＋Bさんの限界便益＝9の価値があると考えることができます。つまり，社会にとっての公共財の価値は，個別需要曲線を「縦に加える」ことで得ることができます。

これを集計需要曲線と呼び，図 2.3 下図の太い青線で示されています。この集計需要曲線と限界費用曲線である供給曲線が交わるところが，どういう状態なのかをみてみましょう。具体的には，価格 5，取引量 7 の状態です。この状態は，社会全体にとっての消費者余剰（需要曲線の高さと価格の間の部分）が最大になっているので,「最適」であると評価することができるでしょう。この場合，図 2.2 で得られたフリーライドが生じている状態よりも，より多くの公共財の供給が実現していなくてはなりません。フリーライドが生じている場合, 最適な供給量（7）より過少な供給（5）になってしまうため,社会的余剰の損失（死荷重：網掛け部分）が発生していることになります。

では, この最適な状態は, どのような条件のときもたらされているのでしょうか。集計需要曲線と限界費用曲線が交わっているということは，二つの曲線の高さが一致しているということです。集計需要曲線とは，個別需要曲線を縦に足したものですから,

A さんの限界便益 ＋ B さんの限界便益 ＝ 限界費用	(2)

が成立していることになりますね。これが公共財について最適な供給をもたらす条件です。市場が自然に実現してくれる条件（1）とは異なることがわかると思います。これをサミュエルソン条件と呼びます。

ここまで説明してきたように，公共財の供給については，放っておくとフリーライドにより過小な供給しか行われないかもしれません。このため，次の節ではどのようにして公共財を供給するのかについて説明します。

2.2 投票と公共財の供給

前節で公共財は，「放っておいても」市場メカニズムが，社会にとって望ましい供給を実現してくれるわけではないことを説明しました。それではどうやって公共財を供給したらよいのでしょうか。

先進諸国では,

- 政府が立法府のチェックを受けながら公共財の供給量を決めて
- その供給にあたっては，税という強制力をもって徴収できる手段を使って財源調達

をしています。このような仕組みが,（サミュエルソン条件を備えた）最適な公共財の供給をもたらしてくれる保証はないため，経済学は新しい公共財供給の仕組みを長い間追及してきました。そして，国民の公共財の需要量の申告と受益者負担を組み合わせたリンダールメカニズム，クラーク・グローブスメカニズムなど，様々な提案が行われてきました。しかし，現実的な仕組みはまだ提案されていません。

この節では，現実に採用されている公共財供給の仕組みについて,

① なぜ立法府のチェックが必要なのか
② 投票を通じて公共財の供給量を決めると，どのような水準に決定されるのか
③ その水準は社会にとってどのような意味を持つのか

という視点から解説を加えます。

●なぜ立法府のチェックが必要なのか

公共財の供給が過少になったり, 全くできなくなったりするのは, 公共財・サービスの費用負担をする人がいない，または過少であったためでした。このため,「強制力を持つ税という形で人々にその費用負担をさせることができる」政府が登場するのは，ある意味で自然なことです。それでは政府が

- 適切な公共財の水準を決めて
- それに必要な費用を税という形で集める

というやり方ではなぜだめなのでしょうか。

それは「政府が適切な公共財の水準を決めることができる」と考えるか,否かという点にかかってきます。著名な経済学者であるケインズ（J. M. Keynes）は，政府に社会の状態を改善する大きな役割を託した主張を数多

く行っています。彼の政府観を，ハーベイロードの前提と呼ぶことがあります。非常に簡単に言えば，政府とは，

●自分のためではなく，国民のために行動する（利他性）
●他の経済主体（家計，企業等）よりも豊富な情報を持っている（情報優位性）

という存在だと位置づける考え方です。このような政府が公共財を供給するのであれば，政府は，「社会的余剰を最大にするために」，「正確な情報に基づき」集計需要曲線と限界費用曲線の位置や形状を把握して公共財を供給するため，最適な公共財の供給が期待できることになります。

しかし，現実の政府はどうでしょうか。まず利他性について検討してみましょう。国民のために官僚が働いていると考えることに，基本的には違和感はありません。しかし，官僚が自身の働きで獲得した予算や権限から，キャリアパスにおけるメリットを得ないかというと，多分そんなことはないでしょう。また，引退後の天下り先のことを全く考えずに仕事をしているとも思えません。そのような場合，官僚が認識する集計需要曲線は，図 2.4 左図のように，「国民の限界便益」だけを積み上げた集計需要曲線よりも，彼が獲得した予算，権力の誇示やキャリアへの恩恵から得られる効用分だけ，高い位置にシフトしたものとなる可能性は，おおいにあります。その場合には最適な公共財の水準 G^* よりも，過大な水準である G_0 が供給されてしまいます。

また，政府は集計需要曲線や限界費用曲線の位置や形状を把握できるほどの情報を持っているのでしょうか。かつてソビエト連邦では，「『誰が』『どの生産要素を』『どれだけ使って』『何を』『どれだけ』作り,『誰が』『何を』『どれだけ』消費するのか」という資源配分について，政府が指令する経済体制をとっていました。そしてその試みは大きな失敗に終わりました。政府に情報優位性があるという前提は，それほど信頼がおけるものではなさそうです。政府に情報優位性がなければ，図 2.4 右図のように政府は集計需要曲線の位置を，真のものと異なる位置で認識することで，過少な公共財供給 G_1 や過剰な公共財供給 G_0 を行う可能性は十分にあります。

このため, 政府が公共財の供給量を決定する際に, 政府以外の誰かのチェックを受ける必要があります。

図 2.4　立法府のチェックなしに公共財の供給を行う場合

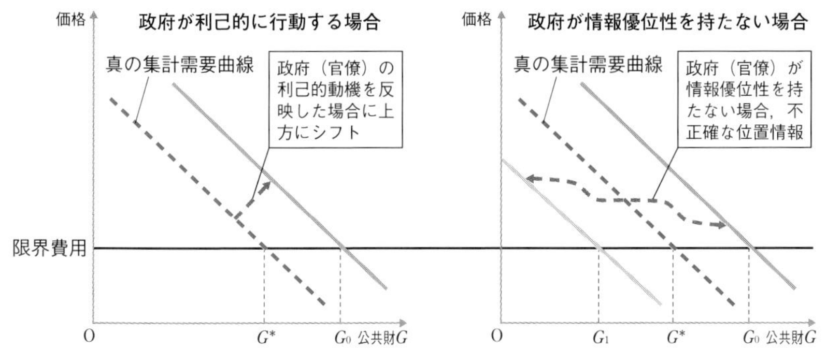

●投票はどんな決定を行うのか

直接民主制　　前項で述べた「政府以外の誰か」のチェックは，議会（立法府）がその任にあたっています。予算の原案は政府が作りますが，議会が承認しない限り執行することはできません。これは投票という過程を通じて，議会が国民の選好を反映したチェックを行うことを期待しているのでしょう。民主主義には，国民の投票を通じて直接的に政策を決定する直接民主制と，選挙によって代議員を選出し，代議員間の議論と交渉によって政策が決定される間接民主制があります。ここではまず，公共財の供給量水準を投票によって決定する，直接民主制のケースを最初に取り上げることにしましょう。

A，B，M，C，D の 5 人で構成されている社会を考えます。それぞれ公共財に対する選好が異なります。政府は公共財の費用を調達しなければなりません。このため，公共財の単位当たりの費用負担（例えば，道路 1km 整備するのに一人当たりどれだけの税負担が求められるか）を知らせた上で，それぞれの公共財需要量を聞き取ったものとしましょう。図 2.5 にはそれぞれの需要曲線と需要量が順番に並べられています。例えば，A は G_A，B は G_B を需要します。

ところで，なぜ A は G_A，B は G_B という公共財の需要量を表明したのでしょうか。それは図 2.5 のような公共財に関する需要曲線を，それぞれの人が持っているからです。1 つのグラフに 5 人の需要曲線を重ねて描きましたが，5

図 2.5　5 人の社会で公共財の需要量を表明させた場合

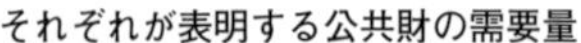

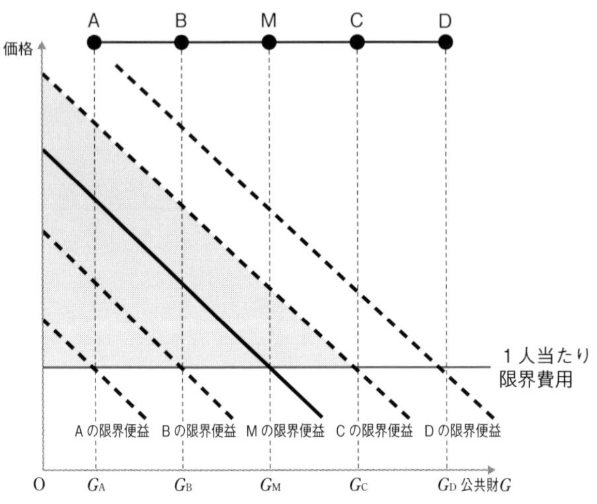

人はそれぞれの需要曲線と限界費用曲線が交わるところで需要量を決めます。例えばＣは G_C の公共財を消費することで，最大の消費者余剰（図 2.5 の青い網掛け部分）を実現できることがわかります。

それでは，社会の構成員の全ての需要量がわかりましたので，政府は５つの需要量の中から任意の二つの候補を選び，５人の国民に問いかけます，「どちらがいいですか」と。このような投票を全ての組み合わせ（$\frac{5\times4}{2}$ = 10 通り）について行い，「他のどの候補にも負けなかった候補」を最終的に選びます。このような，「全ての候補について総当たりの一騎打ちを行わせる」投票方法をコンドルセ投票と言います。

どの候補が勝つのでしょうか。例えば「G_M VS G_B」の投票をみてみましょう。Ｃはどちらに入れるでしょうか。Ｃは自分が表明した G_C を消費できるのであれば，図 2.5 の青い網掛け部分の消費者余剰を得ることができます。しかし，投票にかけられている G_B，G_M ともに，彼にとって理想的な公共財供給量に比べれば過少ですから，G_B が供給されたときは，図 2.6 の薄い灰色の網掛け部分，G_M が供給された場合は濃い灰色の網掛け部分の消費者余

図 2.6　中位投票者定理

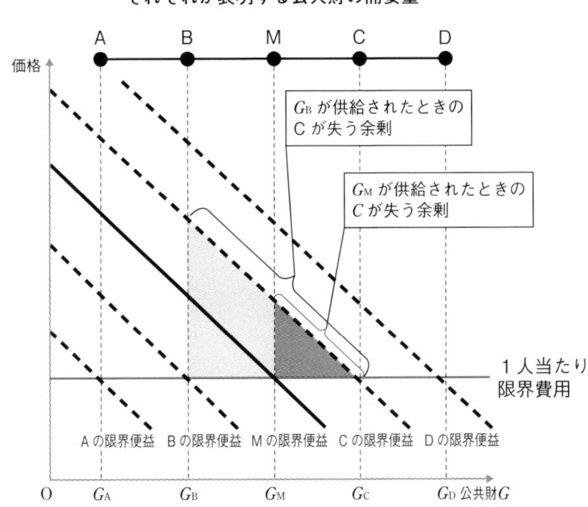

剰が失われます。しかし，相対的に失う余剰が少ないのは G_M ですから，C は G_M に投票します。D も同じように G_M に投票しますので，G_M はその供給量よりも少ない全ての対立候補との投票で，M，C，D の３票を得て勝ちます。

G_M よりも供給量が多い候補との投票に目を転じても，同じことが言えます。つまり，全ての投票者のちょうど真ん中の選好（G_M）がコンドルセ投票の最終的な勝利者となります。これを中位投票者定理と言います。

間接民主制　　ここまで直接民主制を取り上げました。しかし，このような形態で公共財の量を決めるのは現実的なものとは思えません。今度は二つの政党が，公共財の供給量に関してマニフェストを掲げて選挙戦を戦うものとしましょう。どちらの政党も政権党となるためには，この選挙で過半数を獲得する必要があります。この場合，ある政党が G_M 以外の公共財量をマニフェストに掲げた場合，ライバル政党が G_M を公約として掲げれば，ライバルの政党は必ず過半数以上の得票を獲得することができます。つまり，政権を獲得するためには，お互いに全ての投票者のちょうど真ん中の選好である

G_Mを公約として掲げる必要が生じ，２大政党の選挙公約はお互いに非常に似通ったものとなります。

このように，投票によって公共財の供給量を決定する仕組みの下では，間接民主制においても中位の国民の選好が選択され，公共財が供給されることになります。それでは，このようにして選択された公共財は効率的な水準なのでしょうか。

投票で選択された公共財水準の意味　このようにして投票で公共財の供給水準を決める方法は，「国民の公共財に対する選好の分布が正規分布に従う」など，ある特定の条件を満たす場合には，前項で示された公共財の最適供給をもたらす条件，つまり

社会の構成員の限界便益の和＝限界費用

を意味する，サミュエルソン条件を満たすことが知られています[5]。

つまり議会統制という民主的な手続きは，国民の公共財への選好に関する情報を収集するにあたって，好ましい役割を果たしているものと考えることができます。しかし，選挙が公共財の水準をメインテーマに行われることはまれですし，政党が選挙の際に掲げるマニフェストも，防衛，文教，産業，地域，再分配などの複数の政策がセットになって掲げられていて，これまでの説明のように，国民が公共財の供給量を投票によって選んでいるという状況とは，かけ離れた現実が広がっています。

また補論で説明する，「国民の公共財に対する選好の分布が正規分布に従う」などの仮定が成立している保証はどこにもありません。そもそも投票という仕組みは，国民の選好がある分布をしている場合，いくつかの候補からどれかを選ぶことさえできない状況に陥ることがあることが，投票のパラドックス[6]として知られています。

このように，議会統制という民主的な手続きによっても，最適な公共財の供給を保証するのは難しいというのが現状です。不完全ではありますが，私たちが利用できる最も「好ましいだろう」民主的な手続きで，公共財の供給

5　説明がより専門的なものになりますので，詳細は補論で説明しています。

6　ジャンケンのグー，チョキ，パーは「どれが一番強いか」を決めることができませんよね。国民の

量を決めることを原則に,「我々が合理的な選択ができるよう，政府に説明責任（アカウンタビリティ）を果たしてもらう」というのが現実的な選択ではないでしょうか。2.4 節ではこのアカウンタビリティをどのように果たしていくのか，どんな公共財の供給が求められるのかについて議論をしてみたいと思います。

2.3 行動経済学からの示唆

前節の説明は，経済学が伝統的に前提にしてきた「合理的な個人」を前提としたものでした。合理的な個人は，何らかの選択を行う場合に，集められる情報は可能な限り収集し，整合的なプロセスで検討し，自分の目的を達成するために，完全に利己的に行動する人です。しかし，このような人が現実にいるでしょうか。近年は心理学実験の成果を活用するなど，より現実的な人間像を前提にした分析が，行動経済学として大きく発展してきました。ここでは, 前節で公共財の供給に関して, フリーライドを引き起こす前提となっていた利己性について議論をしてみましょう。

公共財供給についての実験　ここでは，筆者が授業などで用いている「マンション耐震化ゲーム」を紹介します[7]。まず，6 人一組のグループに学生を分けます。その上で，6 人の中から「理事長」役の学生を選んでもらいます。理事長はマンションに住んでいないのですが，マンション管理の責任を負っています。そして以下のようなアナウンスをします。

● みなさんは，住んでいる人が 5 人のマンションに住んでいます。みなさんの財産は，このマンションと 100 万円の貯金です。このマンションの 1 室を 500 万円で買ったので，みなさんの財産は，500 万円の不

公共財に対する選好の分布によっては，同様に，投票で「どれが一番国民に支持されているか」を決められない状況が出現することがあります。

[7] 経済教育ネットワークのウェブサイトの「教材と情報」(https://econ-edu.net/teaching-material_info/page/15/) 中,「実践事例『公共財：マンションの耐震改修』」で教材化されたものが提供されています。

動産と 100 万円の金融資産からなっています。

- しかし，その後このマンションは強度が不足していて，地震がきたら危ないことがわかりました。地震に対して弱いマンションの価値は 0 円でしかありません。つまり，みなさんの財産は，実際は 100 万円の金融資産しかないことがわかりました。

このような説明のあとにマンションの理事長は，「マンション全体の柱や壁や土台を補強する耐震改修工事を実施し，その改修工事費用を 5 人の住人から集める」ことを考えたということにします。様々な意見があるだろうことを踏まえて，理事長は，

- マンションの耐震改修工事に必要なお金はみなさんから集めます。
- みなさんは貯金の 100 万円を出すか出さないかを決めてください。

という呼びかけを行います。

そのときに，マンション耐震化工事の効果についても以下のような説明を行います。

- 100 万円の工事を行えば，マンションの全ての人の部屋の価値は 100 万円分上がります。マンション全体の柱，壁，土台を補強するので，耐震化工事の費用を負担した人，負担しない人にかかわらず，全部屋の価値が上がります。
- 工事の額が大きくなれば，部屋の価値は工事額分だけ上がります。つまり 200 万円の工事を行えば，部屋の価値は 200 万円分上がります。

さらに理事長は親切なことに現在の経済情勢についても説明を加えます。

- 現在の利子率は 10% です。つまり貯金を取り崩さない場合，来期の貯金は 110 万円になります。

このような説明を行ったあとに，理事長は 5 人の住民に

「それでは隣の人と相談することなく，ご自身でマンション耐震化工事の費用負担をするかどうかを決めて，こっそり私に教えてください」

と呼びかけます。

図 2.7 には，ゲームの条件を描いています。このようなゲームはどのような結果をもたらすでしょうか。このマンション耐震化工事の性質は，前節で説明した公共財の性質にとてもよく似ていることに，みなさんは気が付かれ

図 2.7　マンション耐震化ゲームの構造

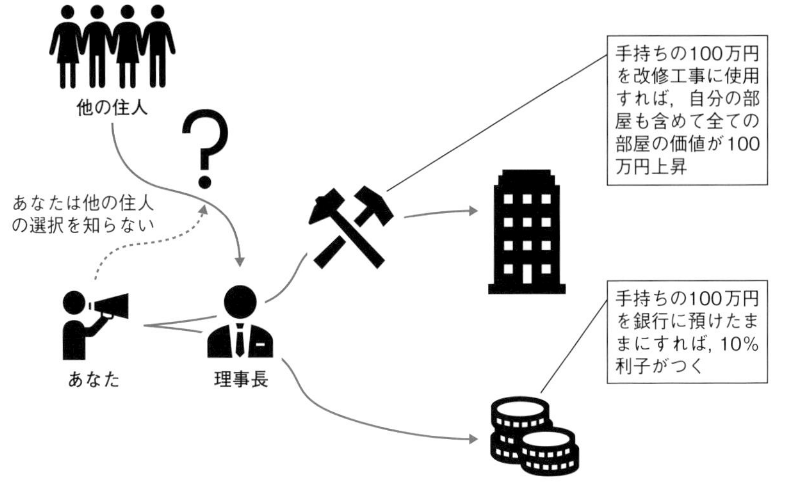

たと思います。「放っておいた場合」，公共財は過少な供給しか行われないことが予想されていました。それをこのマンション耐震化ゲームを用いて解説してみましょう。

ここで，あなたは住民の 1 人だとしましょう。表 2.2 ではあなた以外の 4 人のうち，マンション耐震化工事の費用を負担した人が何人いるかによって列を描いています。そして，その場合ごとに，あなたが耐震化工事の費用を負担した場合の「財産（個人）」と「財産（全員）」を計算しています。例えば，あなた以外に誰一人として耐震化工事費用を負担しない場合，100 万円分の耐震化工事しか行われないため，あなたの不動産の価値は 100 万円となります。しかし，あなたが，耐震化工事の費用を負担しなかった場合，工事は実施されないため，不動産の価値は 0 のままですが，銀行預金に利子が付くため 110 万円となります。

一方，全員の財産の価値は，あなたが工事費を支払った場合，全員の不動産価値が 100 万円分上がるため，100 × 5 = 500 万円の不動産価値をもたらします。さらに，あなた以外の人たちの金融資産は，110 万円 × 4 = 440 万円となります。つまりこのマンションの住民は全員で合計 940 万円

表 2.2　マンション耐震化ゲームの利得表

	他の住民の支払い人数	0人	1人	2人	3人	4人
あなたが100万円を改修工事に使用した場合	工事規模＝一部屋の価値	100万円	200万円	300万円	400万円	500万円
	あなたの財産価値	100万円	200万円	300万円	400万円	500万円
	全住民の財産価値	940万円	1330万円	1720万円	2110万円	2500万円
あなたが100万円を改修工事に使用しない場合	工事規模＝一部屋の価値	0万円	100万円	200万円	300万円	400万円
	あなたの財産価値	110万円	210万円	310万円	410万円	510万円
	全住民の財産価値	550万円	940万円	1330万円	1720万円	2110万円

の財産を保有することになるのです。一方，あなたが工事費を支払わない場合は，全ての人の不動産の価値は 0 のままで，マンションの住民の全財産は，金融資産が 110 万円 × 5 ＝ 550 万円しかないという状態になります。

表 2.2 に整理された，灰色の網掛けをしている部分をみてください。全ての場合（全ての列）で，「あなたが 100 万円を改修工事に使用しない場合」の方が，「あなたの財産価値」は多いことがわかります。一方，その下の「全住民の財産価値」はどうでしょうか，全ての場合について，「あなたが 100 万円を改修工事に使用した場合」の方が全体の資産価値が多くなっています。このような場合，どのような結果がもたらされるのでしょうか。あなたは，他の住民と相談できず，自分のことしか考えないため，あなたが「合理的な個人」であった場合，自分の財産価値が高くなる「100 万円を改修工事に使用しない」という選択肢を選ぶことになります。この状況は，他の住民も同じですから，全ての住民が「100 万円を改修工事に使用しない」という選択をします。

これは，前の節で述べた「放っておくと」公共財の供給が過少になることと整合的です。しかし，実際にこの実験をやってみると，一定比率の学生が最初から工事額の負担を行います。これは利己的な個人を前提とした予測とは異なる結果です。ただし，繰り返しゲームを行うにつれて負担を行う学生の数は少なくなっていくという傾向が観察されます。

ゲームのルールを変えて，住民同士で相談しあって，マンションで統一方針を決めさせるとしたところ，全員が寄付を行うことによって，全員の財産の最大化をするという結論にたどり着きます。しかし，話し合いを認めないのに，一定数の人が寄付を行うというのはどういうことでしょうか。

同じような構造のゲームは「公共財供給実験」と呼ばれますが，繰り返し行われているそれらの実験の結果，被験者は持っている（与えられた）お金の 40％程度を公共財に投資するという報告もあります（Zelmer（2003））。これらの実験結果は，実際に社会を構成している人は，完全に利己的ではないということを示唆しています。

新たな見通し　このように完全に利己的ではない人を前提とすれば，公共財の供給の仕方ももっと豊かなバリエーションを持つことができるかもしれません。現に，まちづくりの財源をクラウドファンディングにより調達したり，NPO など政府以外の組織が公共財の供給を担う試みも多くみられるようになっています。

2.4　避けなければならないシナリオ，求められる対応

公共財の供給については，国民の選好や時代のニーズによって大きく変わります。例えば，近年，地球温暖化の影響などを背景に，災害が激甚化しているとされています。図 2.8 は 2020 年 7 月豪雨における熊本県人吉市の球磨川氾濫の写真です。このような災害に対して国民の安全を確保するための投資は，これまで以上に求められています。

一方，日本の経済活動を支え，豊かな生活の基盤となってきたインフラは，既に老朽化しつつあります。図 2.9 には，高度成長期以降に整備された道路橋，トンネル，河川，下水道，港湾について，建設後 50 年以上経過する施設の割合が加速度的に高くなることが示されています。老朽化したインフラはその機能を十分に果たすことが困難になるだけではなく，安全上大きな問題があります。

第 3 章以降で詳しく解説するように，日本の財政状況はきわめて厳しい状況にあります。これまで以上に国民の選好，時代のニーズを反映した，厳

図 2.8　2020 年 7 月豪雨による球磨川氾濫

（出所）国土交通省資料

図 2.9　建設後 50 年を経過するインフラの割合[1]

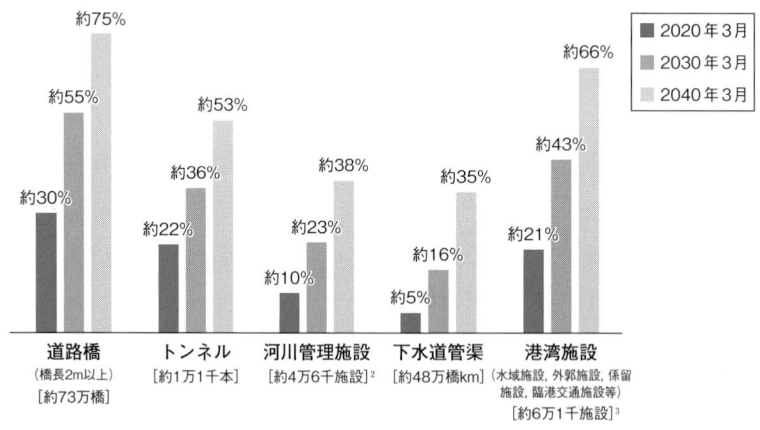

（注 1）建設後 50 年以上経過する施設の割合については，建設年度不明の施設数を除いて算出。
（注 2）国：堰，床止め，閘門，水門，揚水機場，排水機場，樋門・樋管，陸閘，管理橋，浄化施設，その他（立坑，遊水池），ダム。独立行政法人水資源機構法に規定する特定施設を含む。
都道府県・政令市：堰（ゲート有り），閘門，水門，樋門・樋管，陸閘等ゲートを有する施設及び揚水機場，排水機場，ダム。
（注 3）一部事務組合，港務局を含む。
（出所）国土交通省資料

選した公共財・サービスの提供が行われる必要があるということでしょう。

公共財・サービスに対する賢い選択はどのようにして行うべきなのでしょうか。これまでに公共財の理論，行動経済学の示唆をみてきました。その際に，民主主義的な手続きは公共財の供給を適切なものに近づけるために有用な措置であることがわかりました。その際，国民に適切な判断を求めるために，政府は説明責任を果たすべきでしょう。この節では公共財・サービスの選択を行うにあたって，用いるべき仕組みについて説明します。

●政策評価

政策評価という言葉は，既にすっかり定着していますが，公共財の供給を含む政策の実施にあたっては，それを評価することが求められます。政策評価とは，①政策代替案の設定，②それぞれの代替案について，効果・影響を予測，③政策の効果・影響の価値（社会的費用と社会的便益）を評価，④評価結果の信頼性を評価，によって構成されています。この政策評価は，新しい政策を実施する場合の事前評価だけではなく，既に行われた政策の事後評価も重要だとされます。

何らかの政策の企画立案とその実施を繰り返すだけでは，その政策を継続する意味がなくなってしまっても，いったん決まった政策は実施され続けることになります。このため，政策の企画立案，執行においてはPDCAサイクル（Plan-Do-Check-Action）を回すことで，効果が上がらない，多くのコストがかかる政策は改変，廃止し，政策目的に沿ったより適切な政策を講じることにつなげることが必要と考えられています（図2.10）。

実際に1990年代後半には，総理の指示により国が行う全ての公共事業は費用対効果分析を行って公表しなければならなくなりました。その後，2002年には政策評価法が成立し，研究開発，公共事業，ODA，規制，租税特別措置について評価を行うことが義務づけられています。この政策評価には，事業評価，実績評価，総合評価という三つの類型があります。このうち，公共財の供給と最も縁が深い事業評価では，費用便益分析という手法が用いられています。

図 2.10　PDCA サイクルの概念図

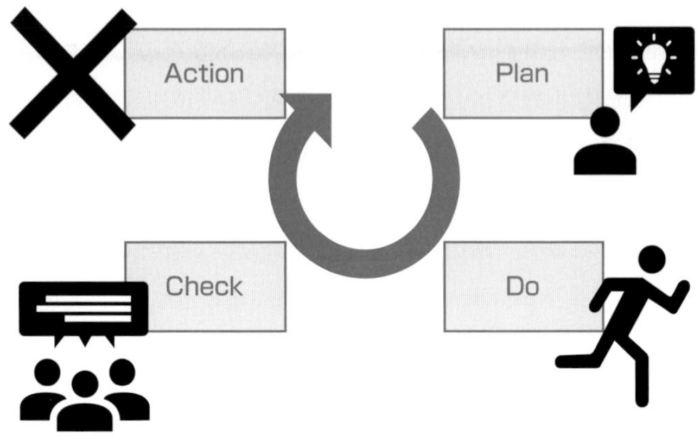

●費用便益分析

費用便益分析とは　費用便益分析とは，通常評価対象プロジェクトの便益 B とコスト C を双方とも貨幣換算し，$B - C > 0$, $\frac{B}{C} > 1$ を目安として，（公共財を供給する）プロジェクトの実施の是非を判断することです。

（公共財を供給する）プロジェクトは，通常初期には大きなコスト C_0 が発生するものの，長期にわたって便益 B_0，B_1，B_2……が発生するという性質を備えています。このことを勘案すれば，便益とコストを同じ時点の価値に換算しなおして比較を行うことが必要になります。なぜなら，将来（1 期）の 100 円は，現在（0 期）の 100 円よりも少ない貨幣価値しか持たないからです。利子率が 10％の場合，0 期の 100 円は 1 期の $(1 + 0.1) \times 100$ 円 $= 110$ 円，2 期の $(1 + 0.1)^2 \times 100$ 円……と等価であり，逆に 1 期の 100 円は 0 期においては $\frac{100}{1 + 0.1}$ 円の価値，2 期の 100 円は $\frac{100}{(1 + 0.1)^2}$ 円の価値しか持たないことになります。このため，0 期のみにコストがかかるプロジェクトについては，そのコストは素直に $C = C_0$ として受け止めることができますが，便益の方は $B = B_0 + \frac{B_1}{(1 + i)} + \frac{B_2}{(1 + i)^2}$ ……として，1 期以降の便益を 0 期の価値に直して合計してから，$B - C$ または $\frac{B}{C}$ を計算する必要があります。ここで i は時間割引率と呼ばれ，実務的には長期利子率が用いられることが多いです。

大きな問題は，コスト C の貨幣価値を把握するのは容易であっても，公共財は市場で取引されない非市場財であるため，その便益 B を貨幣換算することは困難だということです。例えば道路整備プロジェクトで，都市計画道路が○○ km 整備されたこと自体はわかりますが，道路サービスの提供は市場で取り扱われないため，その価値はわかりません。道路整備の効果を貨幣換算するのは難しいのです。このため様々な手法が考案されていますが，以下では，主要な便益の測定手法を紹介します。

消費者余剰法　消費者余剰法は，あるプロジェクトが実施された場合（with）と実施されない場合（without）の，国民の消費者余剰の大きさの違いによってプロジェクトの便益を評価する手法です。

例えば，交通投資を行うことによって，道路サービスを消費する際に生じる費用（道路を走行する際の時間費用，燃料費などの全ての費用）が低下すれば，消費者余剰が増加することが予想できますよね。その増加分で，交通投資の便益を計測する手法がこれにあたります。

A 地点から B 地点をつなぐ道路が一本しかなかったため，道路が混雑してその移動に長い時間がかかっている状況を想像してみてください。そこにもう一本のバイパスを整備することで，二地点間の移動時間が短縮されたものとしましょう。図 2.11 では道路投資を行うことで，道路サービスを消費する際の費用が低下（$P_0 \rightarrow P_1$）し，それに伴い道路交通量が増加している状況（$Q_0 \rightarrow Q_1$）が描写されています。この場合，図 2.11 の灰色の網掛け部分で示された消費者余剰の増加分は，道路の整備により移動時間が短縮されることで発生する便益を指します。この走行時間短縮効果については，近似的に，車種別の時間価値原単位 × 走行時間短縮 × 交通量として算出されたものを，バイパス整備の便益と考えることができます。

ヘドニック法　ヘドニック法とは，資本化仮説をもとに，環境条件の違いが，どのように地価あるいは住宅価格に反映されているかを観察し，環境の価値の計測を行う手法です。公共財が供給されることで，その地域は便利になったり，居住環境が向上することで，そこに住みたいという人が増加します。このため，地価が上昇し，住宅価格も上昇します。資本化仮説というのは，公共財の便益が全て，整備地域の地価に反映されると考える仮説です。

図 2.11　消費者余剰法の概念

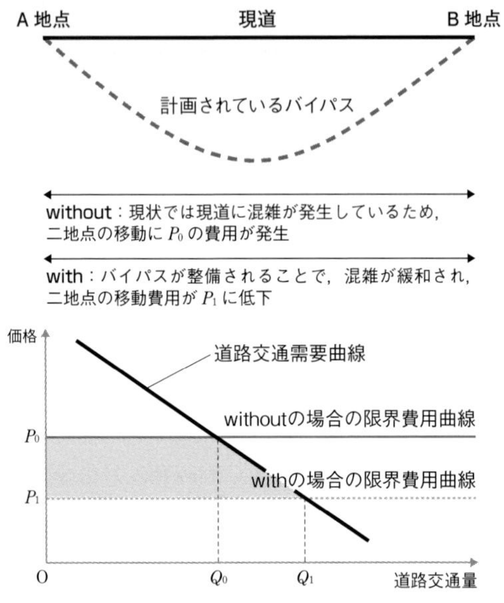

このため，例えば公園整備などの環境改善投資が行われた，事前，事後のデータを比較したり，環境改善投資が行われた地域と行われなかった地域のデータを比較して，環境改善投資がどの程度地価に影響を与えているのかという地価関数を推定します。その地価関数を用いて，環境改善投資が地価や住宅価格をどの程度上昇させるかを推定するのです。このことにより，環境改善投資の便益を予想します。

仮想市場評価法（CVM）　仮想市場評価法（CVM（Contingent Valuation Method））とは，個々の消費者に環境質の改善をどの程度評価しているかをアンケート等で直接尋ねる手法です。他の手法の適用が不可能な，非利用価値，存在価値の計測に関して有効とされています。

非利用価値，存在価値って何でしょうか。筆者は富士山に登ったことはありませんし，おそらく一生登らないのではないかと思っています。しかし，筆者は自分の住んでいる国に，富士山という美しい山があるのは「いいことだ」と思っていますし，富士山の自然環境は保護されるべきだと考えています。しかし，自然環境の保護にはお金がかかります。どのくらいのお金をかけて，あるいは規制により経済活動を制限して自然環境保護を行うべきかを考える場合には，国民が「富士山の存在」にどれだけの価値を見出しているかを評価しなければなりません。

具体的には，評価対象である自然環境や，その自然環境保全に関する政策プログラムの説明が行われ，その政策プログラムに関する調査対象者の支払い意思額などを尋ねるという手法がとられます。また，最後に調査対象者が，政策プログラムの内容を正しく理解しているか，まじめに回答しているかなどに関するフォローアップ調査が行われます。

このようなアンケートに依拠する調査手法の有効性について，疑問を投げかける人も大勢います。実際，タンカー事故による大規模な環境破壊がもたらされたバルディーズ号事件（1989 年）では，損害額の仮想市場評価法による評価の信頼性が裁判で争われました。その際，ケネス・アロー（K. J. Arrow），ロバート・ソロー（R. M. Solow）などを構成委員とする仮想市場評価法の適用可能性を検討する委員会は，「厳しいガイドラインの下で，注意深く仮想的市場評価法を適用すれば，その結論を環境破壊の被害に関する裁判の証拠として用いることができる」という結論を出しています。

●実験的評価手法

実験室実験　社会科学では，実験ができないと長く考えられてきました。しかし，実験経済学が登場することで，理論で考えられていることを実験で確かめる研究が飛躍的に進みました。そして，実際に何らかの政策を実施する際に，その効果を検証することにも用いられるようになっています。実験室実験と呼ばれる手法は，理論モデルに沿った環境を実験室の中で構築します。そして被験者に，パフォーマンスが良い場合には，より多くの謝金を支払うなどの動機づけを与えることで，市場における行動を再現しようとするものです。2.3 節で説明した，マンションの耐震改修を題材にした実験もこの手法を応用したものです。

例えば，二酸化炭素排出量を削減するためにその排出量を取引する市場が，欧州を中心に整備されていますが，どのような取引ルールを設けるかでその効果は大きく違ってきます。そのパフォーマンスは，この実験室実験で評価することができます。米国では，空港における発着権の配分，ガスパイプラインの価格づけの規制，オークションのデザイン，電力料金の決定などで，実験室実験が重要な役割を果たしています。

慎重に計画され，被験者に十分な現金報酬を与える実験は，確かめたい因果関係に干渉する要因を排除できるとされています。このため，先に紹介した現実のデータを用いて分析するヘドニック法などの計量的手法よりも，信頼のおける因果関係の追及ができるものとされています。

しかし，報酬が十分な動機づけになっているかどうかについて疑問が呈されたり，被験者が学生であることが多く，政策が対象とするグループでない点に批判が行われたりもします。また，実際の政策を行った結果の，長期間の観察が必要な場合もあります。例えば，職業訓練が雇用者の賃金に与える効果や，住環境が居住者の健康や人的資本の蓄積に与える影響を実験室実験で計測することは困難です。このため，次に説明する社会実験，特にランダム化比較試験（RCT（Randomized Controlled Trial））に注目が集まっています。

RCT, 社会実験　　社会実験とは，対象者，政策の内容などについて，政策の適用が実際に想定される環境下において，政策のパフォーマンスを評価する評価手法です。中でも他の要因の干渉をできるだけ排除するために，RCT という技術が用いられたものが注目されています。

ここでは社会実験の実例として，1970 年代前半に公営住宅政策からバウチャー（住宅にしか用いることのできない所得移転）への政策転換の効果を見定めるために，米国で行われた EHAP（Experimental Housing Allowance Program）を紹介します。

公営住宅の供給もバウチャーも，低所得者に対して住宅という財による所得移転を行うものです。ただし，公営住宅は公共部門が特定地域において，画一的な質の低家賃住宅を直接供給する政策ですが，バウチャーは，低所得者が自らのニーズに合うものとしてみつけてきた住宅の家賃の一部を補助する制度です。このため，バウチャーは，消費者の選択の自由度を上げ，住宅関連の支出や移動を促進し，満足度を向上させることが期待される一方で，

図 2.12　EHAP の需要実験の概念図

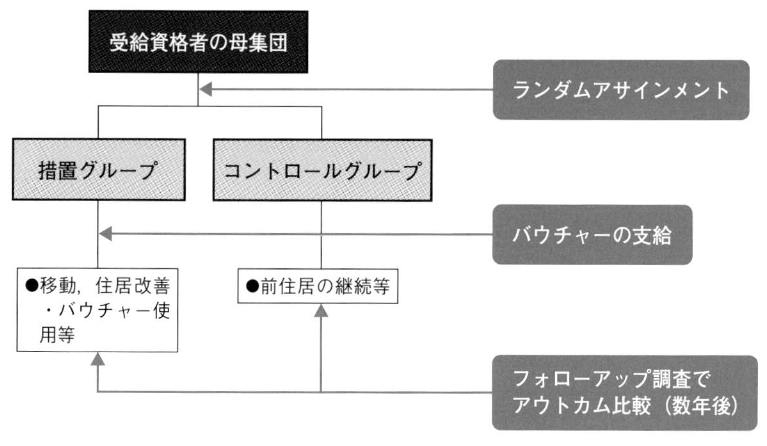

賃貸住宅市場において家賃高騰を招くのではないかという懸念が示されていました。

EHAP は，消費者行動を実証する「需要実験」，価格高騰の有無等，市場の反応を確認する「供給実験」，行政のパフォーマンスを評価する「行政実験」からなっています。このうち，RCT を用いた需要実験は，「バウチャーは消費者の住宅消費，移動を促進するか」，「バウチャーは消費者の満足度を向上させるか」等を調査するものです。図 2.12 で示されているように，この実験では，ランダムに「バウチャーの支給が行われる措置グループ」，「支給を受けないコントロールグループ」に低所得者を分け，双方のグループの数年間のアウトカム（成果），例えば住まいの状態やその人の生活状況を比較することで，バウチャーの効果を計測しています。ランダムに 2 つのグループは分けられているため，統計的な性質が同一であり，2 つのグループのアウトカムの差は，バウチャー交付の有無という点に帰着させることができると考えられるのです。

12 都市で 1972 ～ 1981 年の間に実施された EHAP によるバウチャー交付による影響をきわめてラフにまとめると，

●プログラムへの参加率は，借主の半分程度であり，公営住宅など供給側

への住宅補助に比べれば，高い率の低所得者の参加が実現された

- ７％の世帯が，低所得者比率・犯罪発生率が低く，公共サービス等が良好な地域に移動した
- 住宅の質改善以上の価格上昇は確認されなかった一方，新築，建て替え，改修の促進も，限定的な効果しか確認されなかった

等その影響度合いは予想を下回ったものの，長所とされた点がほぼ確認できたことや，供給側への住宅補助と比較して，大きなコスト削減が可能なことが示された点を挙げることができます。このような中，議会はEHAPの最終結果を待つことなくバウチャーへの転換を進める制度改正を，1974年に実施しています。

近年，EBPM（Evidence Based Policy Making）という試みが大きな注目を集めています。「証拠に基づく政策立案（EBPM）とは，(1) 政策目的を明確化させ，(2) その目的のため本当に効果が上がる行政手段は何かなど，『政策の基本的な枠組み』を証拠に基づいて明確にするための取り組み」（統計改革推進会議最終とりまとめ（2017年））とされていますが，それを実現する手段としてこのRCTは大きな注目を集めています。

これまで述べたように，民主的な手続きの中で十分な説明責任が果たされ，それを踏まえた賢い公共財供給の選択が行われることが，我々が期待できる精いっぱいのことでしょう。しかし，その説明責任を補完する政策技術が誕生し，活用されつつあります。そのような政策技術が十分に活用された政策の選択が行われているか，それを見守っていくことが我々自身にも求められています。

◆ 練習問題

問 2.1　純粋公共財とは非競合性，非排除性を備えた財・サービスだと考えられていますが，最もその概念に近い財・サービスはどれでしょうか。以下から選択してください。

① 高速道路
② 混雑した一般道路
③ 防衛サービス
④ 住宅

問 2.2　A さん，B さんの二人で構成されている社会を考えます。公共財の最適な供給量とは，どのような条件が満たされる場合でしょうか。以下から選択してください。

① A さんの限界便益＝ B さんの限界便益＝公共財の限界費用
② A さんの限界便益/公共財の限界費用＝ B さんの限界便益/公共財の限界費用
③ 客観的な条件はなく政府や専門家が公共財の供給量を決定する
④ A さんの限界便益＋ B さんの限界便益＝公共財の限界費用

問 2.3　公共財に対する国民の選好がそれぞれ異なり，正規分布をしているとは限らないものとします。コンドルセ投票で決定される公共財の水準は，国民の選好のどれに等しいと考えられますか。以下から選択してください。

① 国民の選好の中位値
② 国民の選好の平均値
③ 国民の選好の最大値
④ 国民の選好の最小値

問 2.4　ある道路整備を実施すべきか否かを判断する場合に，どのような評価手法を用いることが最も適当でしょうか。以下から選択してください。

① 消費者余剰法を用いた費用便益分析
② CVM を用いた費用便益分析
③ 実験室実験
④ RCT を用いた社会実験

補論　投票で決められた結果の意味

2.2 節では公共財の供給量を，コンドルセ投票で決めました。しかし，「全ての候補について総当たりの一騎打ちを行わせる」投票方法なんてやれるわけがない，と感じる方は多いのではないでしょうか。それから，G_A，G_B などの公共財の供給量を一人の投票者が推しているというのも，違和感があるかもしれません。現実の社会はその何万倍の人の重なり合ったニーズをくみ上げる必要があります。

ここではボーエン（H. R. Bowen）が提唱した，もう少し簡単な投票方法を前提としましょう。その提案は，政府が公共財への単位当たりの負担を告げたあと，いくつかの公共財の供給水準を提示して投票にかけるというものです。最も得票数の多いものを公共財の供給水準として決定します。

横軸に公共財の水準をとっている図 2.13 左上図では，各公共財の水準ごとに，それを求める国民が正規分布で分布している場合が描かれています。正規分布では，

- ●最頻値と呼ばれる，最も人数が多い公共財水準
- ●中位値と呼ばれる，低い水準の需要量から並べてちょうど真ん中の人が推す公共財水準
- ●国民全体の公共財に対する需要量の平均値

が一致しています。このため，2.2 節で説明した中位投票者定理で示される公共財の水準と，最頻値で選ばれる今回のケースの公共財の水準は一致します。

ここで数ある公共財水準の中から，G_A，G_B，G_M，G_C，G_D という 5 つの水準に注目します。それぞれの水準にはそれを推すグループがいます。

図 2.13 の左下図では，それぞれのグループの公共財に対する需要曲線と，限界費用曲線が描かれています。投票では最頻値の G_M の水準に供給量が決定されますので，G_M の水準の公共財に対して，それぞれのグループはどれだけの限界便益を感じているのかが，G_M の垂直線とそれぞれのグループの需要曲線の交点で把握できます。

「決められた公共財の供給水準 G_M に対して感じている限界便益」ごとに，どれだけの人数が分布しているかを描いたのが，図 2.13 の右上図です。「公共財に関する需要が正規分布である」等の条件（図 2.13 左上）を満たす場合，「決められた公共財の供給水準 G_M に対して感じている限界便益」の分布も正規分布になる（図 2.13 右上）ことが知られています。

この場合，決定された公共財水準 G_M はどのような特性を満たすのでしょうか。

この限界便益の分布は正規分布ですから，最頻値である G_M' は全ての国民の限界便益の平均値でもあります。つまり，

$$(\cdots G_A' \times \text{グループAの人数} + \cdots + G_D' \times \text{グループDの人数}\cdots)/\text{国民の人数} = G_M' \quad (3)$$

図 2.13　投票で決定される公共財の水準の意味

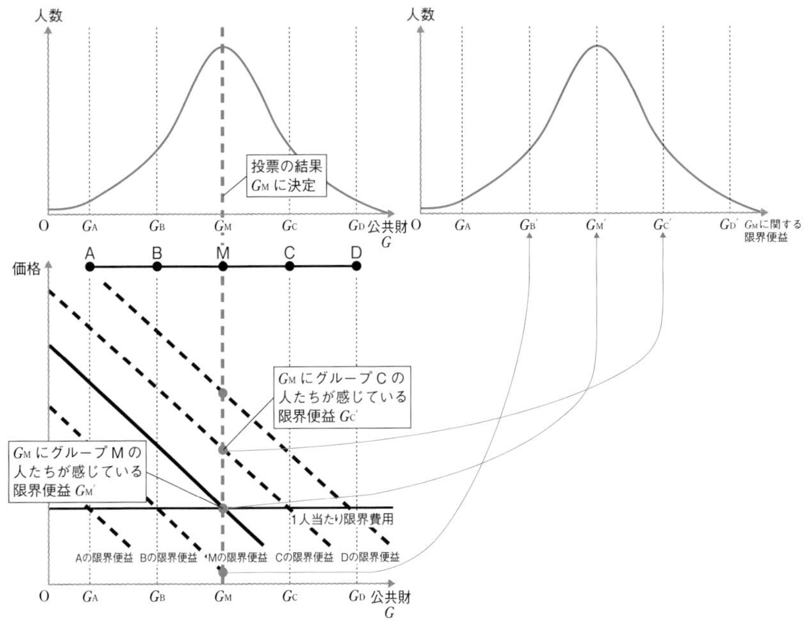

が成立します。ここで，図 2.13 の左下をみてください。グループM の需要曲線は，$G_M{}'$ で一人当たりの限界費用曲線と交わっていますから，

$$G_M{}' = \text{一人当たりの限界費用} \qquad (4)$$

が成立します。(3) 式と (4) 式から，

$$\begin{aligned} &G_A{}' \times \text{グループAの人数} + \cdots + G_D{}' \times \text{グループDの人数} + \cdots \\ &\quad = G_M{}' \times \text{国民の人数} = \text{一人当たりの限界費用} \times \text{国民の人数} \\ &\quad = \text{限界費用} \qquad (5) \end{aligned}$$

が成立します。これは 2.1 節で説明したサミュエルソン条件です。つまり，国民の選好がある条件を満たす場合には，投票による公共財水準の決定は最適な水準に決まります。

第3章

所得再分配

この章と次の章では日本の歳出項目で最も大きな伸びを示している，社会保障関係費に関する解説を行います。本章では，その中でも所得再分配に関して説明することとします。まず，なぜ政府が介入してまで，所得の再分配を行う必要があるかという理論的な説明が行われます。社会厚生関数という道具を使って，社会として特定の価値観を選び取っていくことの意味，公平性を実現するために実施される様々な政策の効果について考えます。そして，公平性を求めるという気持ちが人間の本質に根差したものである可能性について，行動経済学からの示唆を紹介します。そして，日本における格差の現状を確認して，それにどのように向き合う必要があるかを一緒に考えていきます。

3.1　社会保障関係費の推移

前章では「最も大きい歳出項目ではありませんが」とお断りした上で，公共財の供給に関する説明を行いました。それでは最も大きい歳出項目というのは何でしょうか。図 1.2 から明らかなように，社会保障関係費です。図 3.1 は，政府の「歳出総額」とそれを分解した「社会保障関係費」，「国債費」，「その他」について，1997 年度を 1 とした場合の指数を記述したものです。

図 3.1　歳出項目別予算額の推移（指数：1997 年度＝1）

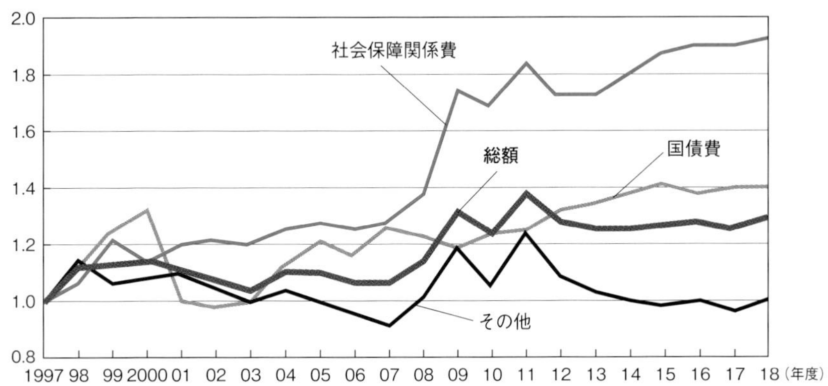

（注）国の一般会計の歳出である。
（出所）財務省データ（https://www.mof.go.jp/policy/budget/reference/statistics/data.htm）より筆者作成。

ここから明らかなのは，歳出総額は 1997 年度に対して 2018 年度までに 30％程度伸びているものの，第 2 章で説明した公共財の供給を含む「その他」の歳出はほとんど増加していない（0.4％増）ことです。それに対して社会保障関係費は 93％増という大幅な増加を示しています。ここからも，日本の財政の在り方を考えるために社会保障関係費のそれを考えることが，非常に重要であることがわかります。

この社会保障関係費とは，目的別分類によると「社会保険費」，「生活保護費」，「社会福祉費」，「住宅対策費」，「失業対策費」，「保健衛生費」，「その他」に分けられます。主なものの内容を解説します。「社会保険費」は次の章で詳しく説明しますが，年金保険，医療保険，介護保険に関連する歳出です。「生活保護費」とは，一定の所得に満たない国民に対して，その必要度に応じて現金支給をする歳出です。「社会福祉費」とは，児童，母子，心身障害者，高齢者など，社会生活を送る上でハンディキャップを負った人々に対して，公的な支援を行うものです。

これらの費目の指数をみると，「社会保険費」が 1997 年に比べて 169％伸び，「生活保護費」が 128％伸び，「社会福祉費」は大きく減少していることがわかります（図 3.2）。「住宅対策費」，「失業対策費」，「保健衛生費」

図 3.2　社会保障関係費（予算額）の推移（指数：1997 年度＝1）

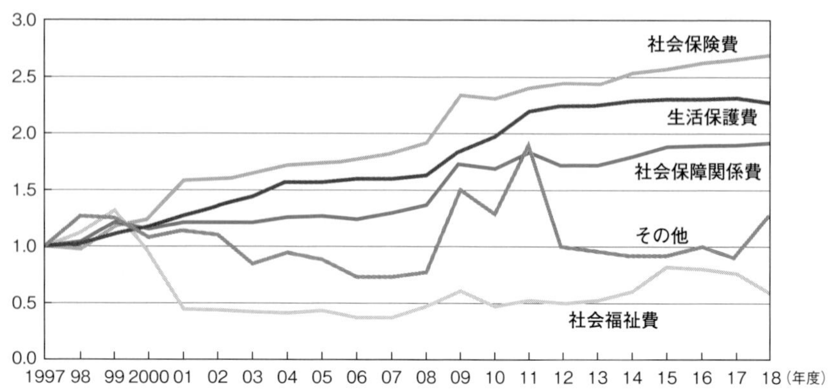

（注）国の一般会計の歳出である。
（出所）財務省データ（https://www.mof.go.jp/policy/budget/reference/statistics/data.htm）より筆者作成。

図 3.3　社会保障関係費（予算額）のシェアの推移

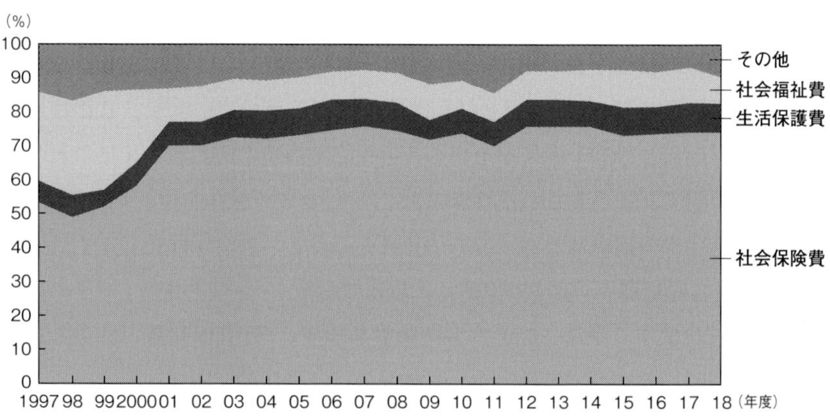

（注）国の一般会計の歳出である。
（出所）財務省データ（https://www.mof.go.jp/policy/budget/reference/statistics/data.htm）より筆者作成。

を含む「その他」は景気変動などによって，大きく変化しています。ただし，図 3.3 からわかるように，「社会保険費」と「生活保護費」が社会保障関係費に占めるシェアをみると，前者が 2018 年度時点で 74%を占めるのに対して，後者は8.5%を占めるのにすぎません。

しかし，図3.2からは，この二つの歳出の財政に占める重要性が増しているのは明らかです。この二つの歳出は，第1部で政府が行う仕事の一つとして整理した「再分配」という機能に大きく関係しています。このため，この章ではまず所得再分配として，生活保護に代表される高所得者から低所得者への所得移転を取り上げたいと思います。取り扱う再分配は，現金で給付する場合も，現物で給付する場合も含めます。

3.2 所得再分配の理論

●なぜ所得再分配が必要なのか？

第1章で説明したように，市場は消費者余剰，生産者余剰を最大にする水準に社会の状態を保ってくれます。数値例を用いて，第1章とは別の仕方で説明してみましょう。ここでは，読者と筆者しかいない二人だけの社会を考えてみます。

この小さな社会ではZという合成財[1]が生産されていて，50の所得が生み出されているものとしましょう。読者と筆者は自らの働きに応じた所得を受け取ります。表3.1では説明の簡単化のため，所得10単位ごとにどれだけの効用を感じるかを，読者と筆者に関して記述しています。表3.2には社会が生み出しうる50の所得を読者と筆者で分け切った6つのケースと，それに対応する読者と筆者の効用の組み合わせが示されています。

図3.4に描かれている効用可能曲線とは，社会に存在する資源を可能な限り効率的に使って生産し，それを筆者と読者が消費をすることで，「到達できる」無数の組み合わせを示したものです。この線の内側の状態を実現することは可能ですが，外側の状態は実現できません。このため，「効用可能曲線」上の点は，どちらかの状態を改善しようとすれば，他方の状態を悪化させなければならないという，「明らかな改善（パレート改善）ができない状

1 合成財とは，生活に必要な様々な財やサービスを福袋のようにまとめた，仮想的な財を指します。

表 3.1　読者と筆者の所得と効用の関係

所　得	0	10	20	30	40	50
読者の効用	0	55	105	150	190	225
筆者の効用	0	40	75	105	130	150

表 3.2　所得の組み合わせと効用の組み合わせ

(読者の所得，筆者の所得)	(0, 50)	(10, 40)	(20, 30)	(30, 20)	(40, 10)	(50, 0)
(読者の効用，筆者の効用)	(0, 150)	(55, 130)	(105, 105)	(150, 75)	(190, 40)	(225, 0)

図 3.4　二人社会の効用可能曲線

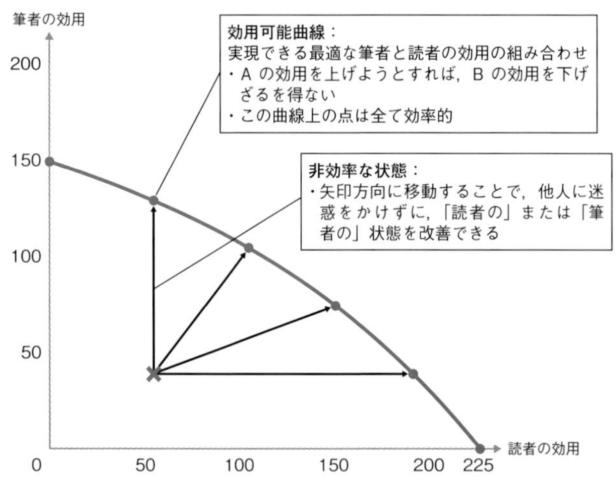

態」にあります。これをパレート最適な状態と呼びます。

第 1 章で述べた，「市場が社会を最適な状態に保ってくれる」というのは，仮に今「社会の状態が効用可能曲線の内側のいずれかの点にあった」としても，市場は「社会の状態を効用可能曲線上のいずれかの点に持ってきてくれる」ことだと解釈することができるでしょう（図 3.4）。

しかし，第 1 章ではその働きがうまく機能しない，「市場の失敗」という

図 3.5　二人社会の政府の役割

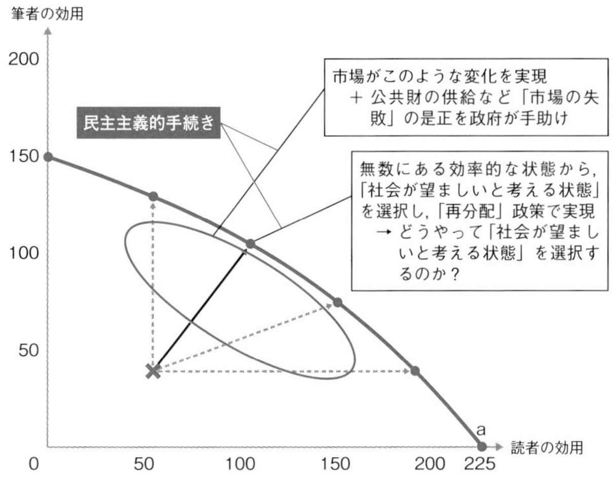

場合があることも説明しました。第２章ではその典型例として，政府が公共財を供給するという非常に重要な役割を果たしていることを説明しました。そのことは，図 3.5 にあるように，社会が効用可能曲線状の内側の点にある状態を，市場の力だけでは効用可能曲線上の点に持ってくることができないため，それを政府が補完するというイメージで解釈できます。

その他にも，政府には重要な役割があります。市場は「効用可能曲線上のいずれかの点」を実現してくれますが，「効用可能曲線上のどの点」を実現してくれるかについてはわからないということです。効用可能曲線上の点には，A の効用が非常に高いものの，B の効用が 0 であるような，非常に不公平な状態もあります。その逆の状態もありえます。つまり，市場は効率的な状態を実現してくれますが，それが我々の公平感や公正観と合致する保証は全くないのです。このため，我々の社会は何らかの価値観を選び取って，より公平で，公正な状態を実現しようとするのです。

●パレート効率性と社会厚生

市場が達成する可能性のある状態の中には，読者が全ての所得 50 を独占していて225の効用を得ているが，筆者は所得が0で何の効用も得ていない，図3.5のa点のような著しく不平等な状態も含まれています。このような状態は，国民の勤労意欲の低下や治安の悪化などの社会問題が発生することが予想されます。

このため，「効用可能曲線上のいずれかの点」を選び出して，それに向かって所得や富の分配を行うことが求められることになります。その効用可能曲線上の点の選出にかかわるのが，社会厚生関数です。社会厚生関数は何らかの価値観を反映したものですが，重要なのは必ず社会の構成員（ここでは，筆者と読者）の効用水準を，社会厚生（社会全体にとっての望ましさの程度）に関連させているということです。読者と筆者の効用水準と関係のないところで，「正義」[2]の観点から望ましい点が選び出されることはありません。社会厚生関数は，背景とする価値観によって様々なものがありえます。しかし，価値観が特定化されれば，社会にとって同程度の望ましさを達成する（読者の効用水準，筆者の効用水準）組み合わせをプロットした，社会的無差別曲線を描くことができます。

●功利主義的社会厚生関数

では，ある価値観を社会として選び取ったとき，つまりある社会厚生関数を選び取ったとき，それを使ってどうやって特定の（読者の効用，筆者の効用）の組み合わせが望ましいという結論を出すのでしょうか。それを試してみましょう。まず功利主義という価値観を取り上げます。

功利主義的社会厚生関数は，最大多数の最大幸福というベンサム（J. Bentham）の考えをベースにしています。筆者と読者の効用が代替可能であり，二人の効用水準の和によって社会の厚生水準が決定されるという立場に立っています。Wを社会厚生，$U_{読者}$，$U_{筆者}$をそれぞれ読者と筆者の効用

[2] 例えば，ハイジャックされて都市へのテロに使われようとしている飛行機を，軍用機で撃墜することを認めるかと問われたとしましょう。飛行機に乗っている人の効用，都市の住民の効用を考えれば，撃墜することを認めるという結論が出るでしょう。飛行機に乗っている人の運命は，軍用機のふるまいにかかわらず決まっている一方で，都市住民の効用は撃墜を認めることで大きく上昇するからです。しかし，「国家はそのようなことをすべきではない」といった「正義」を判断に入れた場合は，結論が変わってくるかもしれません。

図 3.6　功利主義に基づく「望ましい社会の状態」の選択

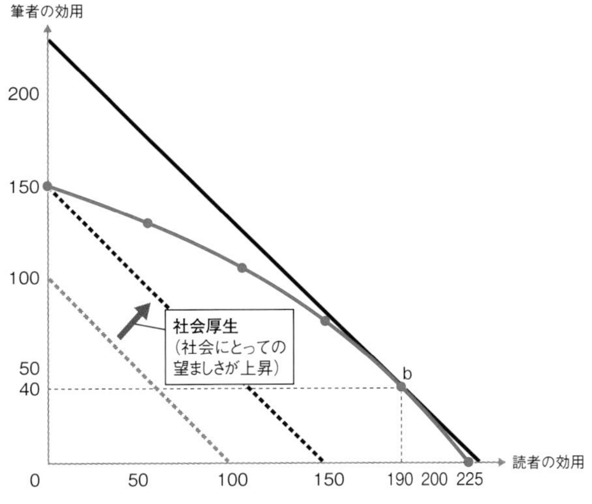

水準だとすれば，功利主義的社会厚生関数は，

$$W = U_{読者} + U_{筆者} \quad \rightarrow \quad U_{筆者} = -U_{読者} + W$$

として表すことができます。

W に何らかの値を与えてやれば，$U_{筆者}$を縦軸，$U_{読者}$を横軸にとった図 3.6 の社会的無差別曲線を傾き－1 の右下がりの直線として表すことができます。社会にとっての望ましさ W の上昇は，社会的無差別曲線の切片の上昇を意味しますから[3]，できるだけ右上方向の社会的無差別曲線上の点が「社会にとってより望ましい」ことを意味します。このため社会的に最も望ましい点として，2 つの曲線が接する b 点（190, 40）が選択されます。

表 3.3 第 3 行においては，パレート効率的な読者の効用水準と筆者の効

[3] 社会にとっての望ましさ W が 100 のときの社会厚生関数は，$100 = U_{読者} + U_{筆者}$ で表すことができます。この式を満たす $U_{読者}$ と $U_{筆者}$の全ての組み合わせが，社会的厚生水準が 100 の社会的無差別曲線になります。図にしやすいように $U_{筆者} = -U_{読者} + 100$ と変形します。図 3.6 に描かれている下の点線がこれに相当します。W が 150 になると図 3.6 のように上にシフトします。

表 3.3　所得の組み合わせによる社会厚生水準

(読者の所得，筆者の所得)	(0, 50)	(10, 40)	(20, 30)	(30, 20)	(40, 10)	(50, 0)
(読者の効用，筆者の効用)	(0, 150)	(55, 130)	(105, 105)	(150, 75)	(190, 40)	(225, 0)
社会厚生水準（功利主義）	150	185	210	225	230	225
社会厚生水準（ロールズ主義）	0	55	105	75	40	0

用水準の組み合わせごとに，功利主義的な社会厚生水準を算出しています。読者の所得が 40（190 の効用水準），筆者の所得が 10（40 の効用水準）の組み合わせが最も社会厚生を大きくしており，図 3.6 と同じ結果が表 3.3 においても確認されています。表 3.1 に示されているように，読者の方が，同じ所得でも高い効用を感じているため（効用獲得能力が高い），読者に大きな配分を行うことが社会的にも望ましいという結果をもたらしているのです。

この社会の実際の所得がこの配分と異なる場合，この所得配分に近づけるような所得再分配政策がとられることになります。

●ロールズ主義的社会厚生関数

一方，ロールズ主義的社会厚生関数は，全く異なる価値観の下で社会の状態を評価します。つまり，社会で最も恵まれない状態の消費者の効用水準が，社会全体の厚生水準を代表するものと考えるのです。

なぜこのようなことが言えるのでしょうか。あなたは今，お金を持っていて，社会的な地位もあって…と幸せかもしれません。しかしここで，そのような今の状態を忘れさせてしまう無知のヴェールに覆われてしまったという，SF 的状態を考えます。そのとき，あなたはどんな社会であったらいいなと思うでしょうか。あなたは,「無知のヴェール」という SF 的ヴェールをとったら，本当はその社会で最も恵まれない人であるかもしれません。だとすれば，そういう人がきちんと報われている社会であって欲しいと思うのではないでしょうか。これらのことを勘案すれば，最も恵まれない人がどのような状態にあるかによって，社会の望ましさが判断されるというのは，説得力を

図 3.7　ロールズ主義に基づく「望ましい社会の状態」

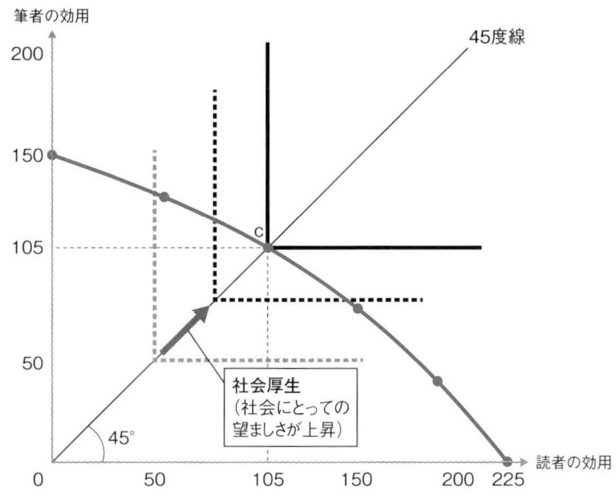

持ってきませんか。

ここでは読者と筆者しか存在しないため，ロールズ主義的社会厚生は，$W = \min\ (U_{読者},\ U_{筆者})$ で表されます。表 3.3 の最後の行には，読者と筆者の所得の組み合わせごとに，ロールズ主義的な社会厚生水準が示されています。社会の厚生水準を最も高くする所得の組み合わせは，読者の所得が 20，筆者の所得が 30 の組み合わせです。

このことは図 3.7 においても示すことができます。ロールズ主義の立場に立てば，45 度線上の点，つまり読者の効用水準と筆者の効用水準が一致している点を出発点にして，垂直上方に移動（筆者の効用水準だけを増加）しても，水平右方向に移動（読者の効用水準だけを増加）しても，恵まれない方の効用水準は変わらないため，社会の厚生水準は変わりません。つまり，（読者の効用水準，筆者の効用水準）の（150, 105），（190, 105）…という組み合わせも，（105, 150），（105, 190）…という組み合わせも，全て（105, 105）と同じ程度の社会的望ましさを示すことになるのです。したがって，ロールズ主義的な社会的無差別曲線は，45 度線を通る水平線と垂直線によって示すことができます。効用可能曲線上の点のうち，最も右上の位置の社会的無差別曲線と点を共有しているのは，読者の所得 20，筆者の所得 30 の組み合わせに対応する c 点です。

市場はパレート最適な社会を実現してくれます。しかし，パレート最適な点は，社会の構成員間で所得の分配が非常に不平等な状態を含んでおり，市場が実現した結果を全て受け入れるべきとする主張は，あまり現実的でないでしょう。むしろ特定の価値観，つまり社会厚生関数の選択を国民が明確に行って，選ばれた効用可能曲線上の点を所得再分配政策によって実現することが求められます。

それでは私たちは，どのような手段を用いて所得再分配を実施しているのでしょうか。

3.3　所得再分配はどのように行われるべきか

●生活保護＋所得税

わが国においては，国民の所得に応じて税を徴収する所得税が政府の非常に重要な税源となっており，税収の 18.9%（2022 年度）をこの個人所得税が占めています。この所得税は，所得水準が高まるにつれ，その税率が高くなる累進構造をとっており，税収を確保するだけでなく，国民の間の所得再分配を行う機能も担っています。この章では，簡単化のために所得に比例して課税されるものとして扱います [4]。

現在，わが国においては，厚生労働大臣が定める基準で測定される最低生活費と収入を比較して，収入が最低生活費に満たない場合に生活保護が適用されています。最低生活費とは，「健康で文化的な生活を営むのに必要な経費」であり，居住地，世帯構成，障害の有無などをもとに計算されます。例えば，最低生活費が 13 万円であり，その方が 6 万円の収入を得ていれば，生活保護費として 7 万円が支給されることになります。

生活保護を受けている世帯（被保護世帯）の数は，1980 年度の 74.4 万

[4] 所得税の詳細は，第 7 章で詳しく述べます。

図 3.8　生活保護の被保護世帯の推移

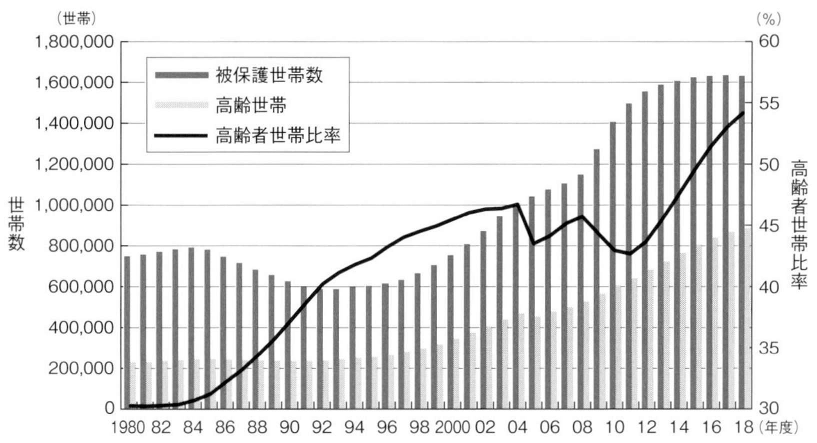

（出所）　国立社会保障人口問題研究所データ（「生活保護」に関する公的統計データ一覧｜国立社会保障・人口問題研究所（https://www.ipss.go.jp/s-info/j/seiho/seiho.asp））から筆者作成。

世帯から，2018年度には約162.9万世帯へ大きく増加しました。図3.8にあるように被保護世帯は1990年代から2010年代にかけて大きく増加しています。また，被保護世帯のうち高齢者世帯が占める比率も，1980年度には30.3%，2018年度には54.1%へと大きく上昇しています。この比率は1980年代から2000年代半ばにかけて上昇し，いったん落ち着いたものの，近年再び大きく上昇していることがわかります。

このような生活保護のシステムは，二つの大きな問題を抱えていることが知られています。一つは，保護世帯に対して「働く」ことに対する，負のインセンティブを与えてしまうことであり，もう一つは，申請者に不正受給のインセンティブを与えてしまうという点です。

生活保護は，一定の所得水準以下の者には補助を与えて，基準となる所得水準を超えた場合には，その補助が打ち切られるという仕組みを持っています。また，所得水準を自ら向上させた場合に，生活保護支給がその分減額されます。そのような場合，その当事者が「福祉に依存した生活を送る方が良い」と考えることは，ある意味合理的なのではないでしょうか。

図 3.9　現金給付と所得税による再分配

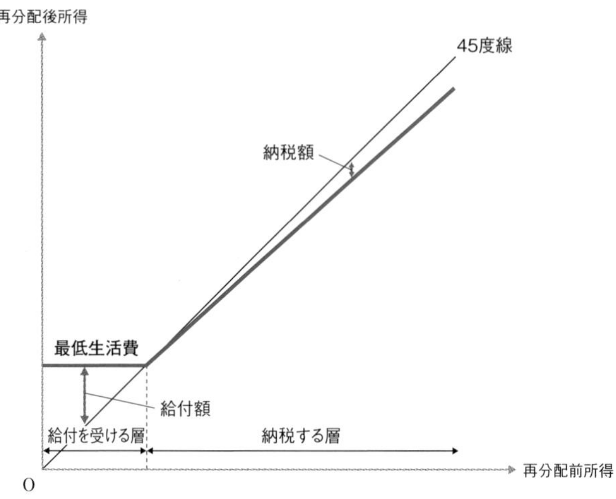

●負の所得税

このような負のインセンティブを抑える措置として，負の所得税が提案されてきました。図 3.9 には，横軸に再分配前の所得が，縦軸には再分配後の所得が描かれています。現在の日本が採用している最低生活費を定めて，

- ●その水準に到達しない人に対しては最低生活費までの現金給付を行い，
- ●その財源は，最低生活費を超える水準の所得を得ている人から所得税によって調達している

場合の再分配後の所得が太い青線で示されています。

この場合，比較的狭い層に対して様々な審査を行って給付を行う世帯を決定するため，（比較的生活が苦しい）最低生活費を少し超えたような階層においてはむしろ納税義務が生じるというような断絶が生じます。さらに，所得が最低生活費に満たない層においては，所得が増えた場合には，増えた分がそのまま給付額から減額されてしまいます。このことは 100%の所得税が課税されていることと同じ効果を生みます。このため，これらの層は働いて所得を増やすインセンティブを失うことになります。一方，納税する側は税率が低く，比較的少ない納税額で済んでいるという特徴を持ちます。

図 3.10　負の所得税による再分配

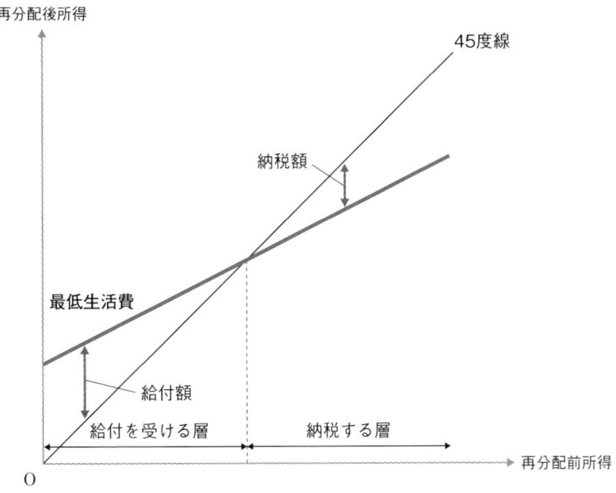

特に，給付を受ける側から働くインセンティブを奪ってしまうことに着目して，負の所得税という提案が行われています。これは図 3.10 に示されているように，同じ最低生活費のレベルを出発点に，太い青線で描かれているような再分配後の所得を保障しようとする提案です。

この場合，給付を受ける層が増加しますが，「再分配前の所得」の増加に伴って「再分配後の所得」が増加していますので，働くインセンティブがそがれる心配はありません。最低生活費を少し超えたような層においても，所得の上昇に伴って給付額は徐々に減っていきますが，一定の給付を受けることができます。ただし，中高所得層においては明らかに納税額が大きくなっています。最低生活費以下の層に対する 100％の所得税率を減額するために，中高所得層の所得税率を上げているため，これらの層に対する働くインセンティブの影響を心配する指摘もあります。しかし，諸外国では給付付き税額控除として実際に採用されている仕組みです。

●現物支給

低所得者への給付は，生活保護のような現金によって行われるものばかりではありません。住宅，医療，教育など，低所得者が特定の財を消費する場合に限って支給されるタイプの補助が，先進諸国間で広く実施されています。

このような「特定財による補助」を通じた所得再分配は，一般的には効率性の悪い政策と受け止められています。「自分に最も必要なことは自分が一番よく知っている」ということを前提とした消費者主権の立場からは，現金を給付して，実際に何を消費するのかについては，消費者に判断をしてもらうべきだと考えるのが当然でしょう。

しかし，現物支給については，いくつかの点で存在理由があるとする主張も行われています。その一つは，家計の財・サービスの消費の中身についても，個人の選択を超えて社会として実現すべき選択がありうるという主張です。これはパターナリズム[5]と呼ばれ，最低居住水準[6]などの基準を設けて，国民に一定水準以上の住宅消費を確保しようとする試み，薬物禁止，シートベルトの義務化などに反映されています。

個々の消費者の選択を超えて，公共部門の判断により消費の中身が決定されることを正当化する議論は，簡単には行えません。しかし，「支給された現金を賭け事ですってしまう」というような行動を，その財源を負担する納税者が認めない場合などにおいては，給付を受ける側の消費者主権に一定の枠をはめる議論が成立するかもしれません。

また，現物支給が不正申告の問題を緩和しているという指摘もあります。多くの財・サービスの中には，所得が上昇してもかえってその財に対する需要が減る，「所得弾力性が負の財」（劣等財）が存在します。そのような財を用いて補助を行った場合，自らの所得をごまかしてまで再分配を獲得しようとするインセンティブを生じさせないというのです。例えば住宅を用いた現物支給では，新築住宅ではなく既存の空家や空部屋を用いることがあります。それは，増加している空家，空部屋を活用するという理由だけでなく，不正

5　家父長主義と訳されます。子供の判断ではなく，親の判断を優先するように，自分自身の判断よりも誰かの判断を優先する場合があることを是とする考え方です。

6　健康で文化的な住生活を営むため必要不可欠の水準として，住生活基本計画において定められたもので，居住スペースの面積については，単身者の場合は 25m^2，2 人以上の世帯については，10m^2× 世帯人員＋ 10m^2 となっています。

申請をしてまで，そのような住宅サービスを受けようとする人はいないだろう，というねらいもある，と考えられます。

支給を受ける側は，もちろん自分の所得や資産を把握していますから，給付を受ける資格があるかどうかを熟知しています。しかし，政府の側は必ずしも申請者の申告が本当なのかを判断する能力がありません。これを情報が非対称な状態と言います。このような場合，自分の所得をごまかして給付申請をするインセンティブを，できるだけ小さくする必要があります。現金支給でしたら，申請者は（本当はお金持ちであっても）いくらでも欲しいですよね。一方「それほど質の高くない」住宅を，うそをついてまで給付されようとするでしょうか。先ほど述べたような所得弾力性が負の財の現物支給の意義は，このような点に見出すことができるかもしれません。

3.4 行動経済学からの示唆

これまで，市場は社会を効率的な状態に保ってくれるものの，それが私たちの公平や公正に関する価値基準と一致する保証がないために，再分配を行うという説明をしてきました。大きな格差が，治安の悪化などの社会の不安定化をもたらすことや，特に格差が世代を超えて継承される場合には，社会全体が沈滞してしまうことも指摘されています。

しかし，私たちが持つ公平感や公正観というのは，どのようなものなのでしょうか。そもそも伝統的な経済学では，合理的な個人という人間観を前提にしていました。「合理的な個人」とは，何らかの選択を行うにあたって，集められる情報は可能な限り収集し，整合的なプロセスで検討し，自分の目的を達成するために，完全に利己的に行動する人でした。特に利己的にふるまう人間で社会が構成されているのであれば，「公平性」も「公正性」も生まれようがない，少なくともその価値観を実現しようという社会の大きな声には発展しようがないのではないでしょうか。

行動経済学において，このような公平性や公正性を求める社会の選択は人間に本質的に備わったものという指摘が行われています。ここでは二つのゲームから得られる重要な結論を，山崎・中川（2020）を参考にしながら紹介しましょう。

一つは独裁者ゲームと呼ばれるゲームです。このゲームは，二人で構成されるグループを作り，一人は配分者，もう一人は受益者という役割を演じてもらいます。まず，配分者には一定の金額（例えば 10,000 円）が与えられます。そのうち自分で好きな額を決定し，受益者に提供するという実験です。受益者はその配分を単に受動的に受け入れ，ゲームは終了します。

もし人間が，利己的で合理的に行動するという，伝統的な経済学で前提とされてきたような存在だとすれば，「受益者には 1 円も配分しない」という結果になると予想されます。しかし，たくさんの研究者がこの独裁者ゲームの実験をしていますが，多くの実験で配分者は 20％以上の額を受益者に配分することが確認されています。

次に紹介するのは，最後通牒ゲームというゲームです。このゲームも途中までは独裁者ゲームと同じ設定で進められます。異なるのは，配分者から 0 円を含む配分額を聞かされた受益者が，それを「受け入れる」か「拒否する」かを選択するというプロセスが付け加えられていることです。

受益者が配分額を「受け入れる」場合は，そこでゲームは終了します。これに対して，受益者がその提案を「拒否する」場合には，配分者も受益者も配分額は 0 円となります。前述のように利己的で合理的な人間を前提とした場合，配分者はどのような配分をすると考えるでしょうか。伝統的経済学では，次のように考えます。受益者が「拒否する」を選択して，両者とも全く利得が得られない状態が最も望ましくないことは，配分者も十分認識しています。したがって，配分者は受益者に「拒否する」を選ばせないことを前提に，自分の配分額を最大にすることを，目指すと考えます。その結果，「1 円の配分をする」というのが理論的な答えとなります。

しかし，経済学者の予想に反して多くの実験では，配分者は 40 ～ 50％の額を配分することを決めることが多く，20％以下の配分では，受益者はそれを拒否することが報告されています。行動経済学では，このような不平等回避性と呼ばれる性質が人間には備わっているものと考えます。つまり，個人には偶然得られた利得の半分程度を社会のメンバーと共有しようとする性質が，本来備わっているのかもしれません。このため，社会が何らかの形で再分配という選択をとるのは，自然なこととも考えられます。

図 3.8 に示したように，生活保護の受給世帯は増加し続けています。次節で説明するように，日本の所得格差は広がっています。そのような中で，独裁者ゲームで 1 円も配分しない個人，最後通牒ゲームで 1 円しか配分しない個人のみで構成されている社会がどれだけ荒涼としたものになるかは，容易に想像できます。我々が必ずしも合理的な人間ばかりではないことを，幸いとしなければならないのかもしれません。

3.5 避けなければならないシナリオ，求められる対応

図 3.11 では OECD 加盟国の, 下位 20%層の所得（の全所得に占めるシェア）を基準とした上位 80%層の所得（の全所得に占めるシェア）の倍率が棒グラフで描かれています。日本においては 2007 年に 5.95 倍であったものが，2017 年には 6.20 倍になっています。この図から言えるのは，高所得層の所得と低所得層の所得の格差に関して日本は比較的高いグループにいるということでしょう。多くの方は，日本は平等な社会だと思われていたのではないでしょうか。そして図 3.11 をみて意外に思われた方も多いのではないでしょうか。

また，図 3.11 では 2007 ～ 2017 年までの倍率の変化が折れ線グラフで描かれています。2007 ～ 2017 年にかけて日本において高所得層と低所得層との格差が拡大していることもわかります。しかしこれは，図 3.11 にあるように日本特有の現象ではなく，日本はむしろ 2007 ～ 2017 年にかけての変動の少ないグループに入ることがわかります。韓国，米国などはこの時期にこの倍率が大きく上昇しています。

しかし，上位 80%の所得と下位 20%の所得の差異だけでその国の所得分布の公平性を測るのは，本当に適切なのだろうかという感想を持つ方もいるかもしれません。このためジニ係数という指標で，より総合的に日本の中の

図 3.11　下位 20%層の所得シェアと上位 80%層の所得シェアの比率

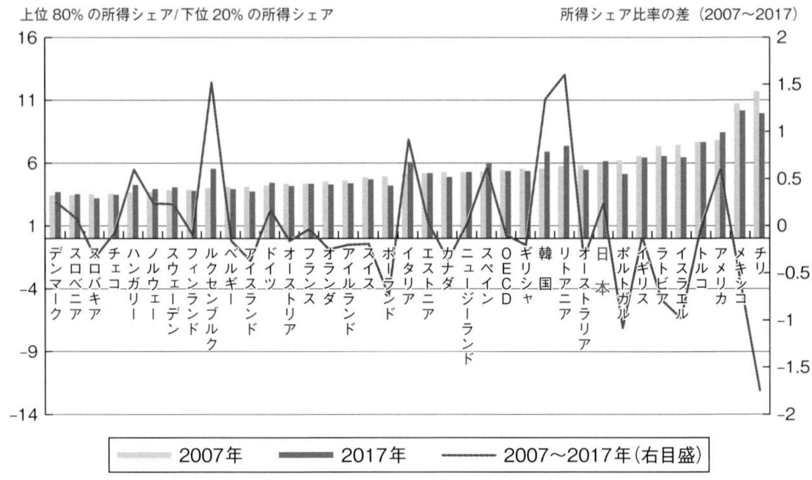

（出所） OECD（https://www.oecd.org/social/income-distribution-database.htm）より筆者作成。

所得分布をみてみましょう。ジニ係数とは，国民全体の所得分布の不公平度を測った指標です。どのようにして算出するのかを簡単に説明しましょう。

A〜Jまでの 10 人で構成されている社会を考えてみましょう。ここで，所得が低い方から A→J の順番になるようにしています。表 3.4 では，所得が一番低い A からその人までの累積人口が第 2 列目に書かれています。この累積人口を合計人数で割ったのが，累積人口割合です。ここでは，社会全体の総所得を 100 と固定します。

まず，完全平等のケースを考えます。つまり，全ての人が同一の 10 の所得を得ているケースです。人口と同じように，累積所得を計算して，累積所得割合を出すことができます。この完全平等ケースの累積人口割合と累積所得割合の関係をグラフにすると，図 3.12 の太い実線（45 度線）として描くことができます。この曲線をローレンツ曲線と言います。

次に完全不平等のケースを考えましょう。つまり A から I までの人の所得は 0 で，この社会の全ての所得が J に集中しているケースです。この場合の累積人口割合と累積所得割合の関係をグラフにすると，図 3.12 の粗い破線

表 3.4　ジニ係数の算出の仕方の例

	人　口		完全平等ケース			完全不平等ケース		
	累積人口	累積人口割合	所　得	累積所得	累積所得割合	所　得	累積所得	累積所得割合
A	1	0.1	10	10	0.1	0	0	0
B	2	0.2	10	20	0.2	0	0	0
C	3	0.3	10	30	0.3	0	0	0
D	4	0.4	10	40	0.4	0	0	0
E	5	0.5	10	50	0.5	0	0	0
F	6	0.6	10	60	0.6	0	0	0
G	7	0.7	10	70	0.7	0	0	0
H	8	0.8	10	80	0.8	0	0	0
I	9	0.9	10	90	0.9	0	0	0
J	10	1	10	100	1	100	100	1
合　計	10			100			100	

図 3.12　ローレンツ曲線とジニ係数

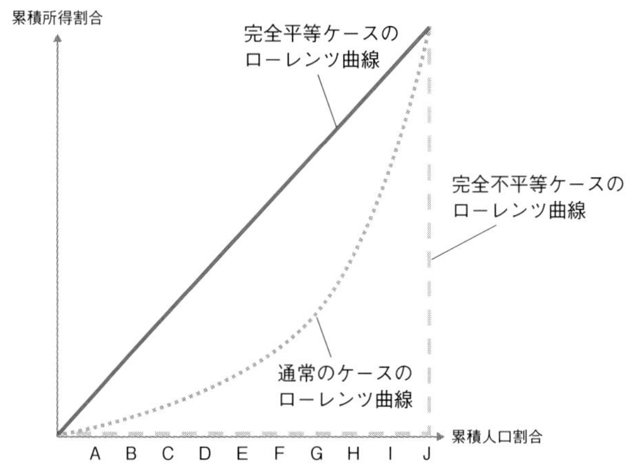

の水平線と垂直線で表されることがわかります。しかし，現実の社会はこの完全平等ケースと完全不平等ケースの中間となり，細かい破線のローレンツ曲線として表されることがほとんどです。ジニ係数とは 45 度線とこの細か

図 3.13　ジニ係数の各国比較

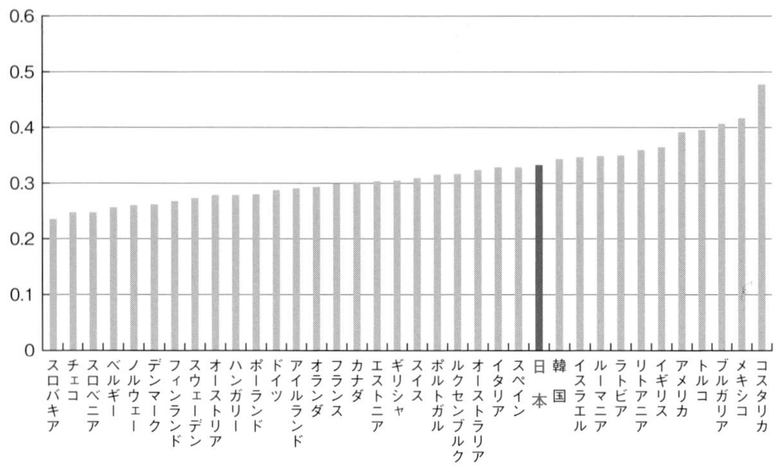

（出所） OECD（https://www.oecd.org/social/income-distribution-database.htm）より筆者作成。

い破線で囲まれた三日月型の部分の面積を，45 度線と粗い破線で囲まれた直角三角形の部分の面積で割った比率です。所得分布が不平等である場合は，この細かい破線のローレンツ曲線は，完全不平等ケースのローレンツ曲線に近づきますから，三日月部分の面積が増加して，ジニ係数の値も上昇します。したがって，ジニ係数は 0 ～ 1 の間の値となり，1 に近いほど不平等な状態となります。

それでは日本のジニ係数は諸外国と比較してどのような状況なのでしょうか。図 3.13 では，2018 年のジニ係数の国際比較を行っています。筆者のような世代は，日本は大きな格差のない社会と思っていた人が多いと思います。しかし 1990 年代から 2000 年代にかけてジニ係数が上昇したことから，2000 年代から「格差社会」という言葉はかなり広がり，みなさんの意識形成にも影響を与えたかもしれません。実際に日本は，比較的ジニ係数が高い所得分布が偏っているグループに属することがわかります。

若年世代よりも高齢世代の方が世代内の格差は大きい傾向があるため，少子高齢化が進む日本ではこの格差が拡大しやすい環境にあるとも言えます。

しかし社会の安定性を保つためにも，私たちは格差に対してより敏感になることが求められているのかもしれません。

特に留意しなければならないのは，格差や貧困が世代を超えて継承されるかもしれない点です。親世代の経済状態や消費，人的投資に関する選択が，子供世代の健康や学力などに影響を与えているという指摘があります。その場合には，親世代に対する単なる現金の給付ではなく，子供の教育や健康への支出を促すような再分配が必要になるかもしれません。

また，居住地の環境が居住者及びその家族の健康や生活習慣に影響を与える効果は，近隣効果として知られています。例えば，低所得者が集中する地域においては，生活習慣や子供の教育などについて住民同士が負の影響を与え合うことで，いったん形成されてしまった貧困地区は中長期的に存続し続けると言われています。例えば，19 世紀にコレラの流行で働き手を失い貧困地区となった地区が，160 年たった現在でもそのままであるという研究もあります（Ambrus et al.（2020））。今回のコロナ禍においては，職業や働き方によっては大きな打撃を受けた方もいたでしょう。そのショックを永続化させないためにも，都市政策と連動したきめの細かい対策が必要かもしれません。

◆ 練習問題

問 3.1　市場は，社会の状態をどのようにすることができるのでしょうか。以下の記述から最も適切なものを選択してください。

① 政府の補完なしでも効率的な状態を実現
② 市場の失敗について政府が補完してくれれば，効率的で公平な状態を実現
③ 市場の失敗の補完や再分配を政府が実施することで，効率的で公平な状態を実現
④ GDP の最大化を実現

問 3.2　社会厚生関数とは何を定めるものでしょうか。以下の記述から最も適切なものを選択してください。

① ある価値観に基づいて，社会にとっての望ましさを人々の効用水準から説明しようとするもの
② ある価値観に基づいて，社会にとっての望ましさを社会の生産水準から説明しようとするもの
③ 人々の効用水準以外の要素も含めて，ある価値観に基づいて，社会にとっての望ましさを説明しようとするもの
④ GDP のように社会の経済活動の規模を示すもの

問 3.3　最低生活費を保障する給付と所得税によって再分配を行った場合に，懸念されることは何でしょうか。以下の記述から最も適切なものを選択してください。

① 財政破綻
② 公共財・公共サービスの過小供給
③ 中・高所得者の労働インセンティブの減退
④ 低所得者の労働インセンティブの減退

問 3.4　人間の不平等回避性を確認するために用いられる実験で使用されるゲームの名称は何でしょうか。以下から選択してください。

① 最後通牒ゲーム
② 囚人のジレンマゲーム
③ 公共財供給ゲーム
④ タカ・ハトゲーム

第4章
社会保険

この章では社会保険に関する解説を行います。まず，年金保険，医療保険，介護保険からなる社会保険制度の概要を説明します。そして，なぜ政府が介入してまで，これらの保険事業を行う必要があるかを，情報の非対称性という側面から解説します。その上で，少子高齢化が進む日本で年金保険制度をどのようにして再構築していくべきなのかについて，賦課方式と積立方式という二つの方式をめぐって議論します。また老後に備えた貯蓄の活用について，人間の双曲割引という特徴が，それを難しくしていることを指摘します。最後に，少子高齢化が進んでも高齢者へのケアの質を維持するための，福祉政策と地域政策の連携に関する議論を展開します。

4.1　社会保険制度

前章でみたように，国の一般会計の社会保障関係費の中で，最も大きなウェイトを占めて，大きな伸びを示しているのは社会保険という費目でした。社会保険とはいったい何でしょうか。年金保険，医療保険，介護保険によって構成されており，その内容を表4.1で説明しています。なお社会保険は，これまで説明してきた国の一般会計から投入される国費よりもむしろ，被保険者から徴収される保険料を主たる財源として保険給付が行われていることに注意してください。

表 4.1　社会保険の項目別内容

社会保険費	年金保険	大企業の被用者や公務員が加入する厚生年金と，それ以外の者が加入する国民年金があるが，それらのグループ間で共通の基礎年金部分に関しては２分の１の国庫負担が行われている。
	医療保険	職域によって，以下のように医療保険制度は区別される。 ・サラリーマンが加入し，健康保険組合が運営する健康保険（健康保険組合を持たない企業の従業員は，全国健康保険協会が運営する協会けんぽ） ・公務員や教員が加入し，各種共済組合が運営する保険 ・それ以外の一般の住民が加入し，市町村と都道府県が共同運営する国民健康保険 ・それまでにどのような医療保険に加入していたとしても，75歳以上になれば，それを脱退し加入義務が生じる後期高齢者医療制度。この制度による保険は各都道府県単位の全市町村で構成される後期高齢者医療広域連合により運営される。 国民皆保険で全ての国民が何らかの医療保険に加入しており，一定の医療行為に伴う費用の原則70%を各保険から給付してもらえる。各保険は加入者から徴収される保険料で運営されているが，国民健康保険，後期高齢者医療制度については，保険料の他，国，都道府県からの財政移転，他の保険である健康保険組合等からの拠出を受けて運営されている。
	介護保険	円滑な高齢者への介護サービスの提供を行うために2000年度から導入されている。40歳以上の国民は介護保険に加入し保険料を納めている。 65歳以上の被保険者は要介護状態になった場合は，その原因にかかわらず保険給付の対象となるが，40～64歳の被保険者は，加齢に伴う16種類の特定疾病により要介護状態になっていることが求められる。 その保険料と公費（25%国，12.5%都道府県，12.5%市町村）が折半する形で介護保険給付費の財源を負担している。保険者は原則的に市町村であり，高齢者は要介護度の認定を経て，介護サービスの消費に際して，原則その90%に相当する給付を受けることができる。

社会保障給付費は，2021年度（予算）で129.6兆円に上っています。その内訳は，年金給付費58.5兆円，医療給付費40.7兆円，介護対策給付費が12.7兆円となっています。ここでは最も大きな給付を行っている年金保険制度を例にとって，その仕組みをみてみましょう。社会保険は基本的には，各人から徴収した社会保険料を財源として年金，医療，介護に必要な費用を交付しています。その際，社会保険制度に加入し社会保険料を納めていることが受益資格となり，年金保険については納めた保険料が支払われる支給額に反映されます。これらの点が，社会保険が生活保護などの政策と大きく異なる点でしょう。

図 4.1　年金保険制度の全体像

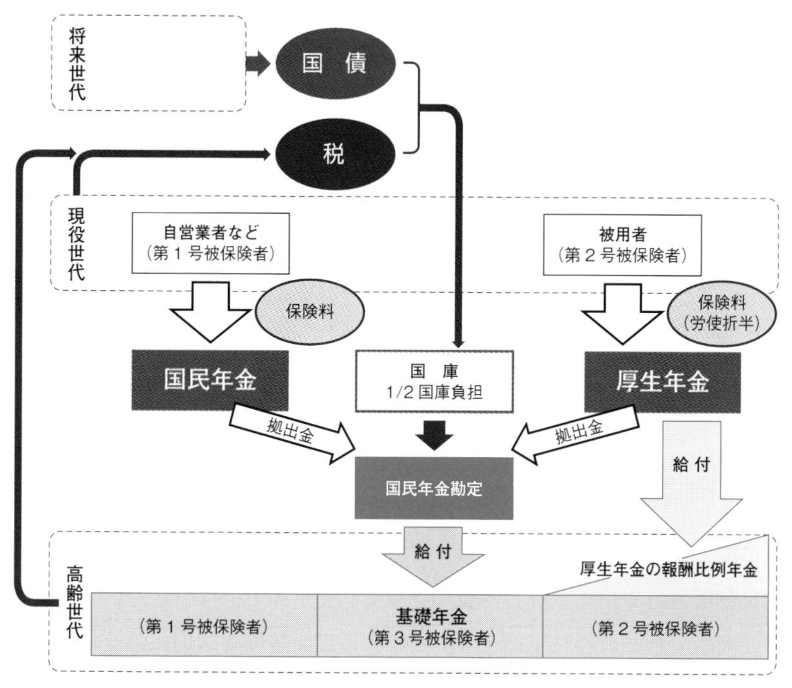

年金保険は日本では，歴史的に大企業が自らの社員に対する福利厚生の一貫として充実させてきたということを出発点に，それを公的な制度として位置づけて発展させてきました。このような経緯から，様々な保険制度のパッチワークのような複雑な様相を呈していると言われます。

年金保険については図 4.1 にあるように，全ての人が加入する国民年金，一定規模以上の企業のサラリーマン，公務員や私立学校教職員（第 2 号被保険者）が加入する厚生年金に分かれています。以前公務員や私立学校教職員は共済年金に加入していましたが，2015 年に両年金制度は統合されました。

国民年金は定額の保険料を支払い，その給付は，

> 満額年金 ×（免除期間を勘案した納付済み期間）
> 　÷ 加入可能期間 × 物価スライド率

として計算されます。満額年金とは，加入期間に保険料を完納した場合の年金額です（2020年度で65,141円/月）。所得が低いなどの事由により免除が認められますので，支払いが可能だった期間のうち，どれだけを実際に支払ってもらえているのかが考慮されます。また物価スライド率を乗じることで，物価水準の変動も考慮されます。一定規模以下の企業のサラリーマンや自営業者（第1号被保険者），サラリーマンの配偶者で働いていない者（第3号被保険者）は，この国民年金のみを受け取ることになります。

厚生年金に加入する者は，この国民年金に関する定額保険料だけでなく所得に比例する保険料を納めて，納めた保険料を反映した年金を受け取ることになります。厚生年金の給付水準は，標準世帯のモデル年金（夫が平均的収入で40年間就業し，妻がその期間全て第3号被保険者である世帯）の場合，2020年度において220,724円（夫婦2人分の国民年金130,282円/月と夫の報酬比例部分90,442円/月）です。この保険料は給料から天引きされて徴収されますが，その際，事業主が半分を負担してくれています。ただし事業主の負担分は賃金に転嫁されている（賃金が安くなっている）のではないかという指摘があり，実証分析が行われています。このように年金保険は国民のそれぞれのグループの現役世代が納めた保険料で，同じグループの高齢者世代への給付を行う世代間の所得移転が行われています。これを世代間扶助と言います。

ただし，国民年金，厚生年金はいずれも国民年金勘定に自らの加入者分の基礎年金部分を拠出しますが，基礎年金の給付額の半分は国庫によって負担されます（図4.1）。このため基礎年金部分については，それぞれの保険への加入者が負担する加入者間の世代間の所得移転が行われている(白い矢印)他，黒い矢印で示されている国民全体からの，ひいては国債によって将来の増税が行われるとすれば将来世代を巻き込んだ所得再分配が行われていると考えることができます。

このような仕組みを持つ社会保険について，まず伝統的な経済学によって，なぜ政府が「社会保険」に介入しているのかを説明します。その上で，行動経済学の知見を活かした示唆を説明します。そして最後に，今後の日本に求められる「社会保険」の在り方を議論したいと思います。

4.2 社会保険の理論

これまで，社会保険がいかにわが国の財政上大きな問題であり，その制度がどのように運営されているのかについて，主に年金保険を例にとって説明してきました。しかし，そもそも，なぜこのような大きな国庫負担を伴う強い公的部門の関与が行われてきたのでしょうか。

年金保険は，引退後の生活を賄うための資金を家計が調達する上で非常に重要な役割を果たしています。しかし，引退後に生計費が不足することは，現役世代として働いているときから予見可能なのではないでしょうか。だからこそ，人々は貯蓄を行い，引退後の生活に備えます。しかし，老後の期間が現役時代の予想よりも長い場合，つまり予想よりも長く生きてしまった場合，老後の生活の質は大きく低下します。このため，人々のリスクをプールして，予想よりも短く生きた人から予想よりも長く生きた人への所得移転を行うことによって，長生きリスクを処理する保険が求められることになります。これは，疾病リスクをプールしてそれを処理しようとする医療保険においても同様です。しかし，このような保険が民間でも提供されていることは，みなさんご存じですよね。なぜ公共部門が介入する社会保険という形で年金保険，医療保険，介護保険が成立しているのでしょうか。

一つは，十分な貯蓄が行えなかった方でも，安定した老後の生活が送れるように，また医療保険，介護については，所得の低い方でも人の生命や生活の質を大きく左右するサービスを受け取れるようにという，前章で説明した「再分配」としての役割があります。しかし，それ以外にも政府が強い介入を行う理由があります。それは情報の非対称性という問題が関係しています。

●情報の非対称性

情報の非対称性とは　社会保険は「保険」という文字どおり，リスクに大数の法則を利用して備えようとするものです。そのうち年金保険は長生きリスクに対応しています。かつては，わが国では老親と子供が同居していることが多く，同居していなくとも老親の面倒を子供がみるという意識が社会で一般的でした。このため，人々が自分の想定を超えて長生きしたとしても，子供の所得が一種の保険となって著しい生活の質の低下を回避することが可能でした。

しかし，高度成長期以降，地方圏から大都市圏の人口移動が大規模な形で起こる過程で，親と同居し，その老後の面倒をみるという習慣や意識は急速に低下しました。この場合，家族間で処理されてきた「長生きリスク」を社会的に処理するニーズが急速に高まることになります。つまり，「長生きリスク」を処理するための保険が求められることとなります。

それでも，なぜ公的部門の介入が必要なのでしょうか。一つは，本人以外は「長生きリスク」を知ることができないため，情報の非対称性が保険者と被保険者との間に生じるためです。つまり，客観的な記録や健康診断で把握できない身体上の特性や生活習慣などによって，被保険者の長生きリスクは大きく左右されます。しかし，保険者はこれを知るすべがありません。一方，被保険者は自分の健康状態や生活習慣を相当程度把握しています。

保険者は，それぞれの被保険者の長生きリスクに対応する形で，「これ以上の価格をもらえなければ，保険サービスを提供しない」という保険料（オファー価格）を設定します。一方，被保険者は，自分の健康状態を勘案して，「保険サービスを受け取るために，この価格までなら払ってもいい」という保険料（付け値）を設定します。保険者と被保険者がお互いに探し合って，被保険者の付け値よりも保険者のオファー価格が低い組み合わせがみつかった場合に，交渉を経て取引が成立することになります。

しかし，前述のように被保険者の属性は交渉過程で明らかになるものばかりではありません。取引を成立させるために相対している売り手と買い手の間で，それぞれが持っている情報に格差がある状態は，情報の非対称性がある状態と呼ばれます。このような場合，「市場そのものが成立しない」状態がもたらされることが，経済学では指摘されています。

逆選択　ここで，（生活習慣，健康状態に自信があり）大きな長生きリスクを抱えるグループの被保険者 50 人と，（生活習慣，健康状態に不安のある）長生きリスクの小さいグループの被保険者 50 人がいるものとしましょう。最初のグループの被保険者は，自分の長生きリスクが高いことを知っているので，保険料の付け値が 100，つまり「100 までの価格であれ

図 4.2　情報の非対称性がない場合の保険市場

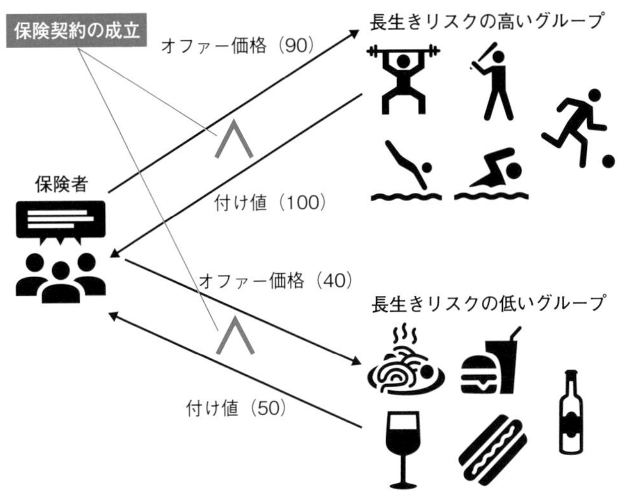

ば終身の年金保険に支払う用意がある」としましょう。その一方，健康や自分の生活習慣に自信がないグループの被保険者の付け値が，50 である場合を仮定します。一方，保険を供給する側の保険者は，高い長生きリスクに対しては（年金を長い期間支払わなければならなくなりそうですから）保険料のオファー価格が 90，つまり「90 以上の保険料をもらえなければ保険サービスを供給するつもりがなく」，低い長生きリスクについてのオファー価格は 40 と仮定します。

ここで，被保険者は自分の生活習慣，健康状態を熟知しているため，保険者をだまそうと思わなければ，100 及び 50 の付け値を提示して保険購入の交渉を行います。被保険者がうそをついて安い保険料ですまそうと思っても，保険者側で申し込んできた被保険者がどちらのグループに属するのかを観察できれば，何の問題も生じません。図 4.2 には，情報の非対称性がない場合が描かれていますが，どちらのグループでも，付け値＞オファー価格，の関係が成立していますから保険契約が成立して，保険者，被保険者とも取引の利益を得ることができます。

しかし，保険者が申し込んできた人がどちらのグループに属するのかが

図 4.3　情報の非対称性がある場合の保険市場

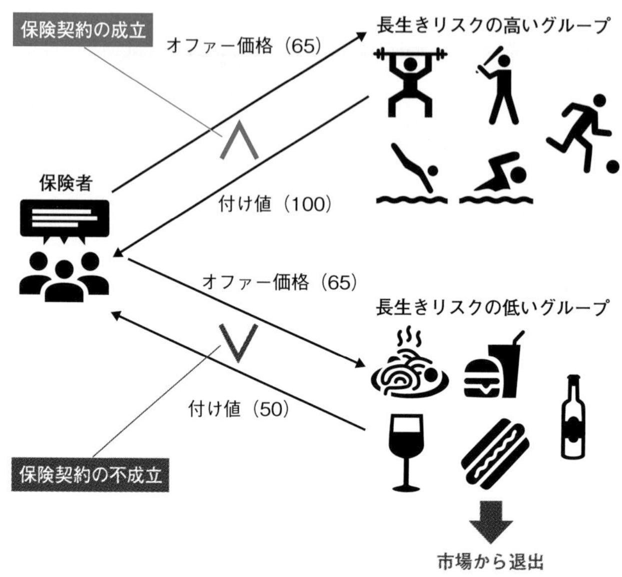

わからない場合にはどうなるでしょうか（図 4.3）。長生きリスクの高い人は，「長生きリスクの低い人と偽って」，安いプランで保険に入ろうとします。一方，保険者は被保険者の健康状態を正確に把握することはできないため，「高い長生きリスクを有するため保険料 90 を適用する」被保険者と，「低い長生きリスクしか有しないため 40 の保険料を適用する」被保険者を識別することができません。この二者を見分けることのできない保険者は，2 分の 1 の確率で高い長生きリスクを引き受け，2 分の 1 の確率で低い長生きリスクを引き受ける可能性に直面していることになります。この場合，保険者（＝売り手）は全ての被保険者に，

$$(90 \times 1/2) + (40 \times 1/2) = 65$$

のオファー価格をつけます。

長生きリスクの低いグループの被被験者の付け値は 50 ですから，付け値＜オファー価格という関係では，取引を成立させることができません。この

ため，これらの者は保険市場から退出することになります。保険市場は高いリスクと低いリスクをプールすることで成立するのに，高い長生きリスクのみが取引されるという状態が出現します。このような状態で保険市場を維持することはできません。このような現象は逆選択と呼ばれています。市場に任せておくと年金保険市場が成立しないことが考えられます。

さらに，保険は大数の法則によって特定のリスクに対応するという技術を利用したものですから，加入者の規模が大きいほどその効率性が高まります。このため，全員加入の強制保険として年金保険を成立させることが合理的となります。

医療保険，介護保険に関しても同様のことが言えます。保険者は疾病リスクが高い被保険者と疾病リスクの低い被保険者を見分けることができずに，平均的な保険料率でそのリスクをカバーしようとする場合には，疾病リスクの高い者のみが保険市場に残ることになり，リスクの低い人々に対する保険が成立しなくなります。

また，社会保険には多くの税財源が投入されています。これは所得にかかわらず，これらの命や健康，老後の生活の質にかかわる基本的なサービスについては全ての方に提供すべきだという考えが反映されています。これは，前章でお話しした特定の財・サービスを用いた現物給付による再分配としての性格を有することを示しています。

●パターナリズム

人が完全に合理的な主体であって，将来収入がなくなることを見越して現役時代から貯蓄を行うことができるとすれば，その収入の一部を強制的に保険料として支払わなければならない社会保険の仕組みは，余計なお世話ではないでしょうか。「今自分にとって何が必要か」を最もよく知っているのは自分自身であるのと同様に，「どの程度の長生きリスクや疾病リスクがあって，それにどの程度備えておかなければならないか」を最もよく知っているのは自分自身であるはずです。このような場合，人に強制的な貯蓄を促す社会保険は，第３章で述べたように自身の判断に公共部門の判断を優先させるパターナリズムに他ならず，消費者主権を基本的な思想とする経済学となじまないやり方のようにみえます。

しかし，家計は必ずしも合理的な判断を行わない場合があることが知られています。特に将来の価値を大きく割り引いて評価をする双曲割引という評価を行うことが，行動経済学によって明らかになっています。この場合，家計は将来発生するだろう困窮を過小に評価し，現在の消費を過大に，貯蓄を過小に行うことにつながります。このような行動をとる家計は将来困窮し，生活保護などの再分配に依存することになるおそれが非常に強いと考えられます。

このような場合，必ずしも合理的ではない家計の判断を公共部門が是正して，現役時代からの十分な貯蓄を，強制貯蓄という形で実現することに社会保険の意義を見出すことができるかもしれません。なお双曲割引については，4.4 節で詳しく説明します。

4.3 少子高齢時代の年金保険

●少子高齢化の進展

このように，社会保険に関して公的部門が一定の関与を行うことについては，一定の合理性があります。しかし，現在の制度を前提とした関与をこれからも継続していくべきか否かという点については，慎重に考えなければならない点があります。日本がまさに迎えつつある，本格的な少子高齢社会という社会構造に十分対応した制度設計が行われているかという点についてです。

日本の総人口は，127,095 千人（2015 年）であったものが，110,919 千人（2040 年），88,077 千人（2065 年）と減少することが予想されています（日本の将来推計人口（平成 29 年推計）（国立社会保障・人口問題研究所））。内訳をみると，65 歳以上人口は総人口の 26.6%（2015 年）から，35.4%（2040 年），38,4%（2065 年）と大きく上昇します。一方 15 歳未満人口は，総人口の 12.5%（2015 年）から，10.8%（2040 年），10.2%（2065 年）と大きく減少します。このような変化は，わが国の社会保障政策にどのよう

図 4.4　ライフサイクルでみた社会保険及び保育・教育等サービスの給付と負担のイメージ

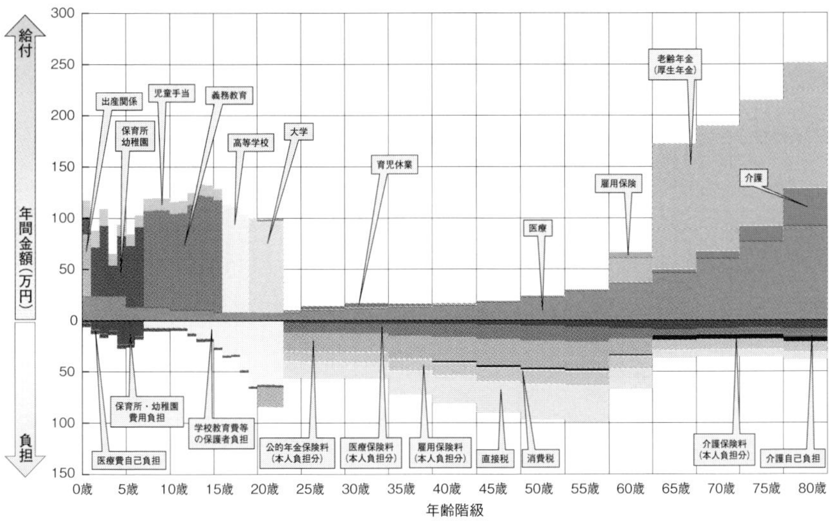

（注）平成 30 年度（データがない倍は可能な限り直近）の実績をベースに一人当たりの額を計算している。
（出所）社会保障に関する集中検討会議への内閣官房社会保障改革担当室提出資料（http://www.cas.go.jp/jp/seisaku/syakaihosyou/）

なインパクトを与えるのでしょうか。図 4.4 をみて明らかなように，ライフサイクルによってこれらの社会保険等の給付に対する受益と負担関係は大きく異なっています。つまり明らかに現役世代では負担＞受益という関係が成立している一方で，高齢世代については負担＜受益という関係になっています。

図 4.5 においては国立社会保障人口問題研究所の将来人口予測が描かれています。総人口に関しては緩やかな減少が始まっており，2040 年には 2015 年を 1 とした場合の指数で 0.873，2065 年には 0.693 となります。一方 65 歳以上の高齢者人口は，団塊の世代，団塊ジュニア世代の高齢化の影響を反映して 2040 年くらいまでに速い速度で増加します。そして 2042 年に 2015 年の水準を 1 とした指数で 1.162 というピークを迎え，その後緩やかに減少します。社会保障に関する需要のうち年金保険については，65 歳以上になって受給が発生するため，この高齢者人口の伸びと歩調を合わせてしばらくの間増加していくことが予想されます。

図 4.5　総人口と高齢者人口の推移

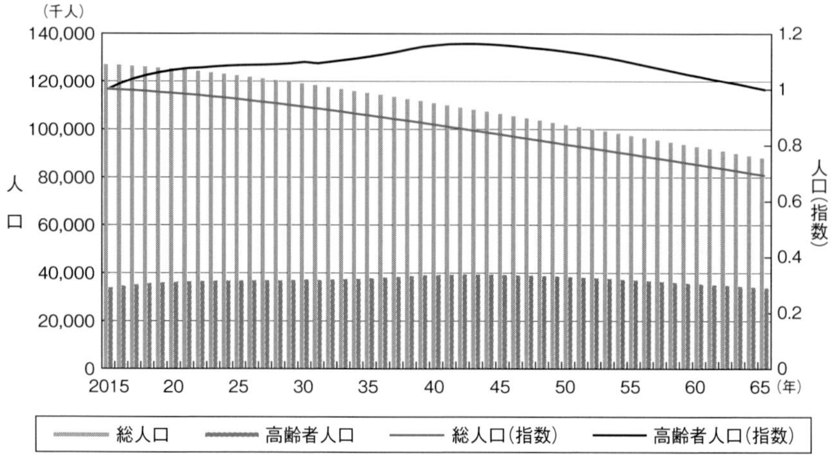

(出所)「日本の将来推計人口」(平成 29 年)(国立社会保障・人口問題研究所) より筆者作成。

●賦課方式

このような少子高齢化は，年金保険財政にどのような影響を与えるのでしょうか。年金保険には，大きく賦課方式と積立方式という二つのタイプが存在します。賦課方式は年金給付時点の現役世代が支払った保険料によって，その時点の高齢者への給付を行います。つまり，世代間の所得移転によって年金保険を運営するのです。積立方式は，個々の家計が自分で支払った保険料を積立て運用し，それを自らの引退後の年金の財源とします。この方式では，世代間の所得移転は生じません。ただし保険ですから，世代内で予想よりも短く生きた人から，予想よりも長く生きた人への所得移転は生じています。

賦課方式の特徴　以下では賦課方式による年金制度の特徴を説明します。t 期の現役世代の人口を L_t，退職した高齢世代の人口を L_{t-1}，一人当たりの年金負担を b_t，一人当たりの年金受け取りを θ とします。θ は時期にかかわらず一定だと考えます。すると，t 期の現役世代が支払う総年金保険料支払い T_t と，高齢世代が受け取る総年金受け取り B_t は，$T_t = b_t \times L_t$，$B_t = \theta \times L_{t-1}$ となります。ここで，L_{t-1} は 1 期前の現役世代人口

図 4.6　生産年齢人口 / 高齢者人口の将来推計

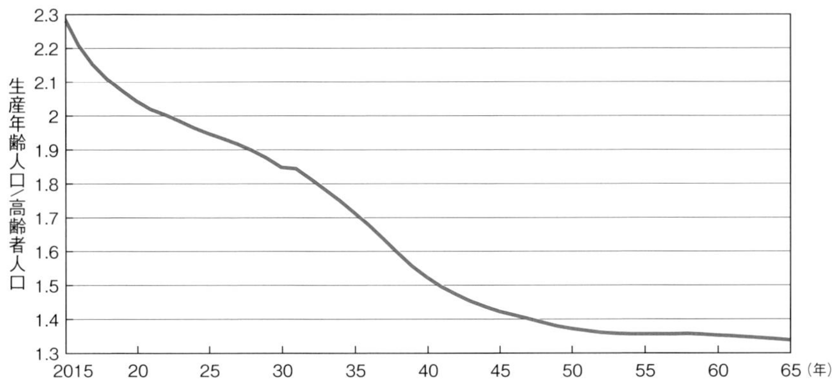

（出所）「日本の将来推計人口」（平成 29 年）（国立社会保障・人口問題研究所）より筆者作成。

で，t 期においては，退職してそのまま年金受給者人口となると考えます。

賦課方式の場合は，t 期の現役世代が同時期の高齢世代に所得移転を行うので，$T_t = B_t$ が成り立ちます。このため，$b_t = \theta \times (\frac{L_{t-1}}{L_t})$ が成立するので，t 期の現役世代の便益は，$\theta - b_t = \theta \times (1 - \frac{L_{t-1}}{L_t})$ となります。このように賦課方式は人口構成が高齢化して，$L_{t-1} > L_t$ である場合に，その便益率 $\frac{\theta - b_t}{\theta} = (1 - \frac{L_{t-1}}{L_t})$ は低下します。

つまり賦課方式では，年金保険料の支払い手と受給者のバランスによって，特定の期（世代）の国民の便益率は大きな影響を受けます。図 4.6 にあるように 2015 年においては生産年齢人口 / 高齢者人口が 2.28 でした。つまり，2.28 人で一人の高齢者を支えることができたものが，2065 年にはその値は 1.34 まで低下します。つまり 1.34 人で一人の高齢者を支えなければならなくなります。このため便益率は大きく低下します。

このようにある時点の現役世代から高齢世代への再分配である賦課方式は，①長寿命化，②人口増加率の鈍化，などによって現役世代と高齢世代のバランスが崩れて $\frac{L_{t-1}}{L_t}$ が上昇すれば年金受給者の便益率を低下させます。それは，年金給付の財源の縮小をもたらし，年金制度の持続可能性を大きく毀損することになります。また，t 期ごとに便益率が異なることは，異なる世代に属する人々の間に不公平感を感じさせるおそれがあります。これは世代間格差問題としてクローズアップされてきました。

年金制度改革の取り組み　このような状況に鑑み，数度にわたる年金保険制度改革が試みられてきました。その主な内容は，負担者側の保険料を固定化，受給者側の支給繰り延べ，受給抑制することです。

2004年度の改革では，保険料を将来に向かって固定化する「保険料固定方式」が導入されました。例えば2004年度から数度にわたって基礎年金の保険料を引き上げて，2017年度以降は1万6,900円/月で固定化することとされました。

さらに1994年度以降，繰り返し支給開始年齢の繰り延べが行われ，現在は一定年齢以上の方については基本的に65歳からの支給開始となっています。

給付抑制については，2004年度改革で，マクロ経済スライド方式が導入されました。もともと給付額の決定にあたっては，物価上昇率を勘案する計算方式が採用されていました。マクロ経済スライド方式とは，この物価上昇率を勘案する際に，「公的年金被保険者数の減少率（少子化要因）」＋「平均的な年金受給期間の伸び率（高齢化要因）」（スライド率）を差し引いて給付額を算定しようとするものです。少子高齢化の影響分を差し引いて物価上昇率調整を行うことを意味します。例えば物価上昇率が2％で，スライド調整率が1%の場合はその差の1％の給付額の改定となります。しかし，デフレ下ではスライド調整率がほとんど適用されませんでした。

このような点を改善する試みはいくつか実施されていますが，いずれにしても，少子高齢化で給付が自動調整されるマクロ経済スライドでは，所得の大きな上昇がみられない限り給付水準はどんどん低下していくことになります。それが，国民の老後の生活の質を大きく下げるということになった場合は，スライドの停止，保険料引き上げ，増税などの議論が求められることになると考えられます。

●積立方式

人口変動に対して脆弱な仕組みである賦課方式という仕組みを抜本的に変更する必要があるのではないか，という議論があります。それは賦課方式で

図 4.7　賦課方式の負担のイメージ

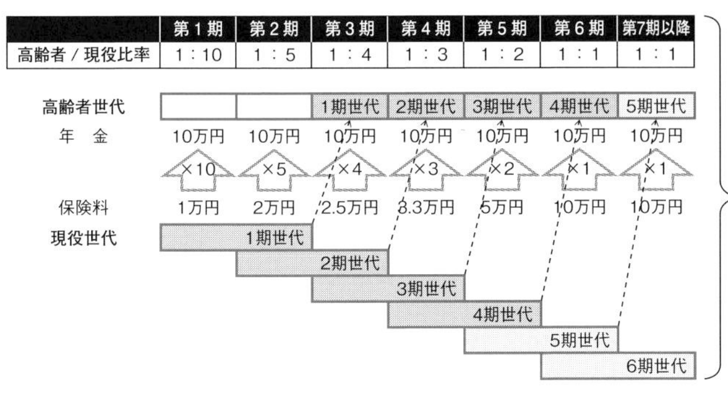

はなく積立方式という仕組みに変えることを意味します。賦課方式と積立方式の仕組みの比較をするために，まず数値例で賦課方式の仕組みのおさらいをしましょう。

［数値例（賦課方式）］

ここで具体的に数値例を用いてみてみましょう。図 4.7 には第 1 期から第 7 期までの高齢者：現役比が少子高齢化を背景に 1：10 から 1：1 に変化していく様が描かれています。それぞれの世代は現役世代として 2 期，高齢世代として 1 期の合計 3 期を生きるものとします。この場合，高齢世代に対して 10 万円の年金を賦課方式の年金制度で確保しようとした場合，各期の現役世代の保険料は 10 万円 ×（高齢者 / 現役比率）だから，図 4.7 にあるように 1 万円から徐々に上昇し第 6 期以降は 10 万円となります。この場合，各世代の高齢期に受け取ることのできる年金給付と 2 期間支払い続けた保険料の比率は，1 期世代は 3.3（給付額 / 負担額＝ 10 万円 /（1 万円＋ 2 万円））であったものが，第 6 期世代以降は 0.5（給付額 / 負担額＝ 10 万円 /（10 万円＋ 10 万円））に低下することになります。

現在の年金保険は強制加入にもかかわらず，免除を除いた滞納率が 3 割程度に上っているとされます。コロナ禍などの様々な環境変化の中で，保険料を支払えない何らかの事情が広がっているのかもしれませんが，若年者世代を中心に年金制度に関する持続可能性に疑念が生じていることも作用しているのかもしれません。また，自分の年金支払いの便益率が低下する一方で，

図 4.8　積立方式の負担のイメージ

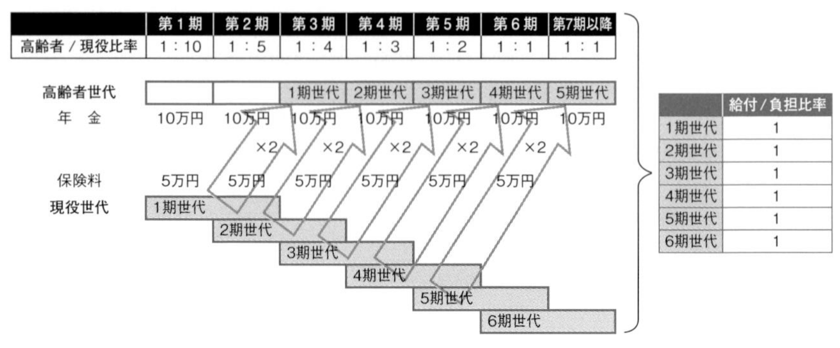

非常に恵まれているようにみえる現在の高齢世代に，自分たちの支払いが使われることに必ずしも納得していないのかもしれません。

［数値例（積立方式）］

次に，賦課方式ではなく積立方式と呼ばれる仕組みに焦点を当ててみましょう。積立方式とは，先に説明したように，個々の家計が自分で支払った保険料を積立て運用し，それを自らの引退後の年金の財源とします。

ここで，t 期の現役世代人口を L_t とします。この現役世代は $t+1$ 期にはそのまま高齢世代になるものとします。ここまでは賦課方式の設定と一緒です。この世代の t 期の総年金保険料支払い T_t と $t+1$ 期の総年金受け取り B_{t+1} は，$T_t = b_t \times L_t$，$B_{t+1} = \theta \times L_t$ となります（b_t は一人当たりの年金負担，θ は一人当たりの年金受け取り）。

実質利子率を r とすれば，積立方式の場合 $T_t = \frac{B_{t+1}}{1+r}$ ですから，$b_t = \frac{1}{1+r}\theta$ が成立します。t 期の現役世代の便益は，$\theta - b_t = \theta \times (1 - \frac{1}{1+r})$ となります。その便益率は，$\frac{\theta - b_t}{\theta} = (1 - \frac{1}{1+r})$ となりますので，積立方式の便益は人口構成の変化の影響を受けません。その一方で名目利子率の変化やインフレによる実質利子率の変化などの経済状況の変動のリスクをかぶることになります。ただ確実に直面する，図 4.6 の高齢化のリスクを回避できるというのは大きなメリットではないでしょうか。

賦課方式の際と同様に，数値例によってこの積立方式の説明を行いましょう（図 4.8）。数値例では利子率は無視します。積立方式の場合，現役世代

図 4.9　二重の負担のイメージ

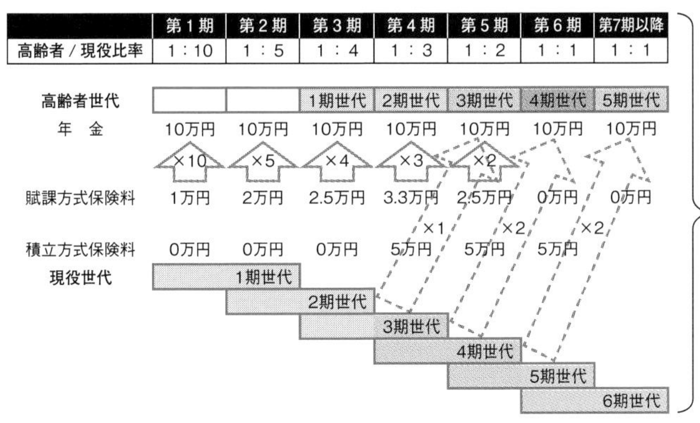

	給付 / 負担比率
1期世代	3.3
2期世代	2.2
3期世代	0.93
4期世代	0.63
5期世代	0.8
6期世代	1

は各期に自分の老後のために 5 万円の保険料を積み立てて，それを高齢期にまとめて 10 万円受け取ることになります。このため，各世代の給付 / 負担比率は全ての世代において 1（給付額 / 負担額＝ 10 万円 /（5 万円＋5 万円））となります。

このようなことを勘案すれば少子高齢化が進行している日本では，年金制度を積立方式に転換していくことはもっと真剣に議論されてもいいのではないでしょうか。しかし，賦課方式であった年金制度を積立方式に変更する場合には，2 重の負担問題という非常にやっかいな問題を処理しなければならないことが知られています。

[2 重の負担問題（数値例）]

これを数値例で説明しましょう。賦課方式で運営されてきた年金制度を第 4 期において積立方式に変更するものとしましょう（図 4.9）。各期に高齢者が受け取ることのできる年金額は 10 万円で変わらないものとします。

この場合第 4 期に高齢者となる第 2 期世代は自分の年金のための積立金を持っていないため，これらの者の年金は第 4 期に現役世代である 3 期世代と 4 期世代によって負担されます。賦課方式による保険料 3.3 万円が両世代に発生し，なおかつこの二つの世代は自分が高齢者になったときのために 5 万円の積立を行わなければなりません。第 5 期に高齢者となる第 3 期世代は自分のための積立金 5 万円のストックがあるので，残りの 5 万円を賦課方式で４期世代と５期世代が負担することになります。このため彼らは，自分のための積立金の他 2.5 万円の賦課方式分の保険料を負担しなければなりません。

このように３期世代～５期世代は自らの老後のための積立金の他，賦課方式による高齢世代への所得移転分を負担する必要があります。このため，３期，４期，５期世代の給付 / 負担比率は 0.93（給付額 / 負担額 ＝10 万円 /（2.5 万円＋ 3.3 万円＋ 5 万円）），0.63（10 万円 /（3.3 万円＋ 2.5 万円＋ 5 万円＋ 5 万円）），0.8（10 万円 /（2.5 万円＋ 5 万円＋ 5 万円））と１を下回ることになってしまうのです。

このように，積立方式は移行期の世代に非常に大きな負担を課すことになります。しかし，消費税を財源とする補助で現在の高齢世代にも負担を転嫁することが可能です。また，国債を財源とする補助により将来世代に転嫁することも可能です。多様な２重の負担問題の軽減を組み合わせつつ，積立方式の導入の検討が求められるのではないでしょうか。

4.4　行動経済学からの示唆

●双曲割引

このように今後日本で少子高齢化がますます進展することで，賦課方式の年金制度は世代間の再分配を前提としているために，年金財政に不安を抱える人は少なくありません。2014 年の年金制度改革で中長期的な対応が行われたとされていますが，その改革の中で導入されたマクロ経済スライドなどの措置は，デフレ下では十分に実施されていません。これらのことを勘案すれば，国民は自身の貯蓄などの手法で老後の生活の安定を確保することも考えなければならないかもしれません。

2019 年の金融庁の金融審査会市場ワーキンググループ報告書では，老後の安定的な生活資金を確保するためには 2,000 万円の貯蓄が必要だという趣旨の指摘が行われたとして，大きく取り上げられました。これは，高齢者無職夫婦の平均的な実収入と実支出を比較して，毎月 54,000 円程度の不足が生じていることから，30 年間その赤字を賄うとすれば 2,000 万円程度の貯蓄の取り崩しが必要だとしていました。同時に，日本の 65 歳時点での高齢者夫婦世帯の平均貯蓄残高が 2,250 万円程度であることも指摘されていますが，平均値であるために全ての世帯で十分な貯蓄額が確保されているわけではないでしょう。特に米国ではリタイア後に備えた貯蓄が不足しているという指摘は，かなり前から繰り返しされています。

4.2 節で説明したように年金保険とは，基本的には国民の「長生きリスク」に対応する手段です。そのような意味において貯蓄としての性格を持っています。合理的な個人であれば，自身の思い描くリタイア後の生活を，平均寿命くらいまでは行うことができる貯蓄をしようと考えることは，そんなに無理な想定ではないように思います。それがなぜできないのでしょうか。人々の貯蓄で代替できる部分を増やすことによって，年金財政の危機を緩和することはできないのでしょうか。

行動経済学の知見は，多くの人々が過少な貯蓄しかしない傾向を示唆しています。貯蓄とは現在の消費をあきらめて，将来の消費に回す行為を言います。どんなときにあなたは貯蓄しようとするのでしょうか。ものすごく単純に考えて，

> 現在あきらめなければならない消費から得られる効用
> < {貯蓄によって将来増やすことができる消費から得られる効用 /(1+時間割引率)^{年数}} の合計

の場合に貯蓄を行うことになります。右辺の分母の時間割引率とは人々が将来の利益や損失を現在のそれと比べて，どれだけ軽視（重視）しているかを表す指標です。

人々の持つ時間割引率が驚くほど高いことが，行動経済学の知見では明らかになっています[1]。ここでは双曲割引という将来の価値を整合的に評価できない，つまり変な評価をしがちな人間の特性について説明しましょう。

もともと，リタイア後に十分な貯蓄がなくて困るのは自分です。いずれは

[1] この点は，第 8 章で詳しく述べます。

十分な貯蓄を行わなければならないのは，誰にとっても自明ではないのでしょうか。これまで伝統的な経済学では，人々の時間割引率は時間を通じて一定であることを前提にしてきました。しかし，行動経済学で繰り返された実験では，その前提が成立しないことが明らかになってきました。

「時間を通じて時間割引率が一定ではない」とはどういうことでしょうか。例えば，

A　今 10,000 円を得るチャンス

B　1 週間後に 10,500 円を得るチャンス

のどちらがいいかと問われたときに，あなたはどちらを選ぶでしょうか。「やっぱり A がいい」と思われた方に改めてお聞きします。

A'　1 年後 10,000 円を得るチャンス

B'　1 年＋ 1 週間後に 10,500 円を得るチャンス

のどちらがいいかと問われたらどう答えますか？「B' でいいや」と思われる方も相当数いるのではないでしょうか。これは少しおかしなことですよね。今は，「500 円受け取り額が増えるくらいでは 1 週間待てない」と言っていたのに，1 年後であれば「がまんできる」と答えるのは，時間割引率が変化していることを示します。人々は遠い将来のことであれば，がまんできると思えるのに，近い将来のことはがまんできないのです。

この点をより詳細に解説しましょう。図 4.10 の上図には 20 期間のそれぞれの時期の 10 万円が「現在」からみれば，どの程度の価値にみえているかを描いています。青い棒グラフは時間割引率が 15％で，時間を通じて一定の場合の価値を示しています[2]。一方，灰色の棒グラフは 20 期の価値は同程度であるものの，期間の推移に応じて時間割引率が低下するケースを描いています[3]。このような時間割引の仕方を双曲割引と言います。図 4.10 の上図に示されているように，0 期と 2 期を比較しても，18 期と 20 期を比較しても時間の経過とともに 10 万円の価値は減価していることがわかります。しかし，灰色の棒グラフの特徴は，0 期から 2 期にかけて大きく減価

[2] t 期の 10 万円は，$10 \times \frac{1}{(1+0.15)^t}$ として割り引かれて認識されます。

[3] t 期の 10 万円は，$10 \times \frac{1}{1+t}$ として割り引かれて認識されます。

図 4.10　双曲割引とは

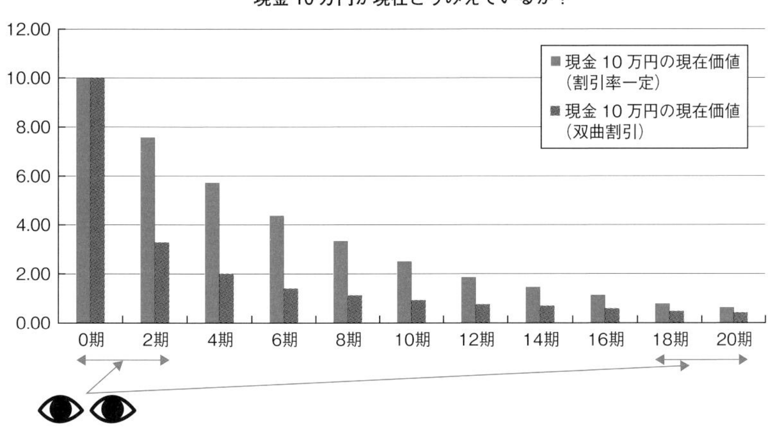

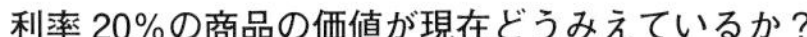

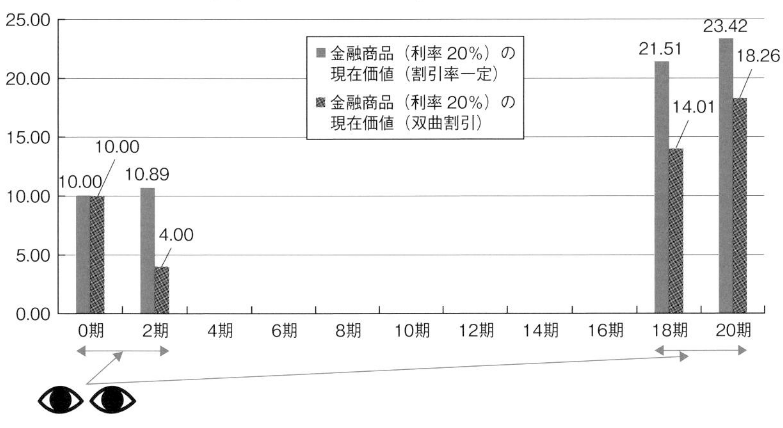

していますが，18 期から 20 期にかけてはほとんど差がないということです。

このような場合，年率 20%の金利がつく金融商品がどのように評価されているかを示したものが，図 4.10 の下図です。

現在からみれば，時間割引率が一定のケースも，双曲割引のケースも 18 期から 20 期にかけては，この金融商品の価値は上昇していますから，18 期にこの金融商品を購入して貯蓄することが合理的になります。つまり，どのようなタイプの人も，「18 期において貯蓄する」という計画を立てることになります。しかし，そのような計画を立てたとしても，時間がすぎていざ18 期になってみると，この金融商品はどうみえるでしょうか。

図 4.10 下図にあるように，時間割引率が一定の人にとっては相変わらず魅力的な商品ですが，双曲割引の人にとっては，0 期〜 2 期にかけて認識される価値は大きく減価してしまいます。このため，「18 期になったら貯蓄する」という計画を双曲割引の人が実行することはありません。例えば 1 年後にはダイエットしようと思っても，その期日が近づくとダイエットに踏み切れないというのは，何となく気持ちがわかるのではないでしょうか。このような双曲割引を持っている人は，ダイエットや宿題のように現在を犠牲にして将来の何かを得ようとするものを，先延ばしにする傾向にあると言われています。

貯蓄もそうです。人々はリタイア後の生活のために十分な貯蓄が必要であることは理解しながらも，もともと時間割引率が高いために過少な貯蓄しかしない傾向にある上に，それを先延ばしする傾向にあると言われています。

●コミットメントデバイス，デフォルト

このような心理的な傾向のある人々に対して，行動変容を促すことはできないのでしょうか。それとも現在の年金保険のようにある意味強制貯蓄のような規制的な手段によって働きかけるしかないのでしょうか。または，経済学の伝統にのっとり何らかのインセンティブを付与することが行動変容をもたらすのでしょうか。

これまで述べた人々の時間非整合的な行動を前提とした場合に，貯蓄や投資に関して所得税の減免などを行うことを支持する議論があります。実際，日本においても，米国においても年金に代替する貯蓄や投資については，税制上の優遇措置が講じられています。しかし，人々の時間割引率は様々です。非常に大きな割引率を将来に対して持っている人には，このようなインセンティブづけはあまり効果的ではないかもしれません。また，人々は十分な金融知識がないという指摘もあります。難しい知識というよりは，そもそも複利計算ができないなど，かなり基礎的な部分の知識がない人も多いとされて

います。金融知識を持っていても，どんな環境であっても収入の一定割合しか貯蓄しないなどの，「自分ルール」を決めている方もいるかもしれません。このような人には，税制上の支援により貯蓄が魅力的なものとなっても，行動を変えることは期待できないかもしれません。

このような人々のスキルや認知の特性に応じた取り組みが提案されています。多くの人は，図 4.10 のように双曲割引のため，現時点で「将来の貯蓄計画は立てられても」，「その貯蓄計画を実行することができない」とされました。これは現在の自分と 18 期後の自分が違う判断をする「違った自分」であり，そのことにより老後の生活が貧しいものになってしまう可能性があるということを示しています。だとすれば，正常な判断ができる「今の自分」が，正常な判断ができない「18 期後の自分」の行動を制限すればいいのではないでしょうか。これをコミットメントデバイスと言います。この過少貯蓄，過剰消費を解決するために，すぐに引き出すことのできない非流動性資産を使った提案が行われています[4]。

さらに興味深い事例が報告されています。米国では 401K と呼ばれる確定拠出年金に税制上のインセンティブをつけることで，国民の貯蓄を促そうという政策が講じられました。ただしそのインセンティブは十分な効果があげられませんでした。しかし，人々が年金プランを選択する際のデフォルト（初期設定）を 401K にしたことで，その選択率は大幅にあがったことが報告されています。デフォルトとは，何も行動を起こさない場合に選んだとみなされる選択肢です。つまり，401K を選択しない場合にはその意思表明をしなければならず，その意思表明をしなければ 401K を選択したとみなされるようにしただけで，人々の行動が変わったのです。

このような政策手法はナッジと呼ばれ，今大きな注目を集めています。ナッジというのは，「そっと背中を押す」ような緩やかな促しによる行動変容を目指す政策の総称です。これまで，人々の行動を変えるためには，何らかの強制力を持った規制的な手段，インセンティブを付与しなければ，それは達成できないと考えられ，それが政府の主要な役割となっていました。しかし，

4　Laibson（1997）など。

今やナッジのような人々の心理的特性を踏まえた緩やかな政策手段が登場しつつあります。

4.5　避けなければならないシナリオ，求められる対応

これまでは年金保険を中心とした説明をしてきました。ただ，図 4.11 をみてください。社会保障関係給付で最も大きな項目は年金関係ですが，その他の医療，福祉その他の給付も伸びています。2021 年度の福祉その他の 30.5 兆円には，介護の 12.7 兆円を含みます。むしろ伸び率は年金のそれを上回っています。これは日本の少子高齢化を反映していることは明らかです。医療保険，介護保険の保険制度の改革を進めることは重要ですが，少子高齢化が進む日本で，どれだけ高齢者に対して医療・福祉・介護サービスを効率的に提供できるかという点が今後ますます重要になってきます。以下ではその方法について議論しましょう。

図 4.5 で説明したように，2042 年をピークに高齢者人口は緩やかな減少に転じます。このことは，これまで説明をしてきた，年金保険，医療保険，介護保険の給付額の総量が抑制される可能性を示唆します。しかし，高齢者人口の減少スピード以上に総人口は減少します。これは生産年齢人口の減少率が非常に大きいものであるため，社会保険の支え手がいなくなってしまうことを意味します。つまり，年金保険による生活サービスへのアクセス，医療サービス，介護サービスの提供を効率化しなければ，社会保険給付の総量が抑えられても，国民の老後の生活水準は非常に貧しいものになってしまう可能性があります。

以下においては，人口減少や少子高齢化という避けられない状況下で，高齢者の生活サービスへのアクセス，医療サービス，介護サービスの提供を効率化する方法を考えていきましょう。そのためには，都市政策や地域政策が密接に関連しますので，山崎・中川（2020）に基づいて議論を進めていきましょう。

図 4.11　社会保障給付費内訳の推移

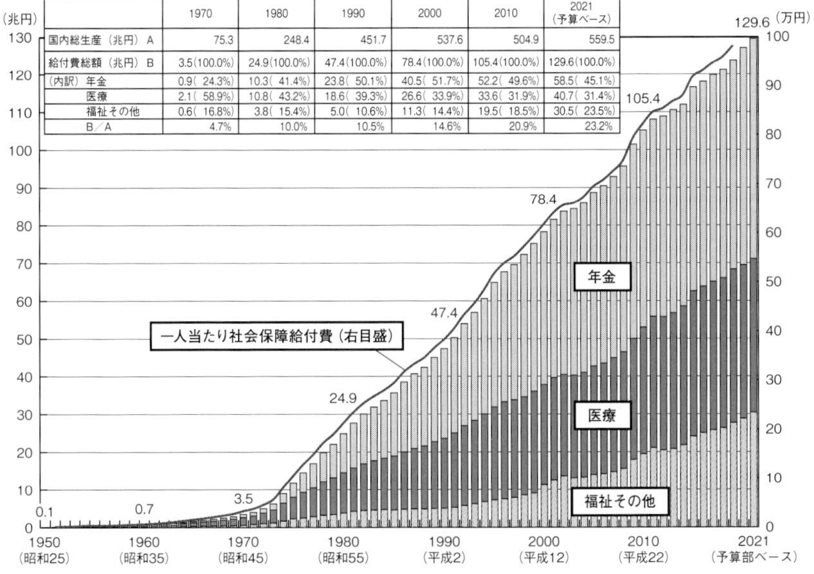

	1970	1980	1990	2000	2010	2021（予算ベース）
国内総生産（兆円）A	75.3	248.4	451.7	537.6	504.9	559.5
給付費総額（兆円）B	3.5(100.0%)	24.9(100.0%)	47.4(100.0%)	78.4(100.0%)	105.4(100.0%)	129.6(100.0%)
（内訳）年金	0.9(24.3%)	10.3(41.4%)	23.8(50.1%)	40.5(51.7%)	52.2(49.6%)	58.5(45.1%)
医療	2.1(58.9%)	10.8(43.2%)	18.6(39.3%)	26.6(33.9%)	33.6(31.9%)	40.7(31.4%)
福祉その他	0.6(16.8%)	3.8(15.4%)	5.0(10.6%)	11.3(14.4%)	19.5(18.5%)	30.5(23.5%)
B／A	4.7%	10.0%	10.5%	14.6%	20.9%	23.2%

（資料）国立社会保障・人口問題研究所「令和元年度 社会保障費用統計」，2020 ～ 2021 年度（予算ベース）は厚生労働省推計，2021 年度の国内総生産は「令和 3 年 1 月 18 日閣議決定」
（注）図中の数値は，1950,1960,1970,1980,1990,2000 及び 2010 並びに 2021 年度（予算ベース）の社会保障給付費（兆円）である。
（出所）厚生労働省資料（https://www.mhlw.go.jp/content/000826257.pdf）より。

●エイジング・イン・プレイス

現在，高齢者関連の住宅政策と医療・介護・福祉政策の連携が急速に進みつつあります。具体的には，2015 年の第 6 期介護保険事業計画からは，市区町村に対しても，高齢者の住まいの確保と生活支援サービスの確保に向けた計画策定が求められることとなりました。このような住宅政策と医療・介護・福祉政策の連携は，必然的に「高齢者がどこに住まうのか」，「高齢者にどこで医療・介護・福祉サービスを提供するのか」という場所を定めることが求められるようになりました。このため地域包括ケアという体制の構築が進められています。

地域包括ケア実現のためには，医療，介護，福祉（生活支援サービスの推進），住宅（高齢者住宅と生活支援拠点の一体的整備），病気やけがの予防の取り組みが，包括的かつ継続的に行われることが必須であると考えられています。先進各国の高齢者政策は，共通して「住み慣れた地域で高齢者の生活を支えること（エイジング・イン・プレイス）」という大きな方向性を指向しており，日本の地域包括ケア体制もこの潮流にも沿ったものとなっています。

しかし，高齢者が住み慣れた地域でケアサービスを提供し続けるという仕組みは，人口減少，少子高齢化が急速に進むという環境の下で，維持可能でしょうか。地域におけるケアサービスの供給の効率性は，様々な要素が影響を与えます。特に重要だと考えられる要素を二つ挙げましょう。一つは，その地域及び近隣地域において，どれだけの生産年齢人口が存在しているか，つまりケアサービスに必要な労働力の確保がどれだけできるかという点です。二つ目は高齢者の人口密度です。ケアサービスは労働集約的なサービスであり，需要者である高齢者の移動コストが高いため，高齢者が一定の密度で集積していることも，その効率性に大きな影響を及ぼします。この二つの要素を生産要素投入量のように見立てて，等産出量曲線として表したものが，図4.12になります。

通常は，縦軸，横軸に労働投入量，資本投入量をとって，同一の生産量を確保できる労働，資本の組み合わせをプロットしたものを等産出量曲線と言います。例えばPC 50万台を生産できる労働と資本の組み合わせは，多くの労働量を投入すれば資本の投入は少なくてもすむので，右下がりの曲線になります。PCの生産量を100万台にするためには，労働力も資本も投入量を増やす必要があります。このため，等産出量曲線が原点から遠ざかるほど，多くの財・サービスを生産できることを意味します。

同様に考えて，ケアサービスのレベルとこの二つの要素のトレードオフ関係を表したものが，図4.12になります。例えば，高齢者が分散していても，その高齢者に同居家族がいる場合（支え手人口比率が高い）には，高い質のケアサービスを受けることが可能になります。しかし，若い人たちが転出して生産年齢人口が減少してしまった地域においても，一定の高齢者人口密度のある地域では，集約的なサービス提供を行うことによって，ケアサービスの質を確保することができます（図中①のような人口変化の組み合わせ）。

図 4.12　支え手人口比率と高齢者人口密度のトレードオフ

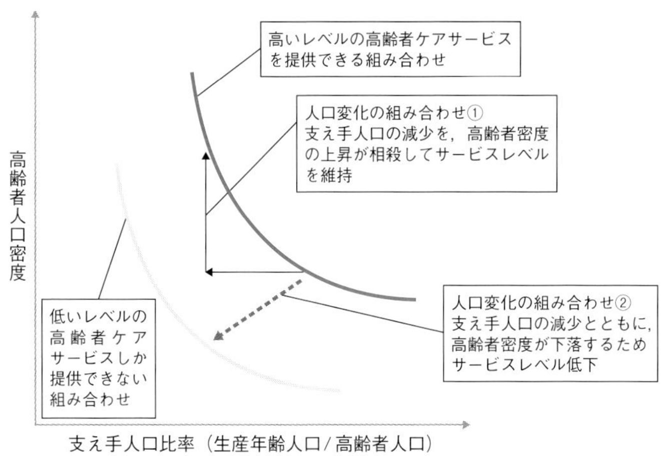

このように，支え手人口比率と高齢者人口密度はトレードオフの関係にあるため，右下がりで描かれています。

一方，支え手人口比率が低下し，同時に高齢者の人口密度も低下した場合には，ケアサービスの質は低下してしまうことになるでしょう（図中②のような人口変化の組み合わせ）。

●地域の医療・介護・福祉体制の将来

それでは各地域において，地域のケアサービス供給の効率性に影響を与える二つの要素がどのように変化するかをみてみましょう。「日本の地域別将来人口」（平成 30 年）（国立社会保障・人口問題研究所）を用いて，日本の市区町村別に，高齢者人口密度と支え手人口比率が将来どのように変化をするかを散布図にしたものが図 4.13 及び図 4.14 です。

図 4.13 では現在を描くものとして，全ての市町村の支え手人口比率の 2015 ～ 2020 年にかけての変化率を横軸に，高齢者人口密度の変化率を縦軸にしたグラフに各市区町村をプロットしています。現在は，大部分の市区町村は高齢者人口密度が上昇して，支え手人口の比率が低下する領域に属しています（第Ⅱ象限）。このような変化は図 4.12 の（高いレベルの高齢者サー

ビスを提供できる）曲線上の移動と解釈することができるでしょう（図中①のような人口変化の組み合わせ）。つまり，ほとんどの市区町村においては高齢者のケアサービスの質を低下させることなく何とか対応することができるかもしれません。

第Ⅲ象限に属する二つの要素ともに悪化する市区町村を図 4.13 では小さなドットで表していますが，この期においてそのような市区町村は，全市区町村の 18%にすぎません。

図 4.14 では，将来を描くものとして 2040 ～ 2045 年にかけての変化率をプロットしています。2020 年をすぎると人口減少の影響が，小さな市区町村ほど大きく作用し始めます。このため，支え手人口比率と高齢者人口密度の同時低下という現象（図 4.12 中②のような人口変化の組み合わせ）が多くの市区町村で起こるようになります。第Ⅲ象限で示される，明らかに介護・医療・福祉サービスの供給体制が非効率的なものになり，ケアサービスの質の低下が心配される領域に属する市区町村が増加していることに注目してください。このような人口変化を経験するであろう市区町村を図 4.14 では大きなドットで表していますが，このような市区町村は全体の 74%にも上ります。

現在は，高齢化の影響が人口減少の影響よりも強く出ているため，大部分の地域においてある程度の効率性を確保しながら，ケアサービスを供給することが可能かもしれません。しかし，将来においては高齢化の影響よりも，むしろ人口減少の影響が強く作用することとなります。この場合，多くの市区町村において，担い手の不足や高齢者の集積が低下するため，ケアサービス供給の効率性が，一層低下する可能性が高いと考えられます。

これまで述べたことは，市区町村という比較的大きなくくりで述べているため，より小さなコミュニティ単位では，これらの変化がより顕著に表れるのではないでしょうか。これらのデータは，全ての地域においてエイジング・イン・プレイスを実現することは困難であることを示しています。その場合，中長期的な高齢者の転居や移動を明確に視野に入れた政策を構築する必要があるでしょう。

図 4.13　支え手人口比率と高齢者人口密度の変化率（2015 ～ 2020 年）

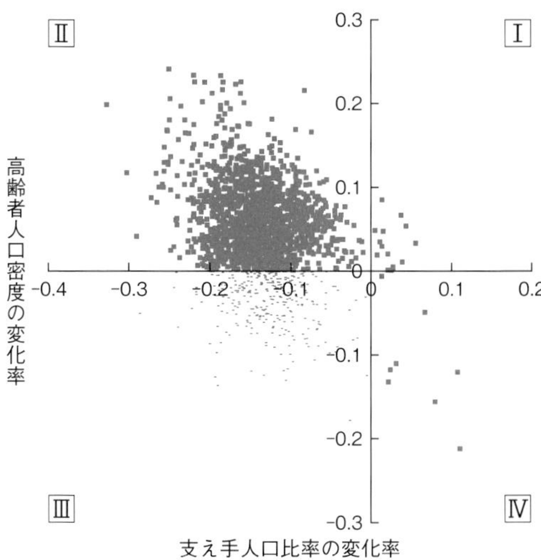

（出所）「日本の地域別将来人口」（平成 30 年推計）（国立社会保障・人口問題研究所）より筆者作成。

図 4.14　支え手人口比率と高齢者人口密度の変化率（2040 ～ 2045 年）

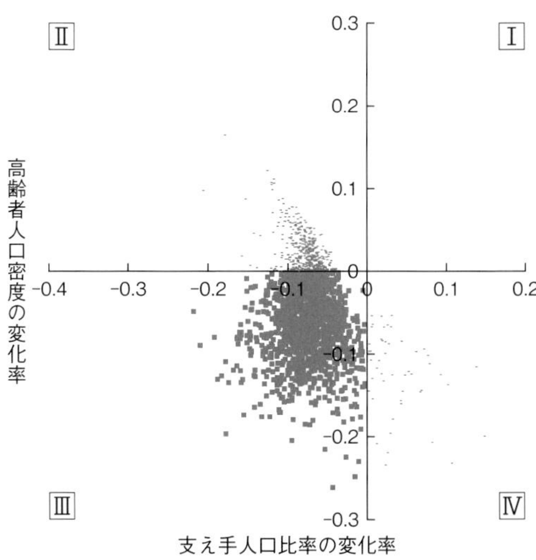

（出所）図 4.13 と同じ。

◆ 練習問題

問 4.1　年金保険のある部分は国庫がその 1/2 を負担をしています。それはどの年金を対象としたものなのかについて，最も適切なものについて以下から選択してください。

① 国民年金
② 国民年金の第 3 号被保険者部分
③ 厚生年金の雇用者の負担分
④ 厚生年金の被用者の負担分

問 4.2　社会保険に政府はなぜ介入するのでしょうか。全ての不適当な記述を以下の中から選択してください。

① 情報の非対称性があるため
② リスクをプールするため
③ 所得再分配のため
④ フリーライドを防ぐため

問 4.3　少子高齢化という状況の下では，賦課方式の年金制度は維持が困難だという指摘があります。しかし，積立方式への転換も困難な問題をはらんでいるとされます。それはどのような問題なのでしょうか。以下から最も適切なものを選択してください。

① 二重の負担問題
② 情報の非対称性
③ 所得分配の不公平性
④ フリーライダーの出現

問 4.4　双曲割引というのは，人間の時間割引率のどのような特徴を指すのでしょうか。最も適切な記述を以下から選択してください。

① 時間割引率が近い将来についても遠い将来についても一定で，高い特徴
② 時間割引率が近い将来についても遠い将来についても一定で，低い特徴
③ 時間割引率が近い将来については高いものの，遠い将来については低い特徴
④ 時間割引率が近い将来については低いものの，遠い将来については高い特徴

第5章

景気安定化政策

この章では，これまでの3章とは離れて景気安定化政策に関する解説を行います。まず，景気安定化政策に関する最も初歩的なモデルである45度線モデルを用いて，乗数効果という財政政策がGDPに与える効果の解説をします。次に，金融政策や財政政策が金利に与える影響なども考慮できるIS-LMモデルの詳しい解説を行い，貨幣市場を考慮した場合の景気安定化政策の効果について解説します。最後に，タイムリーな景気安定化政策を実施できない可能性や，景気安定化政策の実施が産業構造転換など，中長期的な観点から必要な選択を抑制してしまう可能性について，一緒に考えたいと思います。

5.1　景気安定化政策の理論（45度線モデル）

景気安定化という機能は20世紀に入ってから，重要な政府の役割だとみなされるようになりました。そのきっかけは，1930年代の世界大恐慌と呼ばれる世界中を巻き込んだ大きな景気後退でした。米国の1929年9月の株価急落に端を発して，1933年の名目GDPは1919年から45％減少し，株価は80％以上下落し，工業生産は33％以上低下，1,200万人に達する失業者を生み出し，失業率は25％に達したとされています。

そのような状況に対して，経済学はどのような処方箋を講じたのでしょうか。不況と呼ばれる現象は，労働力が過剰で，機械設備などの資本も過剰な状態を示しているのですから，長期的には賃金や資本のレンタル料にあたる利子率が低下し，需要と供給が均衡する状態がやがて自然にもたらされると言い続けただけでした。それに対して，ケインズ（J. M. Keynes）は「長期的にはみな死んでいる」という有名な言葉で，何も手を打てない経済学を批判し，政府の介入による有効需要の創出を唱えました。

第二次世界大戦後，ケインズの主張は広く受け入れられ，多くの先進国でその主張に基づく経済政策が展開されるようになりました。賃金のような価格が速やかに低下しないことから，企業が生産を抑制し続けるため，失業者や設備の遊休化は「自然に改善される」ものではないのだとすれば，何が求められるのでしょうか。市場メカニズムにただゆだねているだけでは，国民の悲惨な状況は改善しないことは間違いありません。ケインズは，「景気の過熱や冷え込みを抑えるため，政府は金利や公共投資，租税を操作して裁量的に総需要を管理」することで，景気安定化に大きな役割を果たすべきことを唱えました。

● 45 度線モデルとは

ケインズの主張を，最も簡単な45 度線モデルと呼ばれるもので表現してみましょう。まず, ある国のGDP がどのようにして決まるかをみてみましょう。

GDP とは，ある年のその国の経済活動によって生み出された財・サービスの付加価値の合計を表すものです。経済活動は何らかの財やサービスを生み出しますから，当然その経済活動は何らかの需要の裏打ちがあると考えることができます。さらに財やサービスを「単に欲しい」と思うだけではなく，お金に裏打ちされて実行される需要を有効需要と呼びます。ここで，ある国の財･サービスへの有効需要の総額を, 総需要（A）とします。様々な財･サービスに対する，様々なタイプの需要がありますが，議論の簡単化のため，有効需要を三つに大別します。一つは家計の消費（C），もう一つは企業の投資（I），最後に政府支出（G）です。このため,

$$A = C + I + G = C(Y) + I + G \qquad (1)$$

として表すことができます。家計は多くの所得を得るほど多くの消費 C を

図 5.1　GDP はどうやって決まるのか（45 度線モデル）

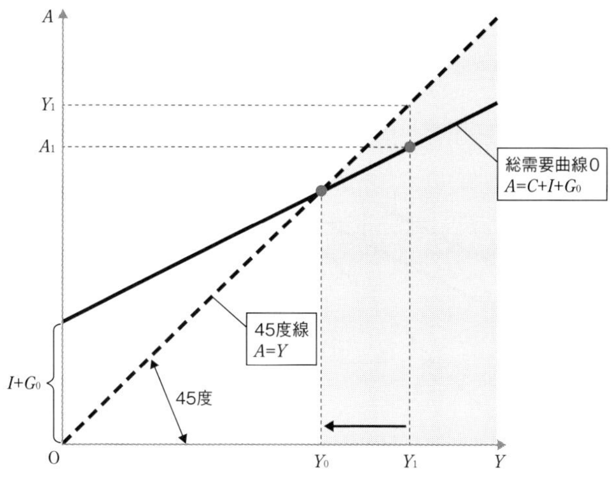

行うものと考えましょう。総体としての財・サービスの生産 Y は，その生産にかかわった人の所得として分配されますから，消費は Y の増加関数 $C = C(Y)$ として表すことができます。

一方，供給された Y は総需要 A と一致しなければなりません。このため，

$$Y = A \tag{2}$$

が成り立ちます。(1) と (2) が同時に成り立っていなければなりませんから，これを図 5.1 で表してみましょう。

図 5.1 は縦軸に総需要 A を，横軸に国内総生産 Y をとっています。まず (2) 式を満たしているということはどういうことでしょうか。(2) 式は横軸にとられている Y と縦軸の A が等しいことを意味しますから，図の 45 度線上の点は全て (2) 式を満たしています。同じように，(1) 式を満たす点の集合を図にしてみましょう。(1) 式で Y の増加に伴って変化するのは，消費 C だけですから，$I + G$ は縦軸の切片になります。例えば政府支出が G_0 の場合，縦軸の $I + G_0$ を出発点にして，Y の増加とともに増加する消費がそれに加えられていきます。このため，図の $A = C + I + G_0$ 上の全ての点が (1) 式を満たすことになります。これを総需要曲線と呼びます。

図 5.2　政府支出拡大の効果

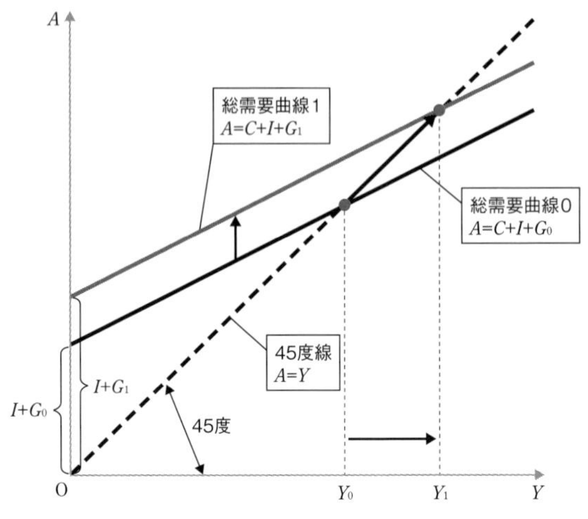

財・サービス市場の均衡は，(1) 式と (2) 式が同時に満たされるときに達成されます。つまり，45 度線と総需要曲線が交差する点でこの国の財・サービス市場は均衡します。この国の GDP は Y_0 となります。この Y_0 よりも右側の領域，例えば図 5.1 の網掛けされたような領域ではどのようなことが起こるでしょうか。Y_1 の水準の財・サービスが生産された場合には，その総需要曲線上の点，つまり A_1 のような需要しか生み出されません。縦軸をみればわかるように $Y_1 > A_1$ ですから，供給された財・サービスを下回る需要しかないため，企業には「予期せざる」在庫が積み上がることになります。このため，企業は生産を縮小します。つまり Y_1 は Y_0 に向かって減少します。Y_0 よりも少ない GDP，つまり左側の領域ではちょうど逆のことが起こりますので，結局 GDP は Y_0 に落ち着くことになります（均衡状態）。

ただし，Y_0 は市場均衡で達成される GDP ですが，失業が発生しているとしましょう。一方，Y_1 は完全雇用が達成される GDP の水準だとします。では，政府は失業者のいない完全雇用の世界を達成するためにはどうすればいいでしょうか。先ほどみたように，無理に Y_1 のような生産を行ってもそれは自然に Y_0 のような水準に戻ってしまいます。この場合，Y_1 という水準の GDP が維持できないのは，需要が足りないためでした。ここで政府支出を G_0 か

ら G_1 に引き上げてみましょう。その状態が図 5.2 に描かれています。この場合，総需要曲線は縦軸の $I + G_1$ を出発点とした，上にシフトした曲線になります。この場合 45 度線と交わるのは Y_1 の水準になります。二つの曲線が交わっていますから，この状態は長く続くことになります（新しい均衡状態）。

●乗数効果

ここで注目して欲しいのは，有効需要は縦軸の G_0 から G_1 に増えただけですが，GDP は Y_0 から Y_1 に大きく増加していることです。このような政策的に増加させた政府支出が，それよりも大きな GDP 増加を生むことを乗数効果と言います。これはなぜ生じるのでしょうか。

政府支出乗数　ここで（1）式をもう少し具体的に書いてみましょう。消費関数を $C = cY + C'$ としましょう。c は限界消費性向といって，一単位の GDP（所得）が増えたときにどれだけ消費が増えるのかを示す係数です。C' は基礎的消費といって，生きるために所得が 0 でも必要な消費と考えてください。均衡状態では，（1）式と（2）式が同時に成り立ちますから，

$$Y = A = cY + C' + I + G \qquad (3)$$

が成り立ちます。これを Y に関して整理すると，

$$Y = \frac{C' + I + G}{1 - c} \qquad (4)$$

が成立します。ここで政府支出を ΔG だけ増やしてみましょう。そうすると（4）式は以下のように変化します。

$$\begin{aligned} Y &= \frac{C' + I + G + \Delta G}{1 - c} \\ &= \frac{C' + I + G}{1 - c} + \underline{\frac{\Delta G}{1 - c}} \end{aligned} \qquad (4)'$$

（4）と（4）′ を比較すると，政府支出の拡大によって Y は $\frac{\Delta G}{1 - c}$ だけ増えています。ここで限界消費性向が 0.8 であるとしてみましょう。その場合 $\frac{1}{1 - c} = 5$ となります。つまり 1 単位の政府支出の増加は，その 5 倍の

GDPの増加をもたらします。これはどういうことでしょうか。

① （有効需要の一部を構成する）政府支出，例えば公共事業を$\underline{\Delta G}$増やした場合，それは結局その事業に携わった方の所得をΔGだけ増やす

② その場合所得が増えた方の消費は，$\underline{c \times \Delta G}$だけ増える

③ それは消費財，サービスの生産に携わっている方の所得を同額増やすので，その方々の消費は$\underline{c \times c \times \Delta G}$だけ増える

④ ……………

このような連鎖がずっと続くことになります。このため，ΔGの政府支出は，同額のGDPの増加ではなく，より大きな$\frac{\Delta G}{1-c}$のGDPの増加を生み出すのです[1]。このとき，$\frac{1}{1-c}$を政府支出乗数と呼びます。

減税乗数　それでは次にTの所得税をとっていて，それをΔTだけ減税した場合のGDPの増え方をみてみましょう。所得税は一定額，あるいは一定比率の所得が税として差し引かれますので，消費に使える可処分所得は$Y-T$となります。このことを考えれば（3）式は，

$$Y = A = c(Y - T) + C' + I + G \tag{5}$$

と表すことができます。これをYに関して整理すると，

$$Y = \frac{-cT + C' + I + G}{1-c} \tag{6}$$

が成立します。ここでΔTの減税を行ったとしてみましょう。そうすると(6)式は以下のように変化します。

$$\begin{aligned} Y &= \frac{-cT + c\Delta T + C' + I + G}{1-c} \\ &= \frac{-cT + C' + I + G}{1-c} + \frac{\Delta T \times c}{1-c} \end{aligned} \tag{6$'$}$$

(6)と(6)′を比較すると，減税を行うことでYは$\frac{\Delta T \times c}{1-c}$だけ増えています。ここで限界消費性向が0.8であるとしてみましょう。その場合$\frac{c}{1-c} = 4$となります。つまり1単位の減税は，その4倍のGDPの増加をもたらしま

[1] ①～の下線部分を等比数列の和の法則を用いて足していくと，このような結果になります。

す。これを減税乗数と呼びますが，政府支出乗数と比べると低くなっています。これはどういうことでしょうか。減税を行った場合の有効需要の増え方をみてみましょう。

①′　ΔT の減税を行った場合，それは家計の所得を ΔT だけ増やす

②′　その場合所得が増えた方の消費は，$\underline{c \times \Delta T}$ だけ増える

③′　それは消費財，サービスの生産に携わっている方の所得を同額増やすので，その方々の消費は $\underline{c \times c \times \Delta T}$ だけ増える

④′　………………

この結果，最終的には ΔT の減税は，同額の GDP の増加ではなく，より大きな $\dfrac{\Delta T \times c}{1-c}$ の GDP の増加を生み出すのです[2]。

ここで①′～の減税が GDP を増やすプロセスと，①～に示された政府支出が GDP を増やすプロセスを比較してみましょう。政府支出の場合，有効需要が増える連鎖の出発点は，①に示されたとおり ΔG であったのに対して，減税の場合は②′に示されているとおり $c \times \Delta T$ であることが[3]，二つの乗数の違いを生んでいます。言い換えれば減税をしても，一部は貯蓄となって有効需要の増加につながらないため，減税乗数は低くなっています。

均衡予算乗数　ところで，これまで政府支出の増加，減税など，いわゆる景気安定化政策の財源のことを考えてきませんでした。これらの財源を確保するためには，増税か，公債で賄うかという選択肢しかありません。明確には述べてきませんでしたが，家計の負担を考えてこなかったこれまでの議論は，公債による財源の確保を前提としてきたと考えることができます。

このように公債で財源を調達するのではなくて，増税でこれらの政策を実施した場合の乗数はどうなるのでしょうか。まず減税で景気安定化を図ったケースについて考えましょう。もし減税 ΔT の財源[4]を，ΔT の増税で賄っていたら，GDP に効果を与えるわけがないことは，すぐに想像できます。

---

[2] ①′～の下線部分を等比数列の和の法則を用いて足していくと，このような結果になります。

[3] 財・サービスの生産は所得が増えただけでは増加せずに，有効需要である消費が増えたときに増加することに注意してください。

[4] 減税をした場合でも，歳入＝歳出でなければ予算に欠損が生じてしまいます。減税をするためにも，何らかの財源が必要になるのです。

一方ΔGの政府支出の増加を，ΔT（$=\Delta G$）の増税で賄った場合にはどのようなことが起きるのでしょうか。ΔT（$=\Delta G$）の増税は，(6)′と反対の符号の効果をGDPにもたらします。つまり$\frac{-\Delta G \times c}{1-c}$のGDPの低下をもたらします。これを（4)′の$\Delta G$の政府支出の増加がもたらす効果に加えてみましょう。

$$\Delta G \times \frac{1}{1-c} - \Delta G \times \frac{c}{1-c} = \Delta G \times \frac{1-c}{1-c} = \Delta G \times 1$$

となります。つまり，政府支出増を増税で賄った場合の乗数は1です。これを均衡予算乗数と呼びます。

5.2　景気安定化政策の理論（IS-LMモデル）

これまでの説明は，貨幣（金融）市場を考慮に入れずに，財市場のみを対象として，景気安定化政策の意味やその効果を考えてきました。そもそも典型的な景気安定化政策とは，「景気の過熱や冷え込みを抑えるため，政府，中央銀行が金利や公共投資，租税を操作して裁量的に総需要を管理」するものでした。それなのに，45度線モデルでは，

- 金融政策が与える影響
- 財政政策によって，貨幣（金融）市場が影響を受けて，金利が変化して，財政政策の効果に影響を与えること

が表現できませんでした。

このため，貨幣（金融）市場も考慮したモデル，IS-LMモデルで安定化政策の効果を検証することが必要です。このモデルは，

- 前節で説明した財・サービス市場を均衡させる利子率とGDPの組み合わせを示したIS曲線と，
- この節で説明する，貨幣市場を均衡させる利子率とGDPの組み合わせを示すLM曲線の，

交点で経済が均衡すると考えます。この節では，IS曲線とは何か，LM曲線とは何かを説明したあとで，このモデルで示される均衡に財政政策がどのよ

図 5.3　IS 曲線とは何か？

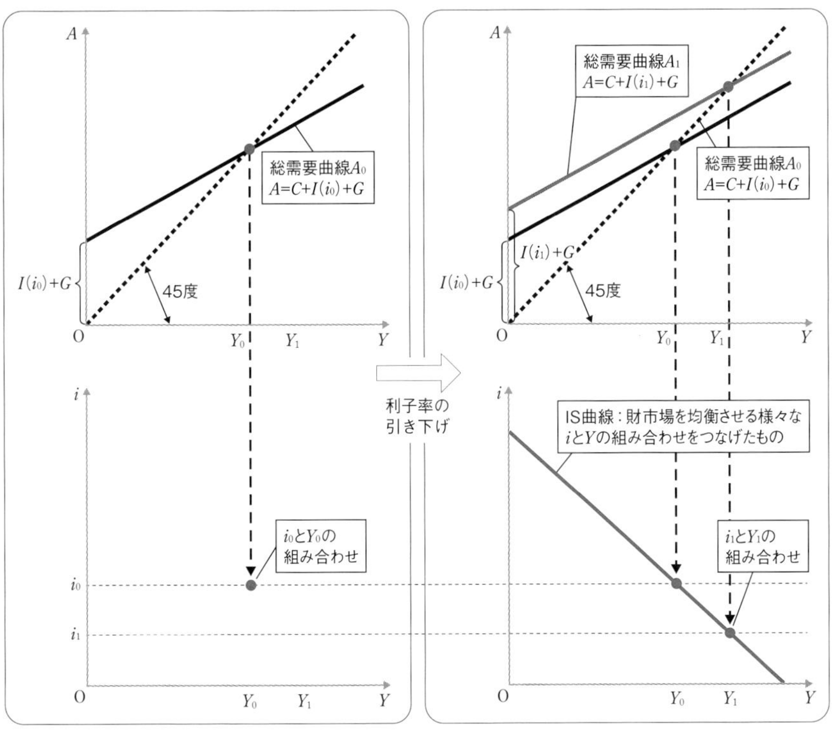

うな影響を与えるのかを説明します。

● IS 曲線とは

前節で説明した 45 度線モデルでは，投資 I は固定された値で与えられていました。では，現実の社会において民間投資は，何によって増減するのでしょうか。景気の見通し，新しい技術の有無など様々な要因が民間投資には影響しますが，最も大きな影響を与えるのは利子率です。投資に必要な資金は通常借り入れによって賄われるため，どれだけのコストでお金の借り入れができるかは非常に重要です。このため，投資 I は利子率 i の減少関数だと考えられています。

図 5.3 の左上の図には前節で説明した 45 度線モデルが描かれています。

1 つだけ異なるのは前節では民間投資 I が固定されていたのに対して，図 5.3 では $I(i_0)$ として，利子率が i_0 のときの投資水準を前提にした総需要曲線 I_0 が描かれていることです。このとき，経済は総需要曲線と 45 度線が交わるところで均衡します。つまり，均衡 GDP は Y_0 となります。

この状態を，縦軸に i，横軸に Y をとった平面で表したのが図 5.3 の左下図になります。45 度線モデルでの交点は，財・サービス市場が均衡している状態を示していますから，左下の図の（Y_0, i_0）の点で財・サービス市場は均衡していることになります。

ここで利子率を引き下げてみましょう。右上の図には，利子率を i_0 から i_1 に引き下げたときの財・サービス市場の動きを描いています。利子率が低下することで，投資は $I(i_0)$ から $I(i_1)$ に増えます。総需要曲線も，縦軸の切片が上昇しますから，上にシフトします。これによって，均衡 GDP は Y_1 に増加することになります。

この変化は，右下の縦軸 i，横軸 Y の平面でも，（Y_0, i_0）から（Y_1, i_1）への変化として表されています。このように，財・サービス市場を均衡させる全ての利子率と GDP の組み合わせを結び合わせたのが IS 曲線になります。利子率が低下すると民間投資が増えて，均衡 GDP が増加するため，IS 曲線は右下がりとなっています。

● LM 曲線とは

次に LM 曲線の説明をします。LM 曲線は，貨幣市場を均衡させる GDP と利子率の組み合わせを描いたものです。人々は自分の持っている資産を，①貨幣というすぐ使える手段で保有するのか，②債券などのすぐには使えないが，利子などの＋ α がついてくる手段で保有するかを選択します。人々は，豊かになるほど様々な財・サービスの消費に用いるために，すぐに使える貨幣をたくさん保有しておきたいと思うでしょう。一方，利子率が高いと債券などの＋ α の魅力が増すため，貨幣という形で自分の資産をあまり保有しておきたいとは思わないでしょう。このため，貨幣需要 L は GDP（Y）の増加関数，利子率（i）の減少関数だと考えられています。

貨幣供給は中央銀行が決定し，現在の貨幣供給量を M_0 としましょう。こ

図 5.4　LM 曲線とは何か？

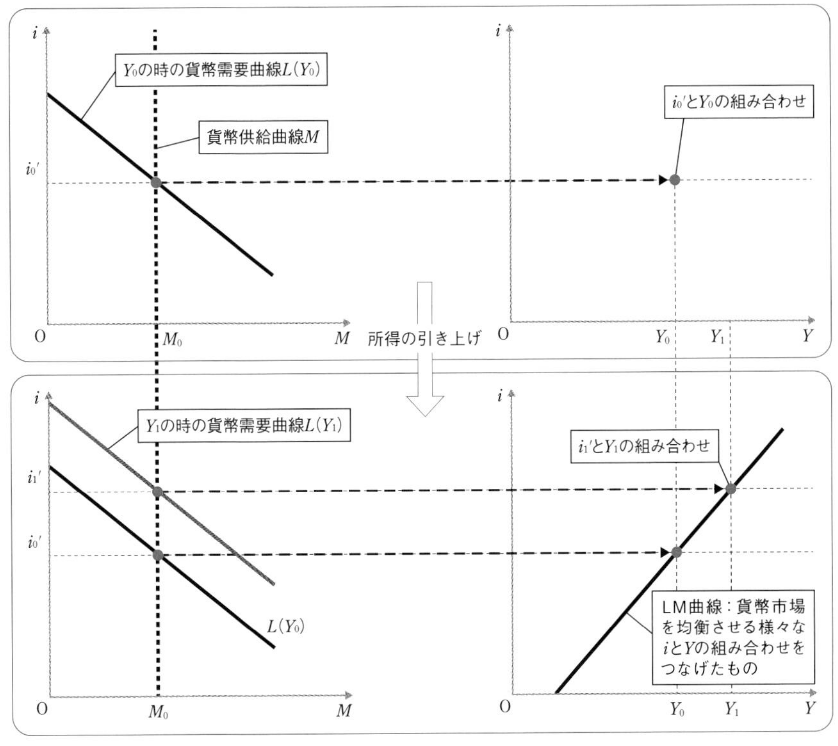

のため，貨幣市場の均衡は $M_0 = L(Y, i)$ となります。図 5.4 の左上の図には，この貨幣市場の均衡が描かれています。GDP が Y_0 のときの貨幣需要曲線が描かれ，貨幣需要が貨幣供給量 M_0 と一致する交点で貨幣市場が均衡します。そのときの均衡利子率は i_0' です。

この状態を，縦軸に i，横軸に Y をとった平面で表したのが図 5.4 の右上図になります。右上図の（Y_0, i_0'）の点で貨幣市場は均衡していることになります。

ここで GDP を引き上げてみましょう。左下図には，所得を Y_0 から Y_1 に引き上げたときの貨幣市場の動きを描いています。GDP が上昇することで，貨幣需要は $L(Y_0)$ から $L(Y_1)$ に増えます。このため貨幣需要曲線も上にシフトします。これによって，均衡利子率は i_1' に上昇することになります。

この変化は，右下の縦軸 i，横軸 Y の平面でも（Y_0, i_0'）から（Y_1, i_1'）への変化として表されています。貨幣市場を均衡させる，全ての GDP と利子率の組み合わせを結び合わせたのが LM 曲線となります。GDP が上昇すると貨幣需要が増えて, 均衡利子率が上昇するため, LM 曲線は右上がりになっています。

● IS-LM 均衡

IS 曲線上の点の意味　　これまでの IS 曲線とは財・サービス市場を均衡させる GDP と利子率の組み合わせであり，LM 曲線は貨幣市場を均衡させる GDP と利子率の組み合わせであることを説明しました。だとすればこの二つの曲線の交点は，財・サービス市場及び貨幣市場を均衡させる GDP と利子率の組み合わせということになります。経済学では，この状態で経済は均衡すると考えます。均衡とはそこから動く力が働かない，あるいは離れてもその状態に戻ってくることを意味します。その意味を IS 曲線，LM 曲線の意味に沿ってもう少し考えてみましょう。

図 5.5 で IS 曲線から外れた点の意味を考えてみましょう。図 5.5 の下図の A 点は IS 曲線の右上の位置にあります。つまり，Y_1 の GDP に対して財・サービス市場を均衡させる利子率は i_1 ですが，利子率がより高い i_0 となっているのが A 点の状態です。これを図 5.5 の上図に戻って，財・サービス市場でどのようなことが起こっているのかを確認してみましょう。

利子率が i_0 であるとすれば，総需要曲線 A_0 に沿った総需要が発生します。GDP が Y_1 のときに発生している総需要は A 点の高さで示されていますが，明らかに 45 度線の下側に位置しています。つまり，供給＞総需要という超過供給が発生していることがわかります。この場合，企業では予期しない在庫が積み上がっていくため, 生産を減らすこととなります。このため, 図 5.5 の下図で示されたように，IS 曲線の右側では GDP が減少する方向の力が作用します。逆に IS 曲線の左側では GDP を増やす方向の力が作用します。

LM 曲線上の点の意味　　次に図 5.6 で LM 曲線から外れた点の意味を考えてみましょう。図 5.6 の右図の B 点は，LM 曲線の右下の位置にあります。つまり，Y_1 の GDP に対して貨幣市場を均衡させる利子率は i_1' ですが,

図 5.5　IS 曲線上の点の意味

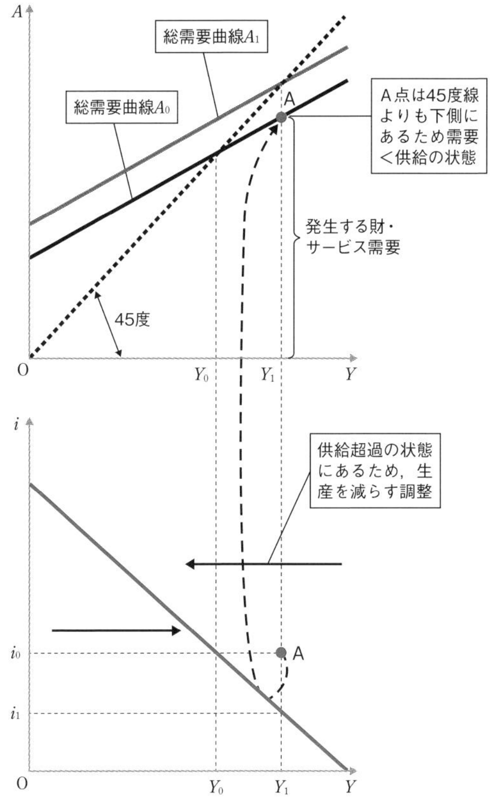

図 5.6　LM 曲線上の点の意味

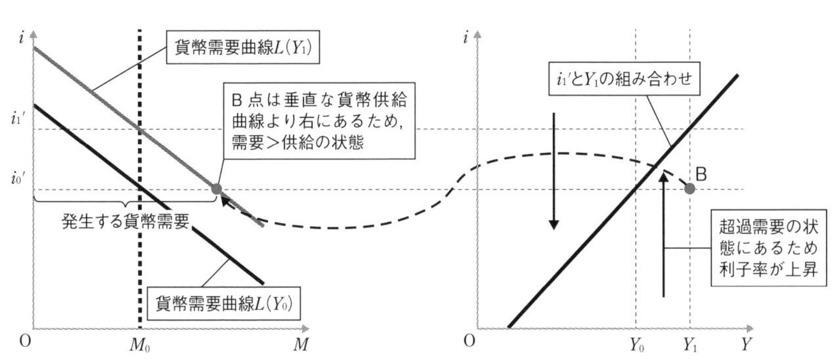

利子率がより低い i_0' となっているのが B 点の状態です。これを図 5.6 の左図に戻って，貨幣市場でどのようなことが起こっているのかを確認してみましょう。

GDP が Y_1 であるとすれば，貨幣需要曲線 $L(Y_1)$ に沿った貨幣需要が発生するはずです。利子率が i_0' のときのそれは貨幣需要曲線 $L(Y_1)$ の水平方向の長さで表されますが，貨幣供給量 M_0 よりも明らかに多いですよね。つまり，貨幣供給<貨幣需要という超過需要が発生していることがわかります。

この場合，家計や企業は債券を売って，貨幣を手に入れようとします。このため，債券価格は低下します。債券は「ある約束された将来時点で一定額を返してもらう約束」ですから，債券価格が低下するということは，$+\alpha$ 分（購入したときの債券価格と将来時点に返してもらう約束された一定額の差額）である利子率が上昇することになります。つまり，図 5.6 右図に示されているように，貨幣に対する超過需要が生じている LM 曲線の下側では利子率を上昇させる力が働きます。逆に LM 曲線の上側では利子率を低下させる力が作用します。

IS 曲線と LM 曲線の交点の意味　　これまでの説明を合わせて考えてみましょう。図 5.7 では IS 曲線と LM 曲線を重ね合わせて，それぞれの曲線を外れた状態でどのような力が働くかを描いています。つまり IS 曲線の右側では GDP を減らし，左側では増やす力が作用します。LM 曲線の上側では利子率を低下させ，下側では利子率を上昇させる力が作用します。

そのような場合，経済が IS 曲線と LM 曲線の交点である，Y^* と i^* で特徴づけられる状態から乖離したとしても，太い矢印で描いたようなプロセスを経て，元の交点に戻ることがわかります。このため，IS 曲線と LM 曲線の交点で描かれているような状態は，均衡状態にあると考えられているのです。

このように，市場経済は財・サービス市場と貨幣市場の相互作用によって，均衡状態（Y^*，i^*）が自然に実現します。この状態では，「財・サービス市場」と「貨幣市場」が均衡しています。しかし，Y^* は完全雇用を実現している保証は何もありません。つまり，IS 曲線と LM 曲線が交差する均衡状態において，失業や設備の遊休化が発生している可能性があるのです。このような場合，完全雇用を目指して財政政策や金融政策が行われるのです。

図 5.7 IS 曲線と LM 曲線の交点の意味

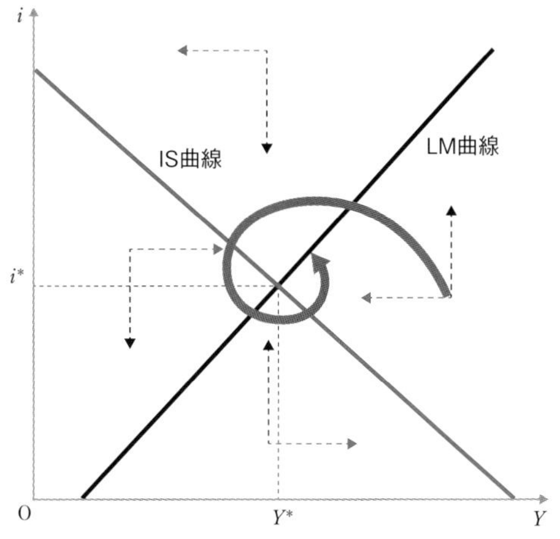

●財政政策，金融政策の効果

これまでに 45 度線モデルを用いて，財政政策として公共事業などの政府支出の増加，減税などの財政政策が講じられると，それぞれの政策に対応した乗数倍の GDP の拡大が期待されることを説明しました。では，IS-LM モデルにおいてはどのように表すことができるでしょうか。

財政政策の効果　図 5.3 では，政府支出 G を一定と仮定していました。では，ここで G を増加させてみましょう（$G_0 \rightarrow G_1$）。図 5.8 の上図では利子率 i_0 に対応する総需要曲線が描かれていますが，それが上にシフトします（$A_0 \rightarrow A_1'$）。その場合 45 度線と交わる Y の水準も上昇することになるため（$Y_0 \rightarrow Y_1$），図 5.8 の下図に描かれた i_0 に対応した IS 曲線上の点も右に移動することになります。このような変化は全ての i に関して生じますので，あらゆる i に対応する（財・サービス市場を均衡させる）GDP は増加することになります。つまり IS 曲線は右にシフトします。

この結果図 5.9 にあるように，GDP は Y^* から Y^{**} に増加し，均衡利子率も i^* から i^{**} に上昇することになります。このことを，これまでに説明した乗数と合わせて解釈してみましょう。45 度線モデルでは，利子率の上

図 5.8　財政政策の効果

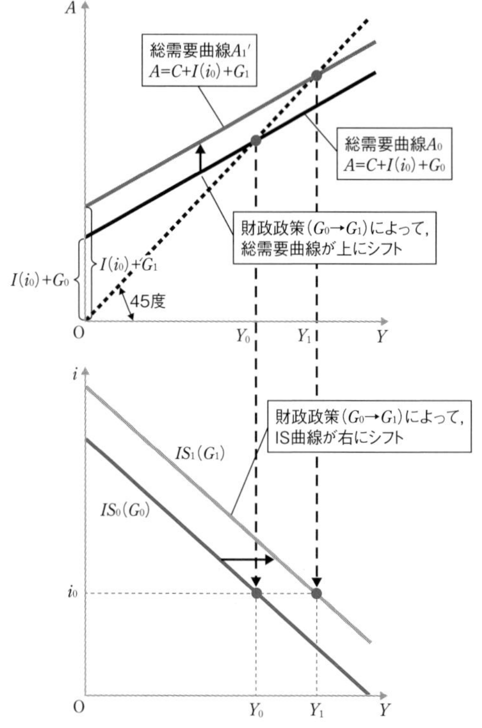

昇を考えていなかったということがポイントになります。財政政策を実施しても，利子率が上昇しないとすれば，IS 曲線の右方向へのシフトに従って GDP は Y^*から Y' に大きく上昇することになります。しかし貨幣市場のことを考えれば，利子率は i^*から i^{**}に上昇します。その場合，民間の設備投資は借り入れコストが上昇することから減少します。このためこの利子率の上昇は Y' から Y^{**}への GDP の減少をもたらします。これをクラウディングアウトと呼びます。公共事業実施のために国債を発行することで，利子率が上昇し，それが民間投資を減少させるため，政府支出の増加は民間投資を「押しのける」効果を持つと考えるのです。

図 5.9　財政政策の効果とクラウディングアウト

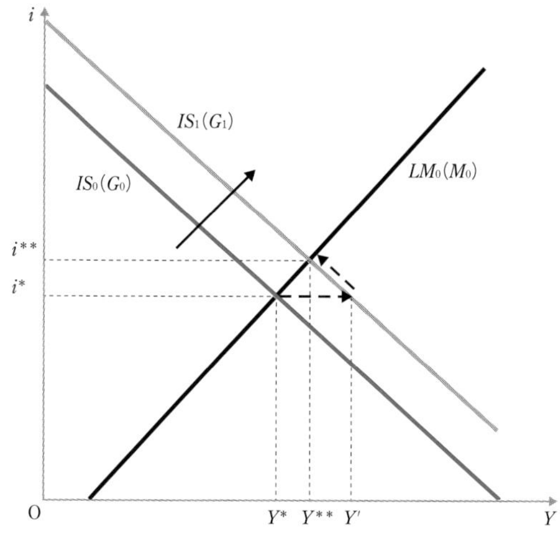

金融政策の効果　　一方，金融政策はどのように表すことができるのでしょうか。中央銀行が貨幣供給量 M を増やした（$M_0 \to M_1$）とします。その結果，図 5.10 の左図に示された，GDP が Y_1 のときの貨幣需要曲線と貨幣供給量を示す垂直線との交点で示される，貨幣市場を均衡させる利子率が低下します（$i_1' \to i_0'$）。図 5.10 の右図に描かれた，Y_1 に対応した LM 曲線上の点も下に移動することになります。このような変化は全ての Y に関して生じますので，あらゆる Y に対応する（貨幣市場を均衡させる）利子率 i は低下することになります。つまり LM 曲線は下にシフトします。

このため図 5.11 に描かれているように，貨幣供給を増やすという金融政策は，均衡 GDP を Y^* から Y^{***} に増加させ，均衡利子率を i^* から i^{***} に低下させることになります。

図 5.10　金融政策の効果

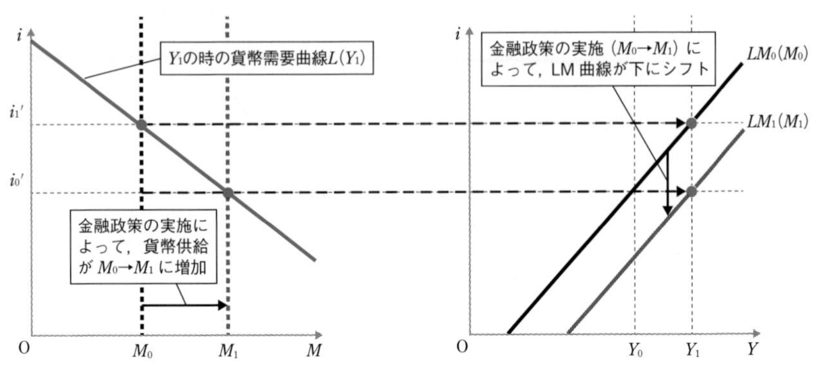

図 5.11 金融政策の効果

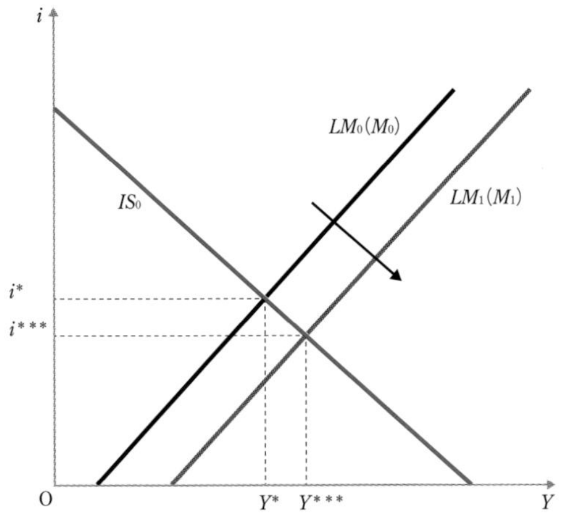

5.3　避けなければならないシナリオ，求められる対応

図 5.12 は，補正予算の GDP 比と経済成長率を 1990 年代後半から追ってみたものです。景気安定化政策は，政府支出を増やすにしても，減税を行

図 5.12　国の一般会計の補正予算の GDP 比と経済成長率

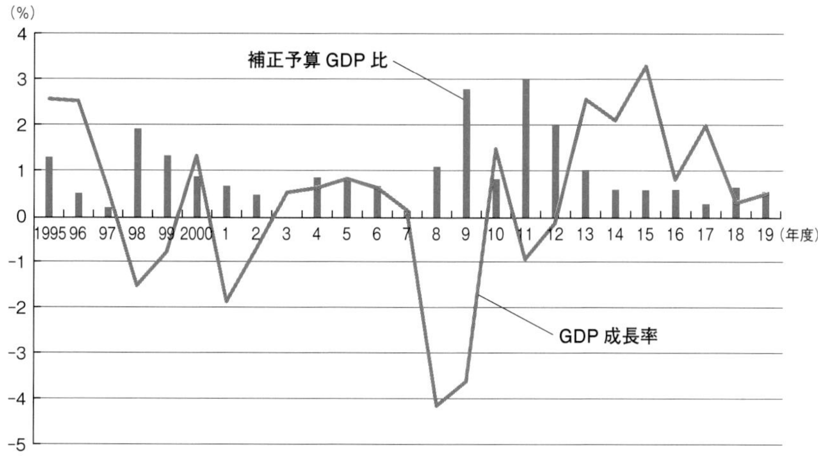

（出所）　補正予算は，財務省データ（https://www.mof.go.jp/policy/budget/reference/statistics/data.htm）より。GDP は名目で，国民経済計算（内閣府）より。

うにしても，通常は補正予算という形で実現されます。成長率が大きく落ち込んだ際に大きな規模の補正予算が組まれていると言えそうです。

しかし，景気安定化政策には我々が気を付けなければならない問題点はないのでしょうか。次に景気安定化政策のどのような部分が問題を含んでいるのかを考えてみます。

●二つの安定化政策とラグの存在

これまで景気安定化政策という形でひとくくりにしてきましたが，景気安定化政策については二つの種類があるとされています。一つは，自動安定化装置（ビルトインスタビライザー）と呼ばれるもので，もう一つが裁量的景気安定化政策と呼ばれるものです。

自動安定化装置については，失業保険や，第 7 章で詳しく触れる累進税制がそれに該当するとされています。累進税制を例にとって説明してみましょう。日本の所得税は累進税制といって，所得が高い層ほど高い税率が課される仕組みとなっています。このような税制の下で深刻な景気後退が起きれば，税収にどのような影響が出るでしょうか。景気後退の影響を受けて，人々の所得は低下することが予想されます。この場合，所得が高い層から低い層に移行した人々は，累進税制のおかげで自動的に低い税率が適用されることになります。つまり，減税が自動的に実施されます。同じように，景気後退を受けて失業した方には，失業保険などの給付が行われます。これらの措置を通じて，消費が喚起される効果が期待されます。これらの措置は，政府あるいは立法府の何らかの決定を待つことなく間髪入れずに発動されます。したがって，自動安定化装置と呼ばれます。

一方，裁量的景気安定化政策とはどのようなものでしょうか。これは，通常政府の景気動向に関する判断を経て，総理大臣が総合経済対策の策定を指示することが起点になります。その後，各省庁間で経済対策のメニューの提案，相互の調整を経て，総合経済対策が決定されます。これらの対策は，何らかの予算措置を伴うことが通常ですから，財務省との折衝を経て，補正予算案も閣議決定され，国会審議を経て総合経済対策が執行されることになります。

これらの裁量的景気安定化政策の効果は以下のような過程を経て，発現するとされます。

①　（何らかの介入が必要な）経済状況の発生
↓　（認識のラグ）
②　その状況の認識
↓　（実施のラグ）
③　財政政策，金融政策の策定と実施
↓　（効果のラグ）
④　経済活動への効果の発現

上記の①として整理した状況の発生と④の政策効果の発現は，できるだけ時間の乖離（ラグ）がないことが求められます。このラグが長い場合には，財政政策，金融政策の効果が発揮されるときには既に経済が自立的に回復し，かえって景気の過熱をもたらすような場合があるかもしれません。

上記の①のような事象が発生しても，GDP 四半期速報が出るのは３か月後となります。その前に様々な先行する統計指標を判断材料に入れて，景気安定化政策による介入の是非は判断されますが，どうしても認識のラグと呼ばれる遅れが生じるとされています。

一方，何らかの介入が行われることが決定されたあと，（繰り返しになりますが）財政政策に関しては，各省庁がいわゆる総合経済対策と呼ばれる政策を策定し，補正予算を財務省と交渉しながら編成することになります。特に補正予算は閣議決定され，国会審議にかけられますが，通常数か月の時間は必要になります。補正予算が成立しても，公共事業の実施や何らかの給付を行うためには，現場の準備が必要です。すぐに対応できるものではないでしょう。このような意味において，財政政策はこの実施のラグが比較的長くなる可能性が高いと考えられます。

一方，金融政策については，国会審議にかける必要もなく，その実施にも長い時間は要しないと考えられています。ただし，政策が実施されてからその効果が発現するまでの時間について，財政政策については政府が直接有効需要を作りだすため，比較的早く効果が発現しますが，金融政策は金利をコントロールすることで民間経済活動を促進するというルートで効果が発現するため，効果のラグが比較的長いとされています。

●景気安定化政策と経済の新陳代謝の遅れ

これまで不況という経済状況に陥った場合には，そのショックを軽減することが当然のように語られてきました。しかし，本当にそれは当然なのでしょうか。

景気が低迷している，経済が大きく落ち込んだという事態は，これまでに述べたような消費・投資などのマクロ需要不足が原因となっている場合ばかりではない可能性があります。つまり，産業構造転換に失敗して，企業の新陳代謝が進んでいないために，そのような事態が起きている可能性も十分にあるでしょう。そのような場合，「景気が低迷している，経済が大きく落ち込んだという時期」とは，「企業の新陳代謝が促されている」時期であると解釈できるかもしれません。その場合，景気安定化政策を講じることで，中長期的には淘汰されるべき企業も救済してしまうという，負の効果が付随してしまう可能性があります。

例えば，人口減少が激しい地方部での公共事業の実施，なかなか業績の上がらない中小企業の救済などを実施することが，総合経済対策として盛り込まれることが多くみられます。このことは，短期対策としての景気安定化政策と中長期対策としての成長政策のバランスをとることが，いかに難しいかを示したものだと理解することができます。

特に，「経済的に困窮したら，政府が救済してくれる」という期待が民間部門に備わった場合，どのようなことが起きるのでしょうか。図 5.13 ではＭ企業という構造不況業種[5]に属する企業の意思決定が左端にかかれています。Ｍ企業は，自身の経済活動の展望があまり思わしくないということは把握しています。その中で，何らかのリスクを負いながら，また一定のコストをかけて，業種転換などにより生産性向上を図るか否かの決断に迫られているものとしましょう。Ｍ企業が「生産性向上を図る」場合には，不況などのショックにも見舞われてもレジリエントな企業に変貌しますので，その場合は政府も景気対策などで財政を痛めることがありません。このため，右端に描かれていますが，（Ｍ企業の利得，政府の利得）＝（1，3）[6]となっています。

一方，Ｍ企業が「生産性向上を図らない」場合はどうでしょうか。この場合には，不況などのショックが起きるとＭ企業は倒産の可能性が出てきます。この場合，政府の方で救済するかしないかという戦略を選ぶ必要が出てきます。救済した場合は，Ｍ企業は生産性向上のコストもかけずに，生き延びますが，政府は景気対策を打つことで財政が痛みますので，（Ｍ企業の利得，政府の利得）＝（2，1）となります。救済しなければどうなるでしょうか。Ｍ企業の倒産は大きな社会的な影響を及ぼしますので，社会がめちゃくちゃになってしまうものとしましょう。そうするとＭ企業だけではなく，政府も大きな損失を抱えます。このため（Ｍ企業の利得，政府の利得）＝（0，－1）となります。

---

[5] 景気循環によってその企業の業績が振るわないのではなく，低賃金を活かした新興国との競争に負けてしまったり，技術進歩に追い付けずに古いタイプの財・サービスを提供しているなど，大きな構造転換が求められている業種。

[6] この数値自体に意味はなく，大小関係にだけ意味があると考えてください。

図 5.13　企業と政府の景気安定化政策をめぐるゲーム

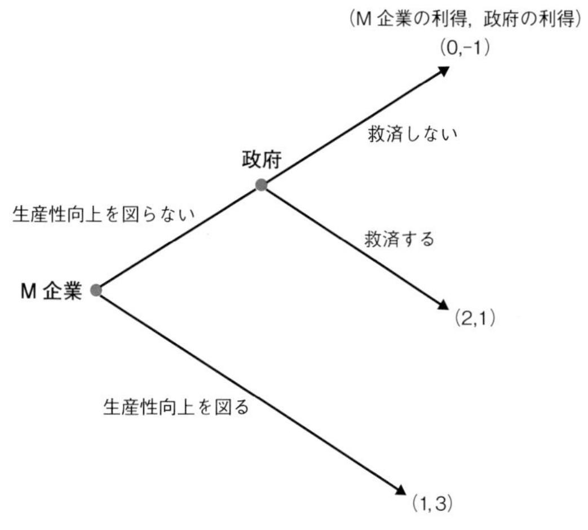

このような構造にある状況ではどんなことが起こるでしょうか。M 企業はこのゲームの構造をよく知っているとしましょう。その場合，政府が「救済しない」と宣言したとしても，その実行は難しいだろうという判断を M 企業はします。なぜなら，救済をしない場合の政府の利得（－１）は，救済をした場合の政府の利得（１）よりも低いことを，M 企業は知っているからです。この場合，M 企業は一番上の選択肢はありえないことに気が付きます。

このため，真ん中の状態と一番下の状態の自分の利得を比べて，「生産性向上を図らない」という選択肢を選びます。このような企業の好ましくない行動を，優しい政府は引き起こしてしまう可能性があります。つまり，景気対策に積極的で，「どんな企業でも救済する」ような優しい政府は，中長期的な成長力を毀損してしまう可能性があります。特に短期間でまとめあげなければならない補正予算の編成において，個々の事業採択のハードルが低くなり，細部までチェックが行き渡らないと言われています。そのようなシナリオは避けなければなりません。

深刻な不況に陥った場合に景気安定化政策を講じない事は，ケインズが言うように「長期的にはみな死んでいる」状態をもたらすのかもしれません。

しかし，景気の短期的な動きではなく，長期的に成長率が低下しているときに産業の新陳代謝を遅らせる景気安定化政策は，「長期的にみなを弱らせている」のかもしれません。

◆ 練習問題

問 5.1　景気安定化政策として行った政府支出の増加を，増税で賄った場合の乗数を均衡予算乗数と呼びます。その場合 1 単位の政府支出増加は何単位の GDP の増加をもたらしますか。最も適切なものについて以下から選択してください。c は限界消費性向です。

① $\dfrac{1}{1-c}$

② $\dfrac{c}{1-c}$

③ 1

④ 何の効果ももたらさない

問 5.2　財政政策として政府支出の増加を行ったときに，IS 曲線，LM 曲線にどのような変化がみられますか。最も適当な記述を以下の中から選択してください。

① IS 曲線が右にシフトする

② IS 曲線が左にシフトする

③ LM 曲線が上にシフトする

④ LM 曲線が下にシフトする

問 5.3　金融政策として中央銀行が貨幣供給量を増加させたときに，IS 曲線，LM 曲線にどのような変化がみられますか。最も適当な記述を以下の中から選択してください。

① IS 曲線が右にシフトする

② IS 曲線が左にシフトする

③ LM 曲線が上にシフトする

④ LM 曲線が下にシフトする

問 5.4 「景気が悪くなっても，産業構造転換を見据えた生産性向上の努力を怠っている企業は救済しない」という宣言を政府が行ったとき，企業はどのような行動をとるでしょうか。最も適切な記述を以下から選択してください。

① 政府の方針を信じて，景気が低迷した場合のときに備えて，産業構造転換，生産性向上の努力を行う

② 政府の方針を信じて，産業構造転換，生産性向上の努力を行わずに，景気低迷時には廃業する覚悟を決める
③ 政府の方針を信じることなく，景気が低迷した場合に全ての企業の救済があることを前提に，産業構造転換，生産性向上の努力を行わない
④ 政府の方針を信じることなく，産業構造転換，生産性向上の努力を行わずに，景気が低迷した場合には廃業する覚悟を決める

第6章

危機管理

この章では危機管理における政府の役割に関する解説を行います。まず，政府が災害，パンデミック（感染症の世界的大流行）などの緊急時に社会生活を復旧，復興させるために一定の機能を果たすことには，保険の提供，課税の平準化などの理由があることを説明します。しかし危機のたびに，大きな財政負担を抱えることになります。このため財政負担を伴う事前，事後の対策だけではなく，民間保険の活用，自己保険の活用が必要なことを解説します。しかし，人間の認知の特性としては，損失方向には危険愛好的な行動をとりがちであることについて，紹介します。その上で，危機時の対応について優しい政府が社会にもたらす功罪について議論します。

6.1　ショックに政府はどう対応してきたか

これまでに様々な危機に対して，政府は大きな役割を果たしてきました。これは第５章で説明した景気安定化政策の対象となるショックも含まれます。具体的には，1997 年のアジア通貨危機，2008 年の「リーマンショック」と呼ばれる世界金融危機だけではなく，2011 年の東日本大震災，2020 年から現在も続く COVID-19 のパンデミック時には，政府が様々な政策によって対応しました。その結果として，財政赤字が大きく拡大しました。ここでは東日本大震災，パンデミックにおける政府の対応を振り返ってみましょう。

●東日本大震災

まず東日本大震災については，「東日本大震災からの復興の基本方針」（2011 年 7 月）は集中復興期間の事業規模を少なくとも 19 兆円程度としましたが，この事業費は 2013 年度まで 20.8 兆円に増加し，2014 年度及び 2015 年度に追加事業を見込んだこと等により，2011 年度から 2015 年度までの集中復興期間で 25 兆円まで拡大しました。具体的には，以下のような被災者，地方公共団体，企業への支援措置が講じられました。

・避難所及び応急仮設住宅の供与，炊き出しその他による食品の供与及び飲料水の供給，被災した住宅の応急修理などの応急措置
・死亡者の遺族に対して支給される災害弔慰金（生計維持者の死亡時には最大 500 万円，その他の死亡者については最大 250 万円）
・中堅所得層に対して実施される，国税，地方税による特別措置
・被災者生活再建支援制度により交付される支援金（生活関係経費に最大 100 万円，居住関係経費に最大 200 万円）
・インフラ整備をはじめとした災害復旧事業
・被災企業に対する低利融資や税の減免（東日本大震災では，政府系金融機関を通じた特別融資や信用保証を整備。このうち復興緊急保証は，無担保で 1 億 6,000 万円を保証）

これらの措置のうち，災害復旧事業についての多くは国の補助が交付されます。対象の地方公共団体も厳しい状態にありますので，災害復旧事業の地方負担分についても，特別交付税が措置されたり，事業に充当した地方債の元利償還費が交付税措置されることで，被災自治体の負担は大幅に軽減されるようになっています。

東日本大震災に限らず，大規模災害については激甚災害として指定され，補助率のかさ上げが行われ，地方自治体の負担のさらなる軽減が図られます。東日本大震災の集中復興期間においては，震災復興特別交付税が創設され，被災自治体の実質的な負担はゼロとなりました。

集中復興期間をすぎても，第 1 期復興・創生期間，第 2 期復興・創生期間が設けられ，2011 年度から 2025 年度までの 15 年間で 32.9 兆円規模の事業が実施されることになっています。

● COVID-19 パンデミック

次に COVID-19 パンデミックに関連する財政措置について，簡単に説明しましょう。この世界中に大きな影響を与えたショックに対して，数次にわたる補正予算が組まれ，緊急時の対応が図られました。ここでは，補正予算を中心にとられた対応を紹介します。

・まず 2020 年 4 月に総額 117.1 兆円，財政支出 48.4 兆円の「新型コロナウィルス感染症緊急経済対策」が決定され，その関連経費として 25.6 兆円の第 1 次補正予算が組まれました。その内容には，医療提供体制の整備や，一人一律 10 万円を給付する特別定額給付金，事業継続に困っている中小企業を対象とする持続化給付金，いわゆる Go To 事業と呼ばれる観光・運輸業，飲食業等に対する支援を含んでいます。

・2020 年 6 月に，新型コロナウィルス感染症対策関係経費 31.8 兆円を含む第 2 次補正予算が成立しています。その内容には，パンデミックの影響で労働者を休業させるなど雇用調整を行った企業に対して給付する雇用調整助成金の拡充や，家賃支援給付金の創設などを含みます。

・2020 年 12 月に「国民の命と暮らしを守る安心と希望のための総合経済対策」が決定され，その実行のために第 3 次補正予算が組まれています。この中には，医療提供体制の確保と医療機関等への支援，検査体制の充実，ワクチン接種体制等の整備等を内容とした 4.4 兆円の他，ポストコロナに向けた経済構造の転換・好循環の実現のための 11.7 兆円，防災・減災，国土強靭化の推進など安全・安心確保のための 3.1 兆円などを含み，総額 19.2 兆円となっています。

・2021 年度当初予算には，新型コロナウィルス感染症の状況等を踏まえ，必要な対策を講じるため，5 兆円の新型コロナウィルス感染症対策予備費が計上されています。

・さらに 2021 年 12 月に 31 兆 5,627 億円の補正予算が成立しました。パンデミック関連として，18 歳以下の国民に対する 10 万円相当の給付金，事業収入が減じた事業者への最大 250 万円の支援金などの対策が盛り込まれています。これらの事業の規模は 18.6 兆円に上ります。さらに，パンデミック後の経済活動の再開に向けて，ワクチン接種証明を活用した

Go To 事業や，コロナ治療薬，ワクチンの国内開発支援として，1.7 兆円が盛り込まれています。

第 5 章で詳細に説明したように，景気安定化は政府の重要な機能だと認識されています。しかし，これまでに述べたように東日本大震災において大きな財政資金を投じたのは，東日本大震災をきっかけとした景気低迷に対応するために景気安定化政策を行ったわけではありません。被災地の復興，つまり，インフラの復旧や住宅を含む街の再建，ダメージを受けた企業への財政，金融支援に長期にわたり国の財政が大きな役割を果たしました。

また，COVID-19 のパンデミックにあたっても，様々な行動制限を伴う規制的な手段が発動されただけではなく，医療体制の緊急的な拡充，パンデミックでダメージを受けた個人，企業を支えるために大きな財政資金が投入されました。

このような，大きなショックに対して，特に国の財政措置が発動されるのはどうしてなのでしょうか。確かに地震で破壊されてしまった，もともと国が整備した様々なインフラを国が自ら復旧するのは，当たり前の対応かもしれません。またもともと，COVID-19 に限らず困窮した国民へのセーフティネットの提供に，国は大きな関与を行っています。それは第 2 章で説明した「公共財の供給」，第 3 章で説明した「再分配」に関する国の役割を果たしたものと解釈することができるかもしれません。しかし，ここに挙げた様々なショック時の中央政府の対応は，明らかに「公共財の供給や再分配の機能を果たしている」という以上に，主導的な働きを果たそうとしているようにみえます。

この章では，なぜこのような危機時に国が大きな役割を果たして，その危機への対応にあたるのかについて，伝統的な経済学から説明します。そのあと，必ずしも合理的な行動をとれない人間を前提とした行動経済学からの示唆を加えます。最後に，災害をはじめとした多くの危機がこれからも生じる可能性の高い日本で，避けなければならないシナリオについて議論することにしましょう。

6.2　危機時の政府の役割

●保険としての危機管理

保険の機能　典型的な例として説明した二つの危機時の政府の対応は，一種の保険として求められる対応だと考えることができるでしょう。保険というのは，リスクをたくさんの人に分散させることで，特定の人への大きなダメージを避けるための仕組みです。

例えば，筆者の家族は，働き盛りの筆者が死亡したり，大きな病気をしたり，失業した場合，非常に大きなダメージを受けて，困窮してしまいます。しかし，「筆者がそのようなショックに見舞われるかどうか」はわかりません。不確実です。それでも，「多くの人の中から，どのくらいの人がそのようなショックに見舞われるか」という確率は，ある程度予想することができます。その場合，そのようなショックに対して，お金をはじめとした準備をどのくらいしておけばいいかがわかります。その必要な資金のために保険を設けて，事前にみんなで保険料を支払い，準備をしておきます。つまり，特定の人に生じるかもしれない大きなショックを和らげるための対応を，みんなで分担して負担しています。これをリスク分散と言います。そのときの負担は，通常，同じ時代の人に負担してもらう形で，空間的にリスクを分散します。

しかし，大地震やパンデミックによる被害は，その規模が非常に大きいため，みんながショックを受けてしまいます。この場合，空間的にリスクを分散させることが困難になってしまいます。このようなリスクの分散のさせ方は，時間的に行うしかないと考えられています。つまり大規模なショックに伴う被害を，様々な手段で中央政府の財政的措置でカバーしようとするのは，地域を超えた大規模な被害に関する負担を，国債を用いて時間的に分散する保険としての機能を果たしていると考えることができるでしょう。

リスクの時間的分散　図 6.1 にそのイメージを描いてみました。積み上がった直方体は所得の大きさを表すと思ってください。一番上の図は二つの地域が存在して，0 期～2 期にかけて安定的な所得が予想されています。つまり，大災害やパンデミックのようなショックがない世界を描いています（図 6.1 (1)）。それに対して上から 2 番目の図 6.1 (2) は，0 期

図 6.1　大規模なショックのリスクの分散のさせ方

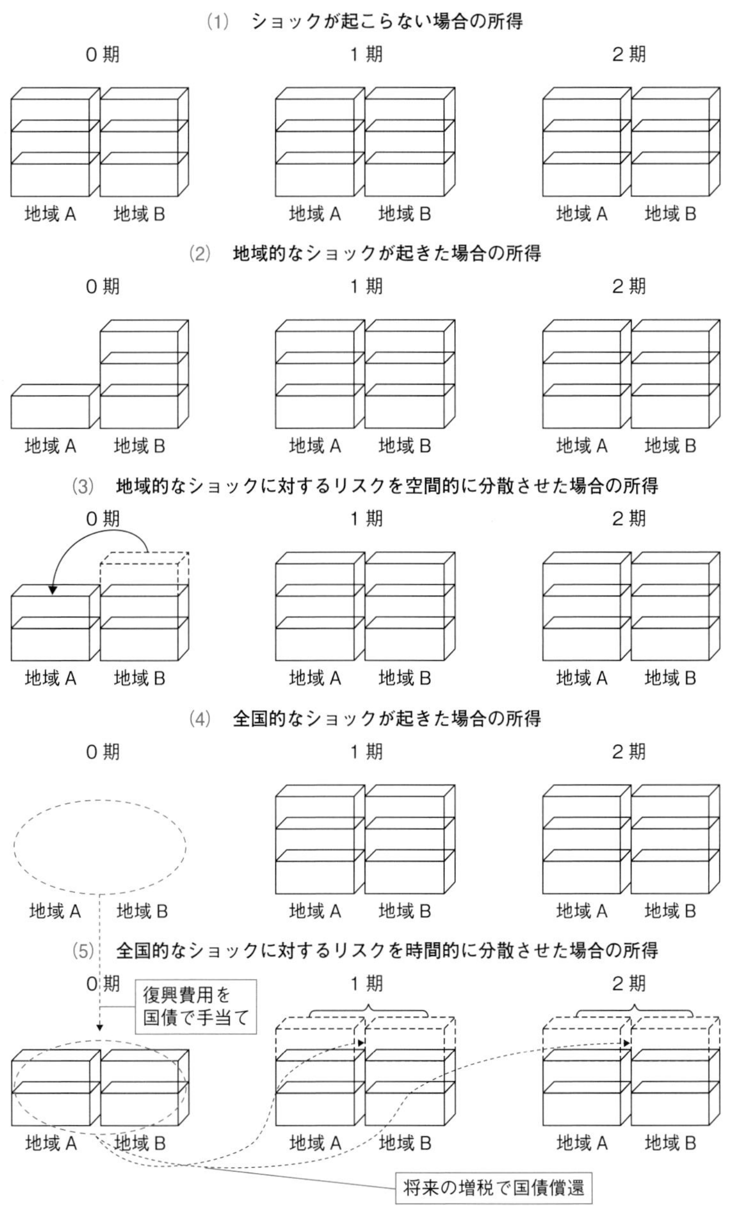

に地域Aを何らかのショックが襲うことで，地域Aの住民の所得が1/3に低下してしまった状況を描いています。これほど大きな所得の減少があった場合には，その地域の住民の効用は著しく低下してしまいます。このようなショックが，地域Bの住民にも起こりうるものだとすれば，お互いにこのような大きなショックに遭った場合には，助け合おうという合意をすることは合理的なものでしょう。そのような合意は，地域Aのみならず，地域Bを含む国や都道府県の税財源を用いた復興や，公的，私的保険によって失われた所得を補うというものとなります（図6.1（3））。このような合意は，リスクを空間的に分散する効果を持ちます。

しかし図6.1（4）のように，全ての地域がそのショックによって大きな所得の減少に見舞われてしまった場合にはどうなるのでしょうか。明らかにこれまで説明してきたようなリスクを空間的に分散するという手段を用いることはできません。そもそも，どちらの地域の所得も0になってしまっていますから，他地域を支援することはできません。

このようなショックが都道府県を超える範囲で生じている場合は，国が対応することが求められます。非常に長期にわたって，大規模なお金を借りる能力は国だけが持つものと考えられます。このため，このリスクは図6.1（5）にあるように，国債で財源調達を行い，実質的な負担は0期の世代だけではなく，1～2期の世代にも負担をしてもらうことで，リスクを時間的に分散しなければ対応することができません。このようなことから国には緊急時に特別な対応が求められることになります。

●課税平準化

大きなショックがあった場合に，国が主導的な役割を果たすことはやむを得ないことだとしましょう。しかし，国の緊急時対応によって財政自体は大きく痛む可能性があります。図6.2には公債金収入の対前年度伸び率の推移を描いています。これをみると大きなショックがあった年の翌年度，翌々年度にあたる，1998年度，2009年度，2012年度，2020年度に公債金収入が非常に大きな伸びを示していることがわかります。

このようなショックは今後も起きうるものだと考えた場合，全国的な危機

図 6.2　公債金収入（一般会計）の伸び率の推移

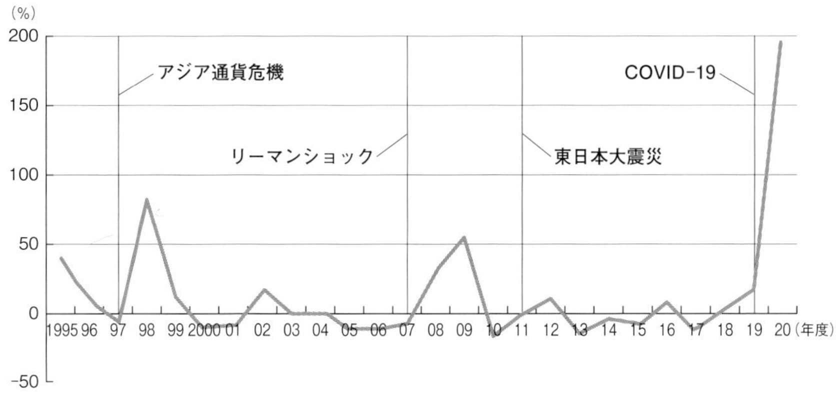

（注）　公債金収入は決算。
（出所）　財務省「財政統計（予算決算等データ）」より筆者作成。
https://www.mof.go.jp/policy/budget/reference/statistics/data.htm

ともいえるリスクに対応したために，財政が破綻するという最悪のケースが起きてしまうかもしれません。そのような事態を回避するためにも，どのような方策が求められるのでしょうか。

図 6.2 をみて気が付くのは，2011 年度の東日本大震災の公債金収入の伸び率が比較的低く抑えられていることではないでしょうか。東日本大震災への対応では，東日本大震災復興特別会計を創設して，危機管理の財政を一元的に管理しました。

例えば 2013 年度時点での方針を紹介しましょう。当時 2011 ～ 2015 年度で 23.5 兆円の歳出が予定されていました。そして歳入についても，つまり東日本大震災というショックに対する対応に必要な資金を，どのような方法で調達するのかについても明確に定められています。翻って言えば，「どの時期の誰に負担してもらうか」があらかじめ計画されています。具体的には，歳出削減，税外収入等で 8.5 兆円程度，復興増税で 10.5 兆円程度，追加的な財源として 6 兆円程度を調達するものとしています。このうち復興増税は，25 年間増税措置を行う復興特別所得税，3 年間の増税措置を行う復興特別法人税，10 年間の個人住民税の引き上げを行うこととしています。

被災ショックへの対応をその時期の世代への増税で財源調達しようとすれば，非常に大規模な増税を行わなければなりません。第７章で詳細に説明しますが，増税はその規模が大きければ大きいほど，社会に対して大きな損失を与えることが知られています。つまり，同じ財源を一時期の大規模な増税で確保するよりも，中長期にわたる比較的小規模な増税で確保した方が，社会にもたらされる損失は軽減することができます。これを課税平準化と言います。

このような措置は，非常時の特別措置を平時に持ち越さないという効果も持ちます。確かに，東日本大震災のあった 2011 年に生きている人々だけがその負担をしているわけではありませんが，少なくとも負担をお願いする時間的な範囲は明確です。

それに対して，パンデミックへの対応では，過去に例のない公債発行を行っています。しかし，どの時期の誰がその負担をするのでしょうか。それは，日本の財政を破綻に導くことにつながらないのでしょうか。課税平準化を行う明確な仕組みがパンデミックの緊急時対応ではとられていないことは，大きな課題として認識すべきではないでしょうか。

このように危機への対応の財源措置を行った上で，特別に経理することが重要だとしても，大きなショックがあるたびに大きな財政支出が求められることになりますよね。ショックが起きたときに，公共部門が果たさなければならない保険機能を民間部門に補完してもらったり，ショックが発生するリスクを低減することはできないのでしょうか。

発生するリスクを低減する措置には，例えば事前の防災投資なども含まれます。しかし，災害リスクが高い日本の全ての地域について，膨大な防災投資を行ってそのリスクを低下させるとすれば，財政はその負担に耐えられるのでしょうか。どうすればいいのかについて，一緒に考えてみましょう。

●民間保険，自己保険

災害に対して大きなリスクを抱えている地域に，防災インフラを整備することは災害のリスクを軽減させる機能を持ちます。しかしこれは，今まで説明してきた緊急時の対応と同じく国の財政に大きな負担をかけます。ここでは，公共部門に大きな負担をかけずに，様々なショックに対応する手法を考えてみましょう。その一つは，民間部門が提供する保険の活用であり，もう一つは自己保険と呼ばれる，家計や企業が自らリスクを回避する行動を促すことです。まず，齋藤（2002）などを参考に民間保険の活用可能性を検討してみましょう。

民間部門は十分な災害保険を提供できるか　非常に大規模な自然災害というリスクの性質上，これをカバーする保険が民間部門からは十分に提供されないことをこれまでに説明しました。少し復習してみましょう。図 6.1 でみたように，大規模な自然災害はそのリスクを時間的に分散させる必要がありました。そのときに必要な非常に長期にわたる資金調達は，民間部門が行うことは困難なのです。このため，保険はリスク分散の手段として地域的に分散させる手法を採用することが一般的です。例えば火災保険は火事により消失した家屋の保険金を，火事が起きなかった別地域の家屋からの保険料によって賄っています。しかし，巨大自然災害は広範囲の地域に対して，同時に甚大な被害をもたらすことが多いため，保険会社が保険金の支払いが困難になる可能性が高いのです。

このため，自然災害保険においては再保険というもう一段階のリスク分散が行われることが通常です。つまり，誰かに対して保険サービスを提供している保険会社が，さらに保険に入るのです。このようにすれば，保険会社は損失を免れるかもしれません。しかし，世界中で大きな自然災害が頻発した1990 年代の前半には再保険市場においても資金が枯渇し，再保険料が高騰したことが知られています。

このため，このもう一段階のリスク分散手法として，キャットボンド（cat bond（cat は catastrophe の略））や，政府による再保険という手法が用いられています。キャットボンドとは，証券化技術を用いて一国の自然災害リスクを，グローバル金融市場でより広く分散させようとするものです。例えば，保険会社がある地域への大規模なハリケーンに関する保険を提供しているとしましょう。この場合，その資金調達のため，保険会社はハリケーン襲来が起こらない場合には相応の利子率をつけて元本を償還するものの，ハリケーン襲来が起きた場合には元本の一部または全部の償還が免除される債券を投資家に売却します。このような債券をキャットボンドと言います。保険会社はこの債券の発行によって，ハリケーンのリスクをグローバルな規模で投資家に移転することができます。

後者については，日本の地震保険も，一定以上の保険金支払いが必要なリスクに関して，政府による再保険がつけられています。1,259～2,661億円の保険金支払いに関して政府は50％の再保険をつけ，2,661億円～12兆円の保険金支払いに関しては政府は99.75％の再保険をつけています。これは，前述のような自然災害リスクの時間的分散をねらったものと解釈することができます。ただし政府による再保険は，民間企業による再保険が困難な，巨大災害リスクに限定すべきでしょう。

現在大災害に対しても，そのリスクを金融技術を使って移転する，キャットボンドのような金融商品が登場し普及しつつあることは，国の関与を巨大災害に限定する原則が適用可能な環境が整いつつあることを示しています。

さらに，カリブ海諸国のように構成国の経済規模が比較的小さい場合，自然災害リスクをカバーするに足る資金の提供が困難な場合があります。このため多国間で自然災害リスクを分担し合う保険の仕組みが導入されています。このような試みは，2006年にカリブ海島しょ国が設立したカリブ海諸国災害リスク保険ファシリティが先駆けですが，2013年には太平洋島しょ国を対象にした太平洋自然災害リスク保険パイロットプログラムが開始されています。また，東南アジア災害リスクファシリティについても多くの国がその設立に合意しています。これは被災後の財政支出が膨大なものに及ぶ諸国の財政の持続可能性を，大きく高めることのできる再保険として機能しています。

一国では背負い切れないような自然災害リスクが，日本に存在している可能性は十分にあるでしょう。他のアジア諸国と連帯して自然災害リスクを分担する新しい枠組みの構築を視野に入れた対応を求める提案も行われています。

自己保険　地震に限らず自然災害に関する自己保険とは，①自然災害に対して危険な場所に住まない，②自然災害に関して脆弱な建物構造を選択しない，というものです。これらの危険回避行動が促されることで，家計が直面する自然災害リスクを効率的に低下させることができます。

日本で本格的な少子高齢化が進行中であることや，現在 GDP の約２倍もの公的累積債務が存在することは，これからの財政的な余力が非常に限られたものとなることを示しています。この場合，「どんな地域に住んでいても，全ての国民を自然災害リスクから守れるインフラを装備する」という政策を実現することが可能でしょうか。極論かもしれませんが，長期的な目線で考えてみましょう。限られたインフラ容量でできるだけ多くの人口を自然災害から守るためには，安全な地域への人口や財産の集積を促す必要があります。

一方で，インフラによって十分に保護されている地域への移住を，強制的に行うような制度を我々は持ち合わせていません。現在，様々なハザードマップが公開されつつあります。そのような災害リスクに関する情報が公開されて，自発的な危険回避行動が促されることは評価すべきことでしょう。しかし，どんなに災害リスクが高い地域でも，事後的な政府による救済，復興が行われる場合は，「わざわざ引っ越す必要もない」と思う人が多いかもしれません。また民間の災害保険の保険料も，安全な地域と危険な地域であまり変わらないものになるかもしれません。

例えば，公的部門による事後的な救済制度の存在について考えてみましょう。公的部門による事後的な救済制度により，事前の危険回避行動の有無にかかわらず，被災家計が救済されてしまうならば，モラルハザードと呼ばれる現象が発生します。モラルハザードとは，自動車保険に入って事故時の自己負担が軽減されたとたんに，運転が乱暴になってしまうような現象を指します。政府による救済制度が大きなものである場合，人々は住むところを決めるときにリスクを考えなくなるかもしれません。このため，公的部門による事後的な救済制度は，第３章で説明した再分配的な観点に限定し，立地選択，建物構造選択，市場保険の購入を行えなかった低所得者にのみ提供することとすべきかもしれません。

つまり，安全な地域への人口・財産の集積（危険回避的な立地選択）を促すためには，災害リスクとインフラの現状からわかる「危険なところである」という情報のみならず，「リスクの高い地域の被災に関しては，復興事業を限定していく」などの将来的なコミットを前提に，その地域に住んだ場合には「補填されない損失を被る可能性が高い」という情報を国民に伝えることが必要になってくるかもしれません。

6.3 行動経済学からの示唆

前節までに，もしも危険な場所に住んでいる場合には，保険に加入することでそのリスクを減殺することができるかもしれないことを述べました。つまり「将来発生するかもしれない大きな損失を」，「現在以降確実に支払わなければならないコスト」と引き換えに，解消することができるのではないかということです。

日本でも地震保険が政府と保険会社によって提供されていますし，米国では水害保険が連邦政府によってバックアップされています。このような保険は被害の影響を抑制する決め手になりうるのでしょうか。以下では山崎・中川（2020）をもとに，その可能性を探ります。

ここでは, まず行動経済学を扱った書籍や論文で多数触れられているトヴェルスキー（A.Tversky）とカーネマン（D. Kahneman）の実験を紹介します。これはアジア病という伝染病が大流行し，このままでは，その地域の 600 人の住民が死亡すると予想されているため，二つの対応プログラムを用意したという前提で，二つのタイプの問いを発しています。

・タイプ 1 の問いでは，下記の条件下でプログラムを選択させています。
「プログラム A を採用した場合，200 人が助かる。プログラム B を採用した場合，1/3 の確率で 600 人全員が助かり，2/3 の確率で 1 人も助からない。」
・タイプ 2 の問いでは，下記の条件下でプログラムを選択させています。
「プログラム C を採用した場合，400 人が亡くなる。プログラム D を採用した場合，1/3 の確率で 1 人も死亡しないが，2/3 の確率で 600 人全員が死亡する。」

図 6.3　プロスペクト理論

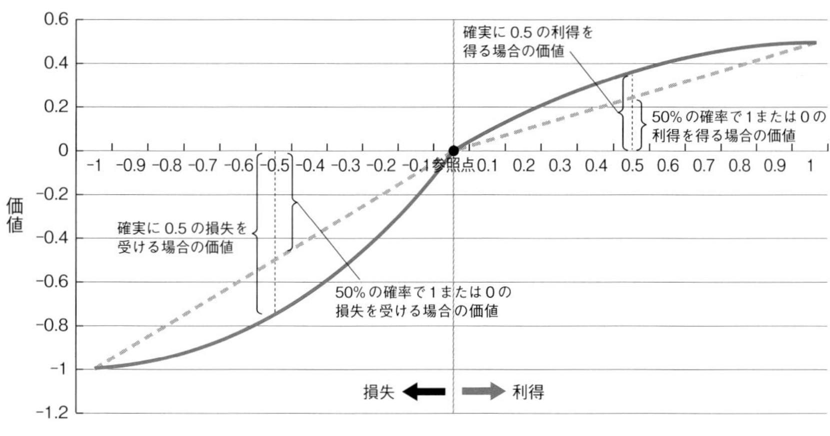

（出所）山崎・中川（2020）より。

落ち着いて考えればすぐわかるように，このうちプログラム A と C は全く同じ効果をもたらすものであり，プログラム B と D も全く同じ効果をもたらすことがわかります。異なるのは，タイプ 1 では「感染者が助かる」という文脈でプログラムを選択させているのに対し，タイプ 2 の問いでは「感染者が死亡する」という文脈でプログラムの選択が行われているという点だけです。

この実験の結果，タイプ 1 の問いではプログラム A が 72%の回答者から選択された一方で，タイプ 2 の問いではプログラム D を 78%の回答者が選択しています。このように,「利得を得る」という文脈の下においては，人々は危険回避的になり「確実に 200 人助かる」ことを選びますが,「損失を被る」文脈では人々は危険愛好的になり「全員助かる場合もあれば，全員死亡する場合もある」ことを選んでいます。これはどういうことでしょうか。

行動経済学では，このような実験結果をプロスペクト理論という人々の利得と損失の認識の仕方によって説明しています。

図 6.3 においては縦軸に「価値」と呼ばれる人々の利得や損失に対する認識を示しています。ここでは「価値」を「うれしさ」とか,「痛み」として解釈することにしましょう。横軸の真ん中の参照点とは，現在の状態だと考

えてください。この価値関数の特徴は，①人々は同じ規模の利得と損失であれば，損失の方を大きく評価する，②利得方向には曲線が上に凸（傾きが小さくなっていく）であり，損失方向には曲線が下に凸（傾きが大きくなっていく)，というものです。

図 6.3 では横軸に沿って右方向に，「現在の状態」からどれだけの利得が得られたのかが測られています。そして実線はそのときにどれだけの「うれしさ」を感じたのかを示しています。例えば確実に 0.5 の利得が得られる場合は，0.35 くらいの「うれしさ」を感じます。一方，50%の確率で利得が 0，50%の確率で利得が 1 ある場合は，どの程度の「うれしさ」を感じると考えればいいでしょうか。

利得の大きさだけを考えれば，(0 × 0.5）+（1 × 0.5）= 0.5 と利得の期待値は，「確実に得られる」利得 0.5 と一緒です。しかし，「うれしさ」についてはどうでしょうか。経済学では，その「うれしさ」を，0.5 ×（何も得られない場合のうれしさ）+ 0.5 ×（1 の利得が得られた場合のうれしさ）で計算できると考えます。図 6.3 ではこの「うれしさ」の期待値は，参照点の実線の値と 1 の利得の実線の値を結んだ破線の中点で表されています。0.2 を少し上回る程度の「うれしさ」しか感じられないようですから，利得の大きさだけを考えれば 0.5 で一緒ですが，より大きな「うれしさ」を感じられる確実な選択（「確実に 0.5 の利得を得る」）をこの場合，人々は選ぶことになります。

一方，横軸に沿って左方向には現状からの損失が測られています。そして実線は，そのときの「痛み」を表していると考えましょう。利得の場合と同じように考えれば，0.5 の損失に対応する実線の値は，確実に 0.5 の損失を受けるときの「痛み」を，破線の中点は 50%の確率で何も損失を被らないものの，50%の確率で 1 の損失を被る場合の「痛み」の期待値を表すと考えることになります。この場合, 図 6.3 から明らかなように確実な損失の「痛み」の程度（実線の値）が大きくなっていますから，人々はそのような選択肢（「確実に 0.5 の損失を被る」）を選びません。

つまり，人々は利得方向においては危険回避的になります。一方，「損失を被る」文脈においては危険愛好的になります。つまり, 災害が起こって生命,財産を失うという文脈の中では,「確実に発生する保険料」という損失よりも,「災害が起こらないかもしれない」という「いちかばちか」に賭けることになります。

つまり,損失方向には危険愛好的に行動するというくせは,危険を顧みることなく,「危険地域に住む」,さらに「(保険などの)用意を何もしない」という行動をもたらします。

6.4 避けなければならないシナリオ,求められる対応

これまでに,

- 政府が災害,パンデミックなどの緊急時に社会生活を復旧,復興させるために一定の機能を果たすことには理由があること
- しかしそのために大きな財政負担を抱える結果を招いていること
- 財政負担を伴う事前,事後の負担だけではなく,民間保険の活用,自己保険の活用が必要なこと
- しかし,人間の認知の特性としては,損失方向には危険愛好的な行動をとりがちであること

を説明してきました。この章では,近年の日本をとりまく災害リスクを再度おさらいした上で,山崎・中川(2020)をもとに,我々国民と政府の距離の取り方について議論してみましょう。

次の図 6.4 は,日本の 1970 年代以降の自然災害の被害状況を示したものですが,阪神淡路大震災や東日本大震災を含む時期に被害額が突出しているのがよくわかります。しかし,いつどこで起こるかわからない地震という災害のみによって大きな被害が発生しているわけではないことが,図 6.5 から推察されます。図 6.5 では,気候変動の影響なども背景として,日本の集中的で激しい降水回数が時系列的に上昇していることがわかります。これらを考慮すれば,自然災害による被害の発生件数や被害額は長期的に増加しているとみていいでしょう。

図 6.4　日本の自然発生頻度と被害状況の推移

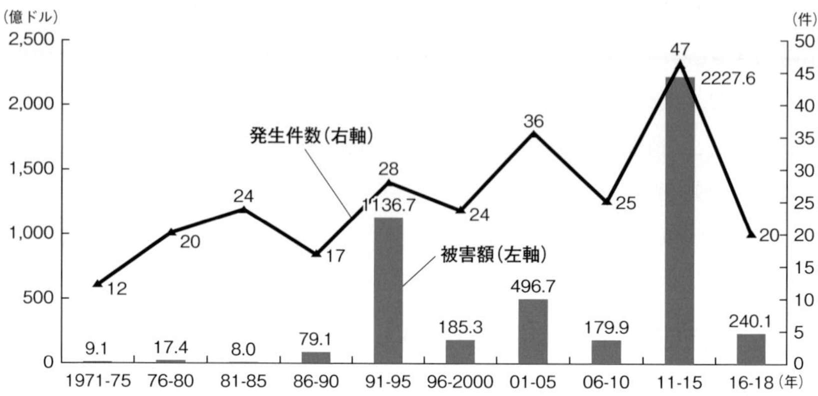

（原典）　ルーバン・カトリック大学疫学研究所災害データベース（EM-DAT）より中小企業庁作成。

（注）　1.　1971 ～ 2018 年の自然災害による被害額を集計している。

2.　2018 年 12 月時点でのデータを用いて集計している。

3.　EM-DAT では「死者が 10 人以上」,「被災者が 100 人以上」,「緊急事態宣言の発令」,「国際救援の要請」のいずれかに該当する事象を「災害」として登録している。

（出所）　中小企業庁「中小企業白書」(2016)

https://www.chusho.meti.go.jp/pamflet/hakusyo/H28/h28/html/b2_4_1_2.html

図 6.5　1 時間降水量 50mm 以上の年間発生回数（アメダス 1,000 地点当たり）

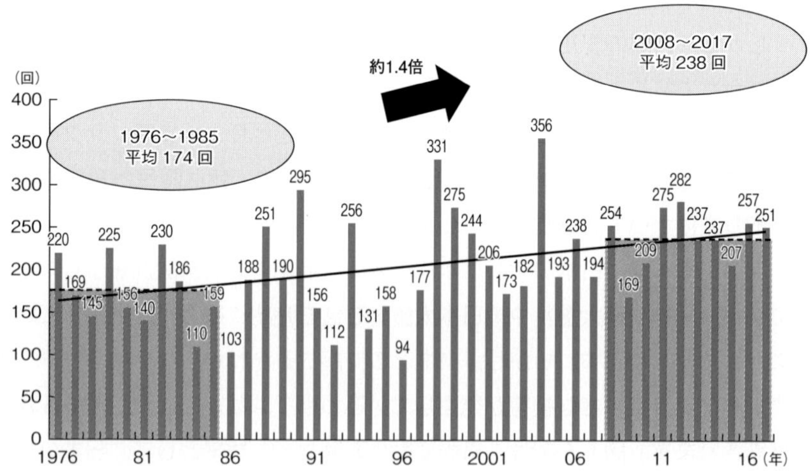

（原典）　国土交通省「第 3 回大規模広域豪雨を踏まえた水災害対策検討小委員会資料」

（出所）　内閣府資料

https://www.chusho.meti.go.jp/pamflet/hakusyo/2019/2019/html/b3_2_1_2.html

東日本大震災では，およそ17兆円の資産の被害が発生しましたが，将来予想される南海トラフ地震の被害額は，そのおよそ10倍の170兆円と報告されています（2013年内閣府推計）[1]。

このような非常に高いリスクを抱えている状況下で，不十分な民間保険の活用や自己保険をもたらしている原因について一つの可能性を考えてみましょう。その可能性は，実は大きな被害が発生したときの政府の行動にあります。政府は国民の安全を守るという原則を前提に行動します。被害に遭った人たちの救済はもちろんのことです。被害に遭った人たちを即座に救済し，そして命や健康を保ち回復させることは，政府にとってきわめて重要な仕事の一つだと思われますが，その地域全体を復興させることを目標とすべきかどうかについては，意見の分かれるところです。

しかし，世論は被災地の復興については無条件でそれを支持する傾向があるのではないでしょうか。実際に，被害にあった人たちの生活を守るという観点から，そうした被災地域の復興を最優先にするという，政治的な目標が掲げられることがしばしばみられます。過去には，そうしたことで誰も住まなくなった地域にも多くの資源が投入されるといったことが起こっています。日本でも1993年の奥尻島の地震のあとに，たくさんの資本が投下され防災投資が進められましたが，地震のあとに住民は減少した結果，そうした投資が十分に生かされませんでした。

ところで，人々はこうした政府の行動を予想していないでしょうか。大きな災害がやってきても，いずれ政府が人々を救済してくれる，人々の街を守ってくれる，人々の街が被災しても必ず元どおりに復旧してくれるという考えが人々のどこかにあるとすると，政府の行動は一種の保険として機能します。

そして，この保険に入ることは国民にとってタダです。政府は人々を救済し，そして街を復興してくれるという期待のために，人々はリスクを過少に評価しがちです。そうして自然災害のリスクがあるにもかかわらず，危険な地域だと知りながらその地域に住み続けるといった現象が起こります。

---

1 内閣府「南海トラフ巨大地震の被害想定（第2次報告）のポイント」（平成25年）（http://www.bousai.go.jp/jishin/nankai/taisaku_wg/pdf/20130318_kisha.pdf）より。

確かに，危機時の政府の役割は，時間的に分散するしかないリスクへの保険を提供することです。しかし，どのような地域においても，リスクに関して全く無頓着な人に関しても,「保険料がタダの保険」を提供するとした場合,危機時の救済額は膨大なものになってしまいます。おそらく，財政的にも財政破綻のリスクを上昇させるものになってしまいます。

これを防ぐには，政府は危険な地域に住んでいる人たちは，危険を知りつつも自分の自由な意志で住んでいるのだから，災害が発生したときも必要な応急措置はとるが，つまり人命を尊重するが，街の復興や人々の生活の保障まではできないと明言する必要があります。

このようなメッセージを発信し，それをなおかつ守るということが，政治的に非常に難しいことは言うまでもありません。このような公約を掲げる政党はどこにもないし，そのような公約を掲げた政党が選挙で負ける可能性は,非常に大きいものでしょう。

しかし，全ての被災地の復興を無条件で行うという対応を繰り返すことで,人々が「最後は政府が助けてくれる」と考えれば，リスクを過少に評価することになります。自助努力で危険を回避し，被害を最小限のものにしようとする個々人の努力は，そのモチベーションを失うことになります。災害を回避するという個々人の賢明なインセンティブは，政府によって失われてしまうのです。

優しい政府はもちろんありがたい政府です。しかしその優しい政府は，日本全体を災害に対して脆弱なものにしている可能性があります。危険な地域であってもそこに住み続け，ハザードマップさえみたことのない人たちを生み出し，普段から防災努力をしない人たちを増やすことになってはいないでしょうか。これが合理的な個人でありながら，社会的にはきわめて非合理的な結果を生むという時間非整合性の問題，あるいはモラルハザードの問題と言っていいかもしれません。

人々が自然災害のリスクを過少に評価し，それによって被害が膨大なものとなり，事後的な政府の復興のための支出も膨大なものとなってしまう結果になります。さらに，リスクの高い地域にたくさんの人が住んでいますから,政府は防災事業をたくさん実施するようになるでしょう。高い防潮堤を作ったり，土砂災害などの危険地域でも砂防ダムを作り，そして危険地域に多くの人たちを住み続けさせることになります。こうした防災投資の予算と復興予算はみるみる膨らんでいくというのが，近年の日本の姿と言えます。

人口減少，少子高齢化が本格的に進行する日本は，相変わらず非常に高い災害リスクにさらされています。そのような状況下で，事前に回避できるリスクをできるだけ回避しなければ，財政がもたないという認識は社会として共有する必要があります。民主的な政府の下では，きわめて難しいのですが，緊急時といえども政府はどこまでの救済を行いえるのかという姿を提示して，それ以上のリスクについては，再分配の配慮はあっても基本的には民間保険，自己保険で対応するという大きな方針が必要になるのではないでしょうか。

◆ 練習問題

問 6.1　巨大災害や感染症のパンデミックなどの大きなショックには，様々な対応について国が大きな役割を果たすことが通常です。なぜそのような役割が期待されているのか，最も適切な記述について以下から選択してください。

① 人の生命，財産を守るのは政府の責任であるため
② リスクを空間的に分散することができない場合は時間的に分散するしかないから
③ 国が管理するインフラの復興は国の責任だから
④ 全ての人々の経済的ダメージを緩和するのは国の責任だから

問 6.2　東日本大震災における巨額な復興事業は，中長期的な増税によってファイナンスされていました。その理由を説明する用語として最も適当なものを以下の中から選択してください。

① 自己保険
② 再保険
③ 課税平準化
④ キャットボンド

問 6.3　人間の認知の特性として，利得方向には危険回避的で，損失方向には危険愛好的に行動するということが指摘されています。そのような特性を説明する理論として，最もかかわりが深いものを以下の中から選択してください。

① 乗数理論
② 保有効果
③ プロスペクト理論
④ 期待効用理論

問 6.4　被災者に対する政府の事後的な救済が，災害に備える人々の自己保険などの行動を抑制してしまうことを説明する用語として，最も適切なものを以下から選択してください。

① 逆選択
② 自己選択
③ モラルハザード
④ プロスペクト理論

第3部

政府の財源調達

第２部で政府が行っている仕事についての解説を行いました。政府が多くの機能を果たしていることがわかったと思います。しかし，その機能を果たすためには，当たり前の話ですが，財源が必要になります。この章から始まる第３部では政府の財源調達機能に焦点を当てた解説を行います。

第7章
税

政府の経済活動は，「売り手が売りたい財・サービスを売り，買い手が買いたい財・サービスを買う」自由な取引ではありません。集合的な意思決定で決めた財・サービスを社会全体で供給します。自由な取引ではありませんから，その財源は社会で分担します。その際には，支払わないという人からも徴収することが必要になります。このため，強制力を有する税という財源調達手段が必要になります。この章では，税に関する伝統的経済学の説明をまず行います。税は誰が負担しているのでしょうか，税が社会に与えるコストとは何でしょうか。そのあと，様々な税について効率性の観点から比較を行います。さらに公平性の観点からも比較を行います。そのあと，完全には合理的ではない人間の特性を反映させた，行動経済学の示唆を解説します。その上で，日本が避けなければならないシナリオについて議論しましょう。

7.1　税の理論

税の支払いは，自由意志に基づいて支払っているわけではないから，誰にとっても「いや」でしょう。しかし，政府が税を徴収しなければ公共財も公共サービスも供給されないことになり，我々の生活は非効率で貧しいものにならざるを得ません。このような意味において，税は我々の社会にとって必要不可欠なものです。

だからこそ，我々の社会にとってコストの低い形で，税の制度は設計される必要があります。この節では，

・税は誰が負担しているのか？

・税が社会全体にもたらすコストとは何か？

という点について，主に資源配分の観点から解説します。

●税は誰が負担しているのか？

税の帰着とは　私たちが暮らしている社会には，様々な税が存在します。第1章では国の一般会計の歳入の内訳を示しましたが，所得税，法人税，消費税が大きなウェイトを占めていました。この他「その他税収」という項目があり，歳入全体の1割程度を占めています。この「その他税収」の中には物品税という税が含まれています。**物品税**とは，特定の財やサービスに対して課税されるものであり，具体的には，たばこ税，揮発油税などがあります。消費税は全ての財，サービスに対して課税されますが，この物品税は特定の財，サービスに対してそれぞれ異なる税率で課税されます。あまりメジャーな税ではありませんが，理解しやすいことから，まずこの物品税を取り上げて説明を行います。

ここで，ある特定の財に対して，物品税が課税されているとしましょう。この物品税は誰が負担しているのでしょうか。当たり前のことを言っているように聞こえるかもしれません。特定の財を購入するときに，「売り手に課税する」と決められていれば売り手が負担し，「買い手に課税する」と決められていれば買い手が負担するのではないでしょうか。

しかしそれは本当でしょうか。法律に「売り手に課税する」と書かれていても，売り手がその分価格を上げてしまえば，買い手が負担をしていると考えることができるかもしれません。その場合，どれだけ価格を上げるのかという売り手の気分次第で，「誰がどれだけ負担をするのか」が決まるのでしょうか。この「誰がどれだけ負担をするのか」を**税の帰着**と言います。

図 7.1　売り手に課税された物品税の帰着

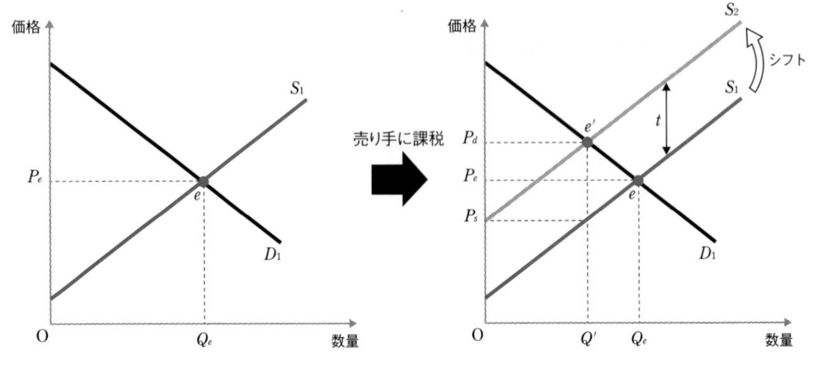

[売り手も，買い手も負担する]

i　売り手に課税された場合

図 7.1 左図のような需要曲線（D_1）と供給曲線（S_1）が描ける商品に対して，「商品 1 単位当たり t の税を売り手に課税する」とした場合を考えてみましょう。そのとき，需要曲線，供給曲線はどのように変化するのでしょうか。

この場合，供給曲線が t だけ上にシフトします（図 7.1 右図 $S_1 \rightarrow S_2$）。これはどうしてでしょうか。ここで，そもそも供給曲線とは何だったかを思い出してみましょう。供給曲線の高さは，売り手が「その商品を手放すときに最低限いくら欲しいか」を示す，オファー価格を示すものでした。では，なぜ売り手はその価格だけ欲しいと思うのでしょうか。それは「その商品を作るのに」，「手に入れるのに」，それだけのコストがかかっているからです。そのような意味において，供給曲線は限界費用曲線に相当します。

ここで t の課税が行われて，売り手はこれまでかかっていたコストに加えて税金を支払わなければならなくなりました。このため，売り手のオファー価格は t 分上昇することになります。それだけ余計にもらわなければ，赤字になってしまうからです。

それでは課税前と課税後で，売り手と買い手の状態を図 7.1 右図で比較してみましょう。課税前は，需要曲線と供給曲線が交わるところで，取引価格が決定されますから，売り手は商品と引き換えに P_e 価格を手に入れることができました。買い手も P_e を支払えばその商品を手に入れることができました。

これが課税後にどう変化するのでしょうか。供給曲線が S_2 に変化することで，需要曲線と新しい供給曲線の交わるところが変化し（$e \to e'$），価格が P_e から P_d に変化します。買い手は今まで P_e を支払えばこの商品を手に入れることができたのに，今や P_d を支払わなければなりません（P_d を需要者価格と言います）。つまり買い手の負担は課税によって，$P_d - P_e$ だけ増加しています。

それでは売り手はどうでしょう。売り手は以前よりも高い価格 P_d を受け取って，得をしたことになるのでしょうか。売り手はいったん P_d を受け取るものの，その中から税金を支払わなければなりません。このため，実質上売り手が受け取ることができるのは，$P_d - t = P_s$ となります（このときの P_s を生産者価格と言います）。売り手は課税前よりも受け取りが減っていますから，売り手にも $P_e - P_s$ 分の負担が生じていることになります。

図 7.1 からわかるように，買い手の負担 $P_d - P_e$ と売り手の負担 $P_e - P_s$ を加えたものはちょうど t になります。税金 t の負担は売り手にも，買い手にも生じているのです。税法に「商品 1 単位当たり t の税を売り手に課税する」と書かれていたとしても，最終的には，売り手と買い手で税負担は分担されるのです。

ii　買い手に課税された場合

それでは逆に「商品 1 単位当たり t の税を買い手に課税する」とされた場合にはどうなるのでしょう。その様子が図 7.2 に描かれています。図 7.2 右図では需要曲線が D_1 から D_2 に下にシフトしています。なぜこのようなことが起こっているのでしょう。需要曲線とはそもそも何なのかから考えてみましょう。

需要曲線の高さは，買い手が「その商品を手に入れるときに最大限いくら払ってもいいか」という付け値を示すものでした。では，なぜ買い手はその価格を支払ってもいいと思うのでしょう。それはその商品を消費することで，それだけの便益を得ることができるからです。そのような意味において需要

図 7.2　買い手に課税された物品税の帰着

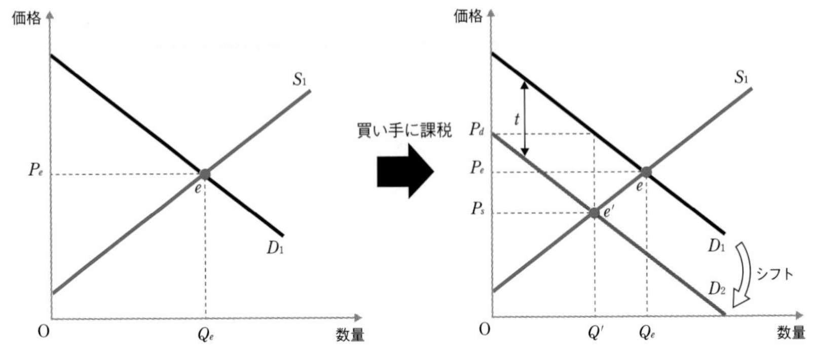

曲線は限界便益曲線に相当します。どれだけの便益をその商品から得られるかは，課税の有無にかかわらず変わりませんから，その商品を手に入れるために「売り手に最大限支払ってもいい価格」は t の課税によって，t だけ低下することになります。今までと同じ価格を売り手に支払っていては，便益以上の価格を支払うことになり，買い手が損してしまうためです。

この課税によって，売り手と買い手の負担はどう変化するのでしょうか。需要曲線が D_2 に変化することで，需要曲線と新しい供給曲線の交わるところが変化し，価格が P_e から P_s に変化します。売り手は今まで商品を売ることで，P_e を手に入れることができたのに，今や P_s しか手に入りません。つまり売り手には課税によって，$P_e - P_s$ だけの負担が生じることになります。

それでは買い手はどうでしょう。買い手は以前よりも安い価格 P_s を売り手に支払って得をしたことになるのでしょうか。買い手はいったん P_s を売り手に支払うものの，それに加えて税金を支払わなければなりません。このため，実質上買い手が支払うことになるのは，$P_s + t = P_d$ となります。買い手は課税前よりも支払いが増えていますから，買い手の負担も $P_d - P_e$ だけ増加します。

図 7.2 からわかるように，買い手の負担 $P_d - P_e$ と売り手の負担 $P_e - P_s$ を加えたものはちょうど t になります。つまり税金 t の負担は売り手にも，買い手にも生じています。税法に「商品 1 単位当たり t の税を買い手に課税

図7.3　誰が，どれだけ負担しているのか

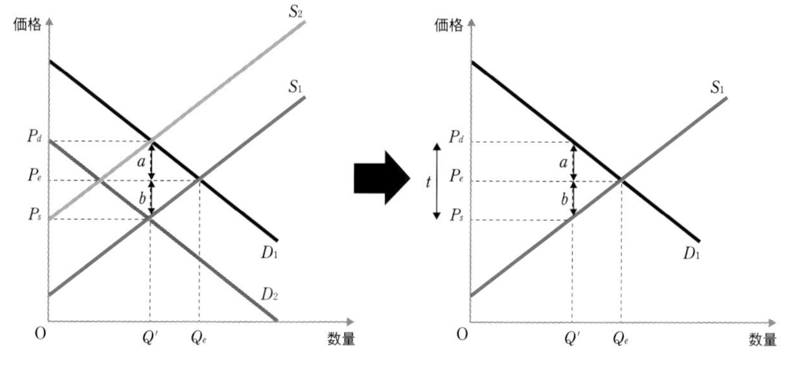

する」と書かれていたとしても，最終的には，売り手と買い手で税負担は分担されるのです。

［誰が，どれだけ負担しているのか］

図7.3左図にはこれまでに述べた「商品1単位当たり t の税を売り手に課税する」と書かれていた場合と，「商品1単位当たり t の税を買い手に課税する」と書かれていた場合を重ねて描いています。ここからわかるように，誰に支払いを命じていたとしても，課税された t のうち売り手は a の部分を，買い手は b の部分の税を負担しています。図をみやすくするために，図7.3右図ではシフト後の需要曲線と供給曲線を削除しています。つまり元の需要曲線と供給曲線が t だけ離れている数量 Q' をみつけ出して，その需要曲線の高さと元の均衡価格の差（a）が買い手の負担，元の均衡価格と供給曲線の高さの差（b）が売り手の負担になります。

図7.3では，新しい需要曲線や供給曲線を削除しても売り手と買い手の負担を示すことができました。つまり，課税によって「誰が，どれだけ負担しているのか」は元の需要曲線や供給曲線の形によって決まっているのです。

試しに，供給の価格弾力性が高い場合，需要の価格弾力性が高い場合はそれぞれ，供給者の負担，需要者の負担がどのようになるかを考えてみましょう。価格弾力性が高いということは，1%の価格変化が引き起こす，需要量，供給量の変化が大きいことを意味します。均衡価格 P_e と均衡取引量 Q_e

図 7.4　価格弾力性による税の帰着の相違

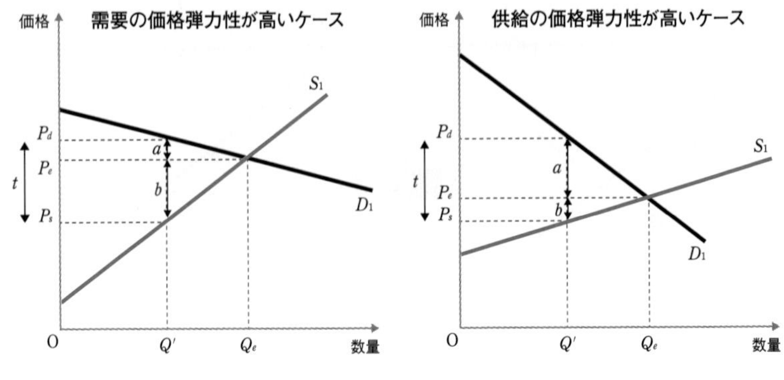

を出発点として，ΔP の価格変化が ΔQ の需要量を変化させたとしましょう。そのとき，価格弾力性は $\frac{\Delta Q/Qe}{\Delta P/Pe} = \frac{\Delta Q/\Delta P}{Qe/Pe}$ として表すことができます。右辺の分子は図 7.4 の需要曲線の傾きの逆数です。価格弾力性が高い，つまり 1％の価格変化が大きな需要量の変化をもたらす場合，分子が大きな値であることを意味します。この場合，縦軸が P で横軸が Q であることに注意してもらえれば，需要曲線の傾きが緩やかなものになることが理解できると思います。供給曲線についても同様です。

図 7.4 左図には需要の価格弾力性が高い場合，図 7.4 右図には供給の価格弾力性が高い場合を示しています。先に述べたように t の課税を行った場合の買い手の負担が a，売り手の負担が b ですから，明らかに「需要の価格弾力性が高い場合は，買い手の負担が少なく」，「供給の価格弾力性が高い場合は売り手の負担が少ない」ことがわかります。これは何を意味するのでしょうか。例えば宝石などの奢侈品に物品税をかける場合のことを考えましょう。奢侈品は必要度が低いため，価格が高くなれば需要量は大きく落ちます。つまり需要の価格弾力性が高いケースに該当します。その場合は図 7.4 左図のように，買い手の負担 a は相対的に少なくなります。図 7.4 右図は供給曲線が弾力的な場合を描いていますから，正確な説明にはなっていませんが，相対的に価格弾力性が低い需要曲線が描かれていると考えてください。生活必需品のように需要の価格弾力性が低いものについては，図 7.4 右図のように

図 7.5　社会的余剰の変化

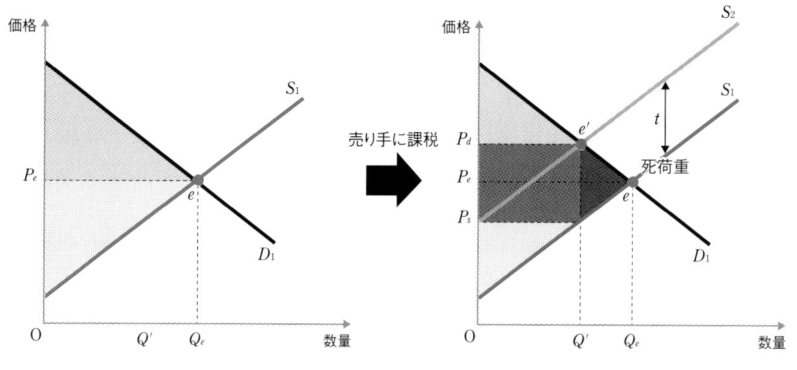

買い手者側の負担割合が高くなります。

●社会にとっての税のコスト

社会にとっての税のコスト　　これまでに課税によって，「誰が，どれだけ負担しているのか」という税の帰着について説明をしました。しかし，課税しているのだから誰かがそれを負担しているのは当たり前でしょう。つまり，政府が 10,000 円の課税をした場合には，誰かの所得，購買力は 10,000 円分だけ減少します。それは，10,000 円の所得や購買力が誰かから政府に移転したことを示すだけです。ここでは，税はこの所得，購買力の政府への移転以上に，社会に損失をもたらすことを解説します。

経済学では社会全体に何らかの損失が発生していることを，社会的余剰の変化で表します。社会的余剰については第 1 章で簡単に説明しましたが，再度復習してみましょう。社会的余剰は消費者余剰と生産者余剰からなります。

まず消費者余剰は，図 7.5 左図の需要曲線 D_1 の高さと均衡価格 P_e の高さの差を，均衡取引量 Q_e まで合計した部分，つまり図の灰色で網掛けした部分で表されます。需要曲線の高さは，消費者がある財の消費から感じる限界便益を示していました。消費者は（それよりも安い）P_e を支払うことで，その限界便益を手に入れているので，差分は消費者の手元に残る余剰としてとらえることができます。

次に生産者余剰は，図 7.5 左図の均衡価格 P_e と供給曲線 S_1 の高さの差を，均衡取引量 Q_e まで合計した部分，つまり図の水色で網掛けした部分で表されます。供給曲線の高さは，生産者がある財を生産する際に生じる限界費用を示していました。生産者はその限界費用をかけて，（それよりも高い）P_e を手に入れているので，差分は生産者の手元に残る余剰としてとらえることができます。

つまり課税前には自由な取引によって消費者余剰と生産者余剰を加えた灰色と水色で網掛けされた部分の合計の社会的余剰が発生していたと考えることができます。これが課税によってどのように変化したのでしょうか。

図 7.5 右図では売り手に物品税が課税されて，供給曲線が S_2 にシフトした場合を描いていますが，これまでの説明のとおり買い手に課税しても同じ結果が得られます。供給曲線がシフトしたことによって，均衡点は e から e' に変化します。消費者は P_d の価格を支払わなければならないため，消費者余剰は右図の灰色の部分に縮小されます。生産者は受け取った P_d から t を支払ったあとの P_s しか手元に残らないため，その場合の生産者余剰は右図の水色の部分に縮小されます。なお，政府には紺色で網掛けをした部分の税収がもたらされます。この税収は何らかの社会に必要な用途に使用され，国民に還元されると考えます。したがって，課税後の社会的余剰は，消費者余剰，生産者余剰の他に，税収を加えた，灰色，紺色，水色で網掛けをされた台形部分に変化すると考えます。

これを課税前の社会的余剰と比較したものが，図 7.5 右図に描かれています。つまり，課税によって右図の黒色で網掛けした部分の社会的余剰が失われています。これが課税が社会にもたらすコストで，死荷重と呼びます。

死荷重の大きさを決定するもの　　これまでに説明した課税が社会にもたらすコストは，どのような要因によって大きくなったり，小さくなったりするのでしょうか。図 7.5 右図からわかるように，死荷重は「元の需要曲線と供給曲線の距離が t になった取引量の右側の，需要曲線と供給曲線の高さの差分を，元の均衡取引量まで合計した量」でした。このため死荷重の大きさは，（誰に課税するかなど）課税方法とは関係なく，この財やサービスがどのよ

図 7.6　弾力性の違いによる死荷重の大きさ

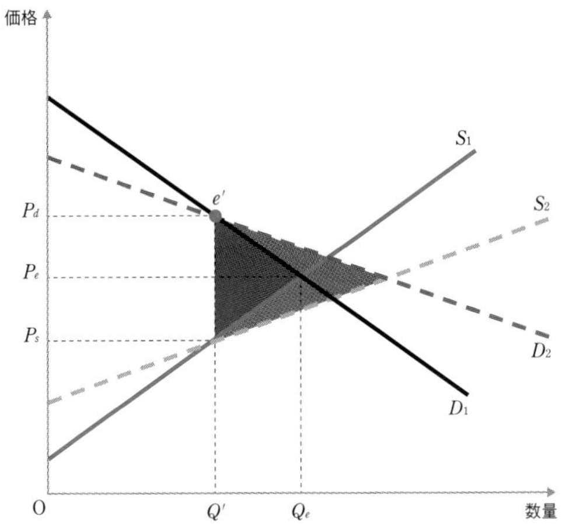

うな需要曲線や供給曲線を持つのかによって決まってきます。

図 7.6 に需要曲線と供給曲線がともに価格弾力的である場合（D_2 と S_2 の組み合わせ）と，価格弾力的ではない場合（D_1 と S_1 の組み合わせ）が描かれています。図 7.6 から明らかなように，需要曲線と供給曲線の価格弾力性が大きい場合に死荷重の量は大きくなります。

これはどういうことでしょうか。課税前には，「消費者は自分の効用を最大化する行動を」，「生産者は自分の利潤を最大化する行動を」とっており，「自由な意思によって財の取引が行われる」ことで，最大の社会的余剰がもたらされていました。税はそのような最適な状態からの逸脱をもたらします。その逸脱の大きさが死荷重なのです。

消費者は価格から，その財・サービスは「どれだけのコストがかかって」もたらされているのか，という情報を得ます。生産者は価格から，その財・サービスを供給することで，「どれだけの便益を社会にもたらすか」という情報を得ます。このコストと便益が一致するところで，生産と消費が行われるために社会的余剰は最大化されるのです。しかし，前項で説明したように，税は売り手が直面する生産者価格と買い手が直面する需要者価格の乖離をもたらします。このため，消費者の行動も，生産者の行動も最適なものから逸

図 7.7　課税額の相違による死荷重の大きさ

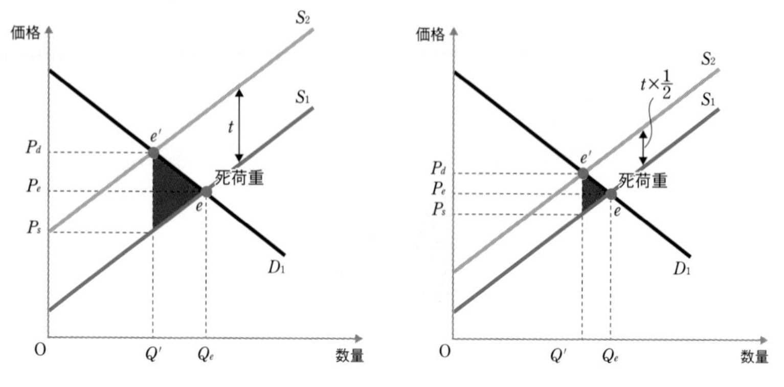

脱します。税がもたらす価格変化が，大きな消費者行動の変化や生産者行動の変化をもたらすほど，その逸脱は大きなものになるのです。つまり，価格弾力性が大きいほど，その財・サービスに課税された場合の社会全体のコストは大きなものになります。

さらに，当たり前の話だと思うでしょうが，死荷重の大きさは税の大きさにも左右されます。図 7.7 の右図には t の課税を行った場合の死荷重が，左図には $\frac{t}{2}$ の課税を行った場合の死荷重が描かれています。死荷重部分が直角二等辺三角形だとすれば，左図の死荷重の面積は $\frac{t\times t/2}{2}$ ですが，右図の死荷重の面積は $\frac{t/2\times t/4}{2}$ となります。つまり課税額が 2 倍になるとその累乗分だけ死荷重は増加することになります。これは，一度に大きな増税を避けた方がいいという第 6 章で説明した課税平準化の要請につながってきます。

7.2　効率性の観点からどのような税が好ましいのか

これまでに，一つの財しか存在しない世界を前提に，「税が社会に与える負担とは何か」について説明してきました。そのときに用いた税は物品税と呼ばれる，「ある特定の財」にしか課税されない，実際の世界ではどちらかというとマイナーな税でした。

しかし，第1章で説明したように政府の歳入の大部分は，所得税，法人税，消費税などによって賄われています。これらの税が社会に対して与える負担は同じなのでしょうか。税によってその負担が異なるのであれば，社会にとって好ましい税制の組み合わせというものがあるのではないでしょうか。この章ではそのような好ましい税制とはどのようなものなのかについて，みなさんと一緒に考えていきます。ただ，ここで説明する「好ましさ」とは，節のタイトルにあるように，資源配分に与える影響，つまり効率性の概念と深く結びついたものとします。

説明の順番としては，物品税を取り上げて，二つの財が存在する世界で，「税の社会に与えるコスト」とは何なのかを再度説明し直します。そのあと，様々な税がもたらす，社会の負担（死荷重）の大きさを比較していくことにします。

●物品税と所得税の比較

物品税が社会に与える影響とは？　ここでは二つの財が存在する世界を考えます。この世の中は様々な財やサービスがあふれています。しかしこの本では，とっかかりとして財 A と財 B があって，それを所得 W を稼いでいる人が消費をするときに，税がその消費者の消費にどのような影響をもたらすのかをみていきます。

ここで，財 A の価格 P_a，財 B の価格が P_b とするとき，消費者の予算制約式はどうなるでしょうか。A は財 A の消費量，B は財 B の消費量です。

$$W = P_aA + P_bB$$

となりますね。これを縦軸 A, 横軸 B のグラフにするために $A=$ の形に直すと，

$$A = -\frac{P_b}{P_a}B + \frac{W}{P_a}$$

となります。つまり，図 7.8 のように縦軸の切片が $\frac{W}{P_a}$，傾きが $-\frac{P_b}{P_a}$ の予算制約線 L_0 として表すことができます。このとき，消費者はどのような選択を行っているのでしょうか。消費者は，自分が稼いだ所得 W の範囲でし

図 7.8　財 A と財 B の選択に課税がもたらす影響

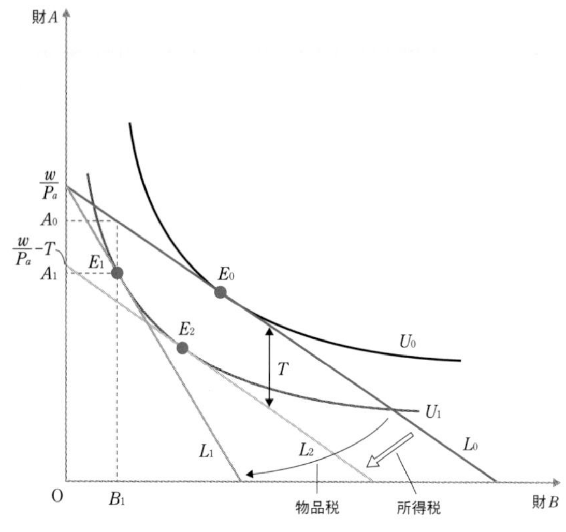

か消費を行うことができませんから，自分の予算制約線の内側の財 A と財 B の組み合わせしか選択することはできません。それでも選べる消費財の組み合わせの中から，最も自分の効用が高い組み合わせを選択しようとします。

図 7.8 では予算制約線に消費者の無差別曲線が重ねて描かれています。無差別曲線とは，消費者が同じレベルの効用（満足度）を得られる財 A と財 B の消費の組み合わせとなる点を全てつなげたものです。効用のレベルに応じて，無数の無差別曲線を描くことができますが，消費する財が多ければ多いほど，消費者の満足度は上昇しますから，原点から右上に位置する無差別曲線ほど，高い効用を表していることになります。消費者は選べる選択肢（予算制約線 L_0 の内側）の中で，最も高い効用を獲得できる（できるだけ右上に位置する無差別曲線上の）消費の組み合わせを選択します。つまり，予算制約線と無差別曲線が接する E_0 で消費を行うことになります。

次に税がこの消費者の選択に及ぼす影響を考えてみます。まずは，（財 B についてだけ）t の比率の物品税をかけて，これが全て価格に転嫁されるものとしましょう。新しい予算制約線は

$$W = P_a A + P_b\ (1+t)\ B$$

となりますね。これをグラフにしやすいように変形すると，

$$A = -\frac{(1+t)P_b}{P_a}B + \frac{W}{P_a}$$

となります。つまり，切片が $\frac{W}{P_a}$ で，傾きが $-\frac{(1+t)P_b}{P_a}$ の図 7.8 の L_1 という予算制約線になります。課税前の予算制約線と比べてみれば，切片が同じで，傾きがきつくなっていますから，$L_0 \to L_1$ のように時計周りに回転していることがわかりますね。消費者は課税前と同じように，新しい予算制約線の内側で最も高い効用水準の消費の組み合わせを選択しますから，E_1 で消費を行います。

それでは，課税前と課税後の消費者の状態を整理してみましょう。この場合，新しい予算制約線に接している無差別曲線は U_1 であり，課税前よりも原点側にありますから，効用水準が低下していることがわかります。

効用水準の低下と引き換えに何が得られているのでしょうか。ここで新しい均衡点 E_1 に注目しましょう。均衡点 E_1 においては，財 B を B_1 消費，財 A を A_1 消費しています。財 B の消費量を B_1 に固定した場合，もし課税されなければ，この消費者はどれだけの財 A を消費できたでしょうか。課税前であれば，消費者は予算制約線 L_0 をもとに消費の組み合わせを選ぶので，図 7.8 からわかるように，財 A は A_0 消費できたはずですね。つまり，この $A_0 - A_1$ の購買力が課税によって奪われたと考えることができます。一方でこれは，物品税の課税によって公共部門が得た税収と考えることができます。

ここで物品税の課税の前後の変化を整理しましょう。物品税の課税により，消費者の効用は U_0 から U_1 に低下しました。その代わり公共部門は「財 A がどれだけ買えるか」という単位で測って，$A_0 - A_1$ の税収を得ることができています。

所得税が社会に与える影響とは？　これはある意味で，当然の結果です。課税するということは消費者の購買力を，強制的に奪うということです。これがなければ，様々な公共財や公共サービスの提供ができないのですから，私たちの社会は課税しないわけにはいかないのです。しかし，「どれだけの

社会の負担で，この必要不可欠な財源を手に入れることができるか」という問題は我々が考え，選択しなければならない問題でしょう。この社会に対する負担の少ない税を，中立的な税と言います。

これから様々な税の種類ごとに，この税の中立性を考えていきますが，どのような税が好ましいかという測り方には，以下の二つの基準があります。課税とは消費者の効用水準と引き換えに税収を得る仕組みですから，α 税と β 税がある場合，

基準１：α 税も β 税も同じような（課税前よりも低い）効用水準を消費者にもたらすとき，どちらの税がより大きな税収をあげることができるか？

基準２：α 税も β 税も同じ税収をあげることができるとき，どちらがより高い効用水準をもたらすのか？

という二つの基準があります。ここでは最初に基準１を取り上げます。

物品税は消費者の効用水準を $U_0 \to U_1$ に低下させ，その代わり税収 $A_0 - A_1$ を得ていました。それでは同じ厚生水準の低下（$U_0 \to U_1$）をもたらす，税率 t の所得税が課税された場合を考えてみましょう。その場合の，新しい予算制約線は

$$W(1-t) = P_a A + P_b B$$

となります。グラフにしやすいように変形しますと，

$$A = -\frac{P_b}{P_a}B + \frac{W(1-t)}{P_a}$$

となります。この場合の予算制約線 L_2（図 7.8）の切片は，$\frac{W(1-t)}{P_a} = \frac{W}{P_a} - \frac{tW}{P_a} = \frac{W}{P_a} - T$ となります。$\frac{tW}{P_a}$ は所得税収を財 A の価格で割ったものですから，財 A を単位で測った税収と考えることができます。ここでは単純に T と表記しています。そして傾きは $-\frac{P_b}{P_a}$ となっています。傾きが課税前と一緒で，切片が税収分だけ低下していますから，物品税の場合とは異なり，課税前の予算制約線の平行移動として表現されることに注意してください。

いま，

基準１：α 税も β 税も同じような（課税前よりも低い）効用水準を消費者

にもたらすとき，どちらの税がより大きな税収をあげることができるか？という基準で物品税と所得税の比較を行っていることを思い出してください。つまり，この所得税は物品税と同じだけの効用水準の低下をもたらさなければなりません。このため，図 7.8 では新しい予算制約線 L_2 は U_1 に接するように描かれています。このため，消費者は E_2 で消費を行っていることになります。

それでは各税が消費者にもたらした影響を比較してみましょう。物品税は課税により効用水準を $U_0 \to U_1$ に低下させ，その代わりに税収 $A_0 - A_1$ を得ていました。所得税は同じ効用水準の低下をもたらしていますが，このとき得られている税収 T は明らかに $A_0 - A_1$ よりも大きくなっています。つまり，物品税という形態を選択したため，$T -$（$A_0 - A_1$）の資源が失われてしまっています。

このような損失はなぜ生じているのでしょうか。図 7.8 からは，予算制約線の課税による変化の仕方が，物品税と所得税で異なることがわかります。物品税は予算制約線が時計回りに変化していました。これは財 A と財 B の相対価格が課税によって変化したことによって生じています。財 B の価格が上がってしまうことで，消費者の所得が実質的に低下してしまう効果と，財 B の価格が上がったため，相対的に安い財 A の消費を増やす効果が発生します。前者を所得効果，後者を代替効果と言います。物品税はこの二つの効果をもたらすのです。

一方，所得税は予算制約線を平行移動させています。これは相対価格の変化がなく，消費者の所得が低下する所得効果のみが発生したことを意味します。課税をするということは，消費者から購買力を取り上げるのですから，所得効果が発生することはやむを得ません。それを超えて，消費者の選好を代替効果でゆがめてしまうことで，物品税の超過負担が生じていると考えることができます。

所得税と消費税の比較　それでは，消費税はどうでしょうか。

全ての財・サービスの消費に関して一定の税率をかける消費税は，（のちに説明する公平性の観点や，誰が税を負担をするかという問題を別にすれば）実は所得税と同じ税だと考えることができます。ここで同じ税というのは，消費者の選択に関して同じ変化を及ぼすという意味で言っています。課税は消費者の予算制約線を変化させることで，その選択に影響を及ぼしますから，二つの税が同じ予算制約線の変化をもたらすことを示します。

まず課税前の予算制約式がこれまでと同様に以下のように書けるとしましょう。

$$W = P_a A + P_b B$$

ここで全ての財の販売に t の比率の消費税を課税した場合に予算制約式はどう変化するでしょうか。

$$W = (1+t)\ P_a A + (1+t)\ P_b B$$

となりますね。これは,

$$\frac{1}{1+t} W = \left(1 - \frac{t}{1+t}\right) {}^{*} W = P_a A + P_b B$$

と変形することができます。つまり t の税率の消費税は $\frac{t}{1+t}$ の税率の所得税と同じだと考えることができるのです。

●所得税と一括税の比較

所得税が社会に与える影響とは？　　これまでに，財 A と財 B に関する消費者の選択を例にとって，物品税と所得税が社会にもたらすコストの比較を行ってみました。その結果，「物品税は，所得税と比較して，同じ効用水準の低下をもたらすが，低い税収しか獲得できない」という意味で社会に余計な負担をもたらすことがわかりました。それでは，所得税は超過負担をもたらさない「良い」税なのでしょうか。財 A と財 B には，何を入れてもいいのですから，合成財 Z と余暇の選択問題に変えて，所得税の効果を考えてみましょう。

消費者は時間当たり w の賃金を得て，合成財 Z を消費しているものとしましょう。消費者は，余暇 Le を多くとってあまり働かなければ，所得が低くなり，合成財 Z をあまり消費できなくなります。逆に，余暇 Le をあまり取らないで，無茶苦茶働けば，たくさんの財 Z を消費できるので，余暇 Le

図 7.9　余暇と合成財の選択に与える課税の影響

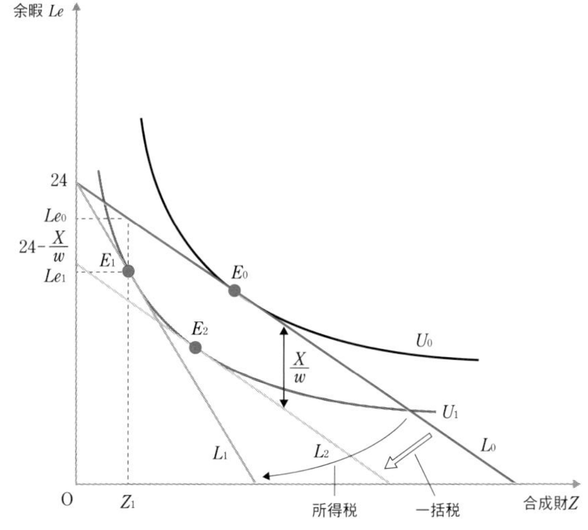

と合成財 Z の選択問題に直面していると考えることができます。

では，財 Z の価格が P_z で，時間当たりの賃金が w のとき，個人の予算制約式はどうなるのでしょうか。1 日の時間に 24 時間という制約があることに注意をすれば，

$$w\ (24 - Le) = P_z Z$$

のようになることがわかると思います。グラフにしやすいように，$Le =$の式にすると，

$$Le = -\frac{P_z}{w}Z + 24$$

となります。つまり，図 7.9 に描くように切片が 24，傾きが $-\dfrac{P_z}{w}$ の予算制約線 L_0 として描くことができます。

ここで所得税 t を課した場合，新しい予算制約線は，

$$w\ (24 - Le)\ (1 - t) = P_z Z$$

となります。$Le =$の式にすると，

$$Le = -\frac{P_z}{w(1-t)}Z + 24$$

となります。つまり，課税後の予算制約線は切片が 24，傾きが $-\dfrac{P_z}{w(1-t)}$ の曲線として描けます。課税前の予算制約線と比べて，切片は変わらずに傾きの絶対値が大きくなっていますから，L_1 のように，課税前の予算制約線を時計回りに回転させたものになることがわかります。

財 A と財 B の選択においては，所得税は二つの財の相対価格を変化させなかったのですが（平行移動），財と余暇の選択に関しては相対価格を変化させていることがわかると思います。それでは，物品税の影響をみたときと同じ作業を行ってみましょう。課税前には，U_0 の効用を得ていた消費者は所得税を課税されることで，効用を U_1 に低下させています。そのときの新しい均衡点 E_1 では，合成財 Z を Z_1，余暇を Le_1 消費していますが，課税前には合成財を Z_1 消費するのであれば，余暇は Le_0 消費できていましたから，余暇で測った税収は $Le_0 - Le_1$ に上ることがわかります。

一括税が社会に与える影響とは？　それでは所得税以外の税と比較してみましょう。今度は二つの相対価格を変化させない税，例えば一括税 X のようなものを考えてみましょう。一括税とは，財，サービスの消費にかかわらず，所得にかかわらず課税される，つまり「日本人なら〇〇円」という形で一括して課税される税だと考えてください（「人頭税」とも呼ばれます）。この場合，予算制約線は，

$$w\ (24 - Le) - X = P_z Z$$

となります。これをグラフにしやすいように $Le =$ の式にすると，

$$Le = -\frac{P_z}{w}Z + 24 - \frac{X}{w}$$

となります。切片は $24 - \dfrac{X}{w}$，傾きは $-\dfrac{P_z}{w}$ ですから，一括税によって予算制約線は平行移動します。物品税と所得税の比較のときと同じで，この一括税が同じ効用水準の低下，$U_0 \to U_1$ をもたらすとすると，新しい予算制約線は，図 7.9 の L_2 のように描けることがわかります。そのときの税収は平行な L_0 と L_2 の距離 $\dfrac{X}{w}$ ですから，明らかに所得税による税収 $Le_0 - Le_1$ よりも大き

いことがわかります。つまり，所得税も合成財と余暇の選択にあたって超過負担を生じさせているのです。

それでは超過負担をもたらさないという意味では，一括税が最も好ましいということなのでしょうか。そうだとすれば，第1章で述べた政府の歳入はその大部分を一括税で徴収することが好ましいということでしょうか。しかしそのような国は存在しません。1990年代初めに英国のサッチャー政権がこの一括税を導入しようとして，選挙で大敗をしたことがあります。所得水準をはじめとして，その人がおかれている状況とはかかわりなく，同じ税を徴収する一括税を大規模に導入するということについては，国民に大きな抵抗感があります。そのような意味において一括税を柱とした税制を構想するというのは，あまり現実的ではありません。

資源配分の効率性という観点から好ましい税制である一括税が，現実的には選択できないのだとすれば，どのような税制が「より好ましい」のでしょうか。ここで，第1節で価格弾力性の低い財・サービスに対する課税の方が，死荷重が少なかったことを思い出してください。理論的には，財・サービスごとに異なる税率を設定できるのであれば，死荷重をできるだけ小さなものとするためには，価格弾力性と逆比例した税率を課税することが好ましいという提案があります。これをラムゼイルールと呼びます。このため，必需品に高い税率を，奢侈品に低い税率を適用すべきとなります。このルールについての詳細は，補論で触れることにします。

7.3 公平性の観点からどのような税が好ましいのか

●二つの公平性

これまでの節では効率性の観点から，どのような税制が好ましいかという議論をしてきました。そのような観点に絞って，物品税，所得税，消費税，一括税という様々な税制を比較してきました。

しかし，どのような税制が好ましいのかという点について，効率性という観点からだけで判断することはできません。例えば，一括税は効率性の観点から好ましい税であると説明をしましたが，どのような境遇の方からも同額の課税を行うということに，違和感を感じる人は多いのではないでしょうか。補論で触れているラムゼイルールも効率的な税制をデザインする場合の一つの考え方ですが，必需品に重課して，奢侈品に軽課するという結論に違和感を覚える方も多いのではないでしょうか。

つまり，「好ましい税制」とは効率性という観点だけでなく，公平性を含めた多くの観点から検討を行うことが求められます。さらに，その国がおかれた状況や「どのような国家を目指すのか」という国民全体の選択も税制の選択に影響するでしょう。

まず，より広い観点から「好ましい税制」について議論をしてみましょう。その上で，日本が選択している税制の特徴を説明し，これからの日本の選択するべき税制について考えてみましょう。

良い税が備えるべき性質としては，一般に簡素，中立，公平という性質が挙げられます。最初の「簡素」という性質については多くの説明が要らないと思います。税制が複雑な場合，納税する側にもその行為が正しいのかを判断することが困難になり，翻って徴税側としても正しい徴税を維持することが困難です。シンプルな税制ほど，納税者の理解が得られやすく，税の徴収コストを引き下げることが可能になります。

次の「中立」は，資源配分に関してできるだけ課税前の行動をゆがめないことが，社会全体の資源配分の効率化につながるということです。これまでに長い説明を行ってきていますね。

最後の「公平」については，二種類の「公平」性があるとされています。一つは垂直的公平性と呼ばれ，もう一つは水平的公平性と呼ばれるものです。前者は「異なる状況にある人は，課税という介入に関しても異なって扱うべき」という基準です。より具体的には，「高所得者と低所得者は，前者に多くを課税し，後者に少なく課税すべき」とする考え方です。一方後者は，「同じ状況にある人は，課税という介入に関しても同じように扱うべき」という基準です。より具体的には，「同じ所得の者は，同じように課税すべき」とする考え方です。

図 7.10　ライフサイクルにおける所得，支出パターン

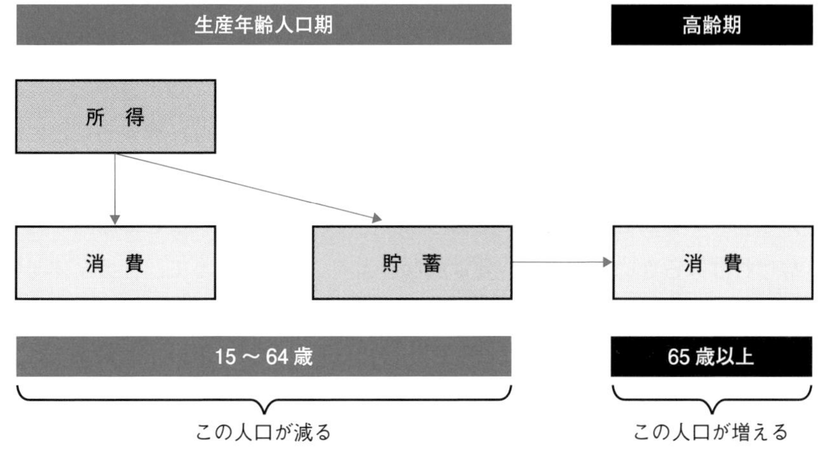

●垂直的公平性

ここで「垂直的公平性」に目を向けましょう。「垂直的公平性」とは，「異なる状況にある人は，課税という介入に関しても異なって扱うべき」というものですから，「異なる状況」をどのように判定するかということが重要になってきます。まず，担税力という税を負担する能力に応じて課税するということが求められます。しかし，この担税力を何によって判定するかという点については，大きく包括的所得課税という立場と，支出税という立場に分けられます。前者は賃金，利子，配当など様々な所得に着目して担税力を把握して課税を行うという立場です。これは戦後税制の基礎を作ったと言われる GHQ のシャウプ勧告（1949，50 年）がとった立場で，日本もこの立場に立った税制の構築を目指してきたと言われます。

一方後者は，たくさんの消費をする消費者は担税力があるだろうという考え方から，消費に着目して担税力を判定しようとする考え方です。しかし，これまでに所得税と消費税は同じ税と考えられるということを説明しました。この担税力を図る二つの立場の違いは，どこにあるのでしょうか。

ここでは，図 7.10 のように人間の消費パターンを単純化して考えます。人生を大きく生産年齢人口期と高齢期に分けます。そして生産年齢人口期に

は，働いてその対価としての所得を得て，そこから消費をするものとします。一方，高齢期には働くことができなくなります。ただ消費をしないわけにはいきません。このため，生産年齢人口期に稼得した所得を全て消費するのではなく，一部を貯蓄して高齢期の消費に備えます。子孫に残す遺産を考えなければ，生涯で獲得する所得額と，生涯を通じた消費額は一致することになります。このため，包括的所得税と支出税の立場は，どのタイミングで担税力を判断するかという相違に帰着します。ただ，その時代ごとに政府が行わなければならない仕事の量や質は異なります。それに従って，社会全体で負担しなければならないコストは異なってきます。今後高齢化に伴って増大するであろう財政負担を生産年齢人口の国民にしてもらうのか，高齢者も含めた国民全体で行うのかという仕組みの違いは，非常に重要な問題となってきます。

また垂直的公平性の確保にあたっては，「異なる状況にある人」を「どの程度異なって扱うべき」かということを社会として決めて，それを実行しなければなりません。「所得と比例した課税」を選択した場合には，所得税であろうと，消費税であろうとも同じ効果を及ぼす税制を比較的容易に設計することができます。しかし,「所得の上昇に合わせて累進的に税率も上がる」という「扱い方」を選択した場合には，どのようなことが起こるでしょうか。所得の場合には，課税のタイミングで担税力を把握することが比較的容易に行えます。しかし，我々が消費するタイミングで，我々の担税力を徴税者が判定して税率を変えることができるでしょうか。担税力が大きな人が消費しそうな財・サービスや，その逆の財・サービスの特定化はある程度できるかもしれませんが，基本的には難しそうですね。

これまでの説明と同様に，所得階層によって税率が変化しない所得税と，財・サービスによって税率が変化しない消費税は，同じ税制だととらえることができそうです。しかし，「その時代に必要な支出を誰が負担するのか」，「どの程度の垂直的公平性を確保するのか」などの観点から，所得によって担税力をとらえようとする立場から提案される税制と，支出によって担税力をとらえようとする立場から提案される税制は，実態上異なる結果をもたらすことになります。

●水平的公平性

最後にもう一つの公平性,「水平的公平性」についてみてみましょう。みなさんはクロヨンという言葉を聞いたことがないでしょうか。これは職業別に税務当局の所得捕捉率を表したものとされています。例えば給与所得者は,源泉徴収という勤務先での所得の受け渡しのときに税の徴収が行われる仕組みを採用しているため,所得の9割が補足されていると言われています。一方,自営業者は自分で申告したものを納税しますから,所得の6割程度,農家は所得の4割程度しか把握されていないと言われています。実態上同じ所得を得ていたとしても,捕捉される所得にこれほど大きな差がある場合には,納税額にも大きな差が生じます。

所得税や資産税については,水平的公平性を担保することが難しいとされています。一方消費税は,納税者の所得や資産の把握が必要なく,税が転嫁された価格を全ての消費者が支払っていますから,水平的公平性は担保しやすいとされています。

7.4　行動経済学からの示唆

●外部性とは

これまでの説明にあるとおり,物品税と呼ばれる個別の財・サービスに課税する税は,中立性の観点から好ましくないものとして扱われてきました。ただし,これには例外があります。財・サービスには,外部性と呼ばれる影響を与えるものが存在することが知られています。通常の取引では,第三者への影響は考えません。しかし,第三者に迷惑をかけたり,便益を与えたりする取引もあります。例えば何らかの財を生産する過程で公害が発生して,周辺住民に健康被害をもたらしている場合を考えましょう。この財の取引をする企業と消費者は,双方ともこの取引から利益を得ていますが,この取引の外側で第三者である周辺住民が損失を被っていることになります。このとき,第三者に与える影響を外部性と言い,正の外部性(便益が生じる場合)を外部経済,負の外部性(損失を与える場合)を外部不経済と呼びます。

図 7.11　外部性が発生している場合の市場

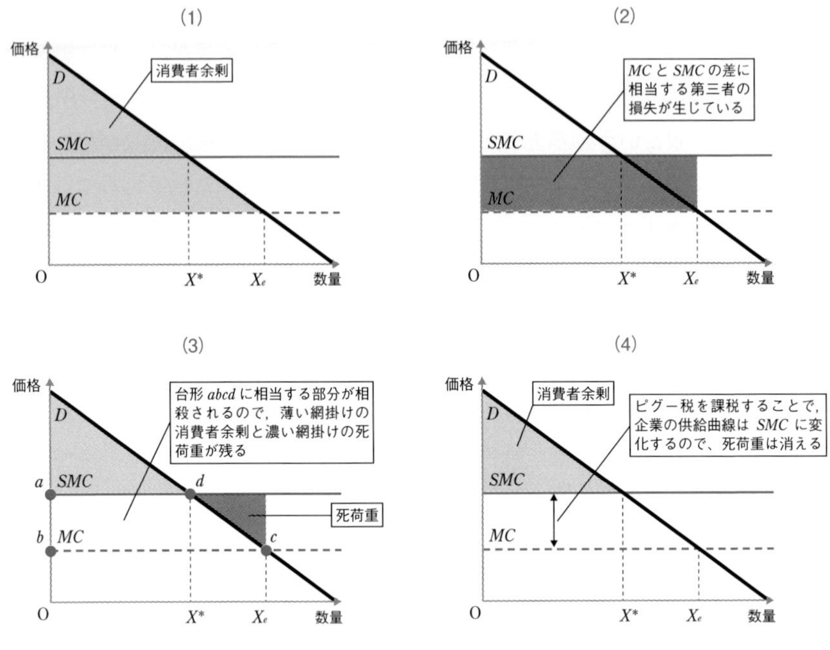

図 7.11 では財の生産に伴う公害が発生している場合の市場を描いています。まず図 7.11（1）をみてください。簡単化のために限界費用 MC は一定だとしています。この限界費用は，一単位の X を生産するのに企業が支払わなければならない追加的な労働，資本の費用で構成されているため，私的限界費用と呼ばれています。企業は私的限界費用以下の価格で財を売ろうとしませんから，この値はオファー価格（第 4 章参照）に等しく，私的限界費用曲線は供給曲線とみなすことができます。図 7.11（1）では，供給曲線である MC と需要曲線が交わる点で，均衡価格，均衡取引量 X_e が決定することが示されています。このとき，需要曲線と均衡価格の差に相当する消費者余剰が発生します。これを均衡取引量まで合計した薄い網掛け部分が，社会全体に発生した消費者余剰になります。供給曲線は一定ですから生産者余剰は発生していません。

しかし，労働，資本を使用しているという費用だけではなく，公害を発生させることで周辺住民にもたらしている健康被害という社会的なコストも考えなければなりません。この財を一単位生産するために周辺住民に発生する健康被害を，企業が支払わなければならない私的限界費用 MC に加えたものが，SMC として示されています。これは社会全体に発生している限界費用を表すものとして，社会的限界費用と呼ばれています。SMC と MC の間の距離が財一単位当たりの健康被害のコストですから，X_e の財の生産が行われた場合，図 7.11（1）に相当する消費者余剰が消費者に生じているだけではなく，図 7.11（2）の濃い灰色の網掛け部分で表された健康被害が発生していることになります。

この二つを加えてみましょう。図 7.11（3）に示されているように，台形 $abcd$ に相当する部分は，社会にとって便益である消費者余剰と健康被害というコストが相殺されていますので，残るのは薄い灰色の網掛けの消費者余剰と濃い灰色の網掛けの死荷重という結果になります。

このように外部性がある財やサービスについては，当事者の自由な取引に任せた場合には，図 7.11（3）に示されているような死荷重が生じてしまうことがわかります。このような社会にとっての損失を避けるために，ピグー税という税を企業に対して課税するという介入が行われることがあります。図 7.11（4）に示されているように，SMC と MC の差に相当する部分を課税した場合，企業は労働，資本の費用に加えてピグー税を支払わなければなりませんから，供給曲線は MC から SMC に変化します。この場合均衡取引量は X^* に減少しますので，死荷重はなくなります。

●非合理的な人間の消費

物品税などの個別の財・サービスへの課税は，このようなピグー税のような観点から支持される場合があります。これを行動経済学の観点から，非合理的な消費行動について解説します。消費行動の非合理性には以下のようなものがあるとされています。

【限られた注意】

消費者は，財やサービスの目立たない属性には注意が及ばない可能性があります。例えば，消費者は「住宅設備の省エネ性能によって，将来にわたってどの程度のコストが発生するか」や「カロリーの高い食品が将来にわたって自身の健康にどのような影響を及ぼすか」などについては，消費する時点では無視してしまう場合があります。

【不完全な自己管理】

第４章でも触れましたが，人々は現在得ることのできる100円と１年後に得られる100円を，どちらでもいいという人はまれでしょう。現在100円もらえずに１年後にもらえることになっていたら，その額に＋α円のプレミアムを要求する人がほとんどでしょう。このプレミアムの大きさが，現在の価値に比べて将来の価値をどれだけ低くみているかを測る尺度になります。この尺度を時間割引率と言います。割引率が高い人は現在を重要視する人で，割引率の低い人はその逆です。割引率の高い人は，現在便益が生じるものの，将来コストが生じる財・サービスを過剰に消費する傾向があります。例えば，おいしいが，生活習慣病をもたらす可能性の高い食料品などです。人々の割引率は驚くほど高いことが心理学実験などで確かめられています。

例えば，エネルギー効率の異なる電球の消費に関して，下記のような実験が行われました（Taubinsky et al., 2017）。この実験では，

① 被験者たちから，エネルギー効率の異なる電球に対する支払い意思額（どれだけ支払ってもいいと思っているか）を聞く。
② 被験者を二つのグループにランダムに分けて，一つのグループに対しては，その電球の耐用年数を通じたライフサイクルコストに関する情報（エネルギー効率のいい電球の方がコストを抑えられる）を与え，もう一つのグループに対してはそのような情報は与えない。
③ 両グループに二度目の支払い意思額を聞く。
④ ２度目の支払い意思額の差を計算する

ということを行っています。その結果，ライフサイクルコストに関する情報を与えたグループは，エネルギー効率性の高い電球に対する支払い意思額は30%上昇したとされています。

図 7.12　特定の財への課税をどう位置づけるか？

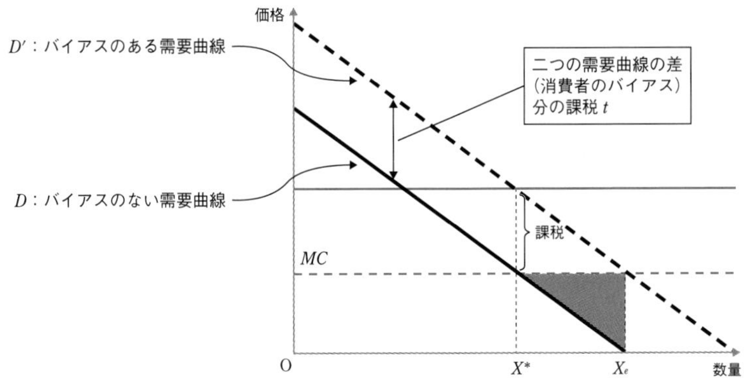

このように現実の消費者は，「注意を払う」という能力には限界があるため，詳細な財・サービスの情報をできるだけ集めて，現在及び将来の便益やコストも考慮に入れて消費を行うのは困難です。その場合，外部性のときのピグー税と同じように，誰かが介入することによって，その状態を改善することが可能になります。

図 7.12 には正しい情報に基づく，現在のみならず，将来の便益とコストも考慮に入れた場合に描ける需要曲線 D と，限定された情報及び将来の便益やコストを考慮できないために過大評価された需要曲線 D' が描かれています。例えばお酒やたばこについて，その消費が「今」，心を落ち着けたり，楽しい気分にさせてくれるものであったとしても，長期的に自分の健康に与える影響を十分考慮できない場合には，図 7.12 のような過大評価された需要曲線をもたらします（D'：バイアスのある需要曲線）。この場合，消費者自身は D' に沿って意思決定を行うため，市場で決定される取引量は X_e になります。全ての情報を反映した場合の真の消費者の需要曲線は D（バイアスのない需要曲線）ですから，余剰分析は需要曲線 D をもとに考えなければなりません。したがって，この状態では網掛けをした部分の死荷重が発生しています。ここで，二つの需要曲線の相違と同じだけの課税を行うことにより，均衡取引量は X^* に是正され，死荷重もなくなることとなります。

しかし，このような長期的に健康に悪影響をもたらすような財・サービス

（需要曲線が上方にシフト），例えばたばこのような嗜好品や甘味飲料などは，低所得層が消費する割合が高く，エネルギー効率性のいいLED電球のような財・サービス（需要曲線が下方にシフト）は高所得層が消費する割合が高いという事実が指摘されます。この場合，図7.12のように需要曲線が上方にシフトする財・サービスに課税し，下方にシフトする財・サービスに補助を行うという対応は，公平性という観点からは逆進的な効果をもたらすという指摘も行われています。それに対して，このような課税から得られる収入を，所得再分配に用いるという提案が行われることがあります。実際，米国の複数の都市では甘味嗜好品からの税収を，全ての子供を対象とする幼児教育に支出しています。

7.5　避けなければならないシナリオ，求められる対応

これまでに税の理論をみてきましたが，それを踏まえて税制の在り方を議論しましょう。まず日本はどのような税制を採用しているのでしょうか。

図7.13は，国民所得のどの程度の割合がどの税によって徴税されているのかを，国際比較したものです。ここからみてとれるのは，

・日本と米国は総じて租税負担率（国税及び地方税負担 / 国民所得）が総じて低く，ヨーロッパ諸国は租税負担率が高いこと（社会保障負担率も含めた国民負担率全体でみると，米国がかなり低く，日本と英国が同程度，大陸ヨーロッパ諸国が相対的に高い）（図7.13）。

・所得税と消費税の全負担に占めるウェイトをみると，米国は所得税の割合が高く，ヨーロッパ諸国は消費税の割合が高い傾向がみられること。日本の消費税はその中間に位置しているとみられること（図7.14）。

・税収の内訳をみると日本の法人税負担が高いこと（図7.14）。

などが特徴です。日本は1989年に消費税が導入されるまでは所得税を中心とした税体系が採用されてきました。しかし近年，消費税の税制に占める位置づけは非常に高いものとなっています。このような変化は何に基づくもの

図 7.13　租税負担率の内訳の国際比較

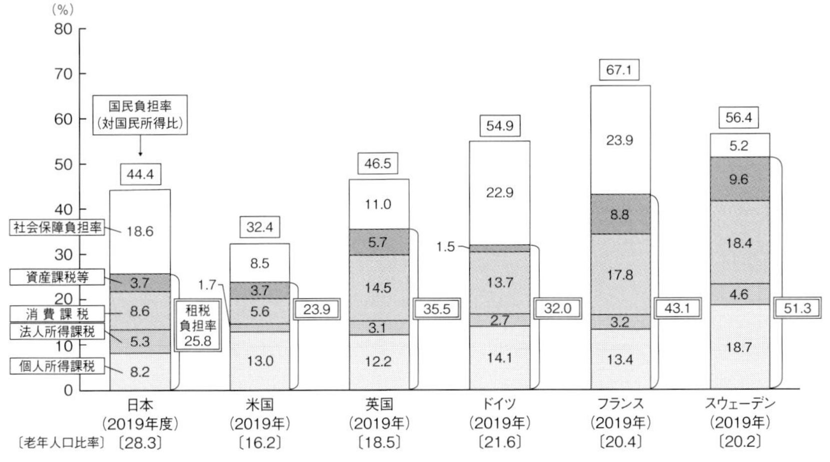

(注 1)　日本は令和元年度(2019 年度)実績，諸外国は，OECD "Revenue Statistics 1965-2020" 及び同 "National Accounts" による。
(注 2)　租税負担率は国税及び地方税の合計の数値である。また個人所得課税には資産性所得に対する課税を含む。
(注 3)　四捨五入の関係上，各項目の計数の和が合計値と一致しないことがある。
(注 4)　老年人口比率については，日本は総務省「人口推計（2019 年（令和元年）10 月 1 日現在（補間補正値））」，諸外国は国際連合 "World Population Prospects: The 2019 Revision Population Database" による。
(出所)　財務省資料「負担率に関する資料」(https://www.mof.go.jp/tax_policy/summary/condition/a04.htm）より。

でしょうか。

前にも説明しましたが，人口を生産年齢人口と高齢期の人口に分けますと，消費はどちらのグループでも行いますが，所得を稼得するのは生産年齢人口の国民が中心です。日本で現在，そして将来も少子高齢化が進むということは，生産年齢人口が減少し，高齢期の人口が増加することを意味します。つまり，所得税中心の税体系においては，高齢化に伴って増加する公共財・公共サービスの負担を，生産年齢期の人口に集中的に負担してもらうことを意味します。その場合，その負担をする生産年齢期の人々は，不公平感を感じるかもしれません。少子高齢化した社会でも同程度の公共サービスを提供するためには，生産年齢人口に対してより高い税率で課税する必要が生じます。ただ，社会に大きなコストをもたらす税率の上昇を抑えて，社会の一部の人に負担が生じることを抑えるためには，所得税を中心とした税体系は少子高齢化した社会にはそぐわないものになっている可能性が高いと考えられます。

図 7.14　諸外国における国民負担率に占める各税等のウェイト

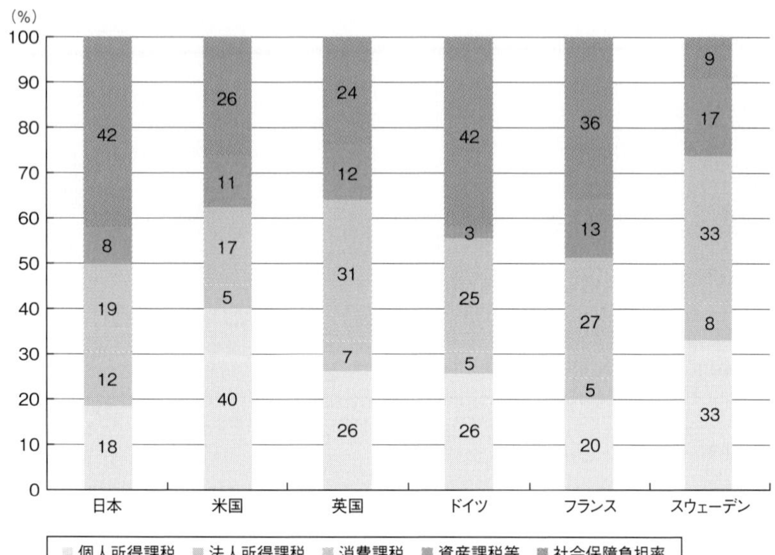

（出所）図 7.13 のデータより筆者作成。

これらのことから，日本は消費税の位置づけを高めてきており，その傾向は今後も続くものと考えられます。

しかし，消費税によって垂直的公平性を確保することがいかに困難であるかについては，今までみてきたとおりです。この垂直的公平性の確保が今の日本でどの程度確保されているかについてみてみましょう。所得税は，

所得税 ＝（所得 − 課税最低限）× 税率[1]

によって徴収されます。課税最低限とはそれ以下の所得では所得税が課されない所得を意味します。課税最低限が高いほど低所得者は税負担を行う必要がないため，課税最低限は垂直的公平性の確保において重要な役割を果たしています。図 7.15 は，課税最低限について国際比較したものです。一見，

[1] 課税最低限を超過した所得のクラスに応じて税率が設定される。

図 7.15　課税最低限の国際比較

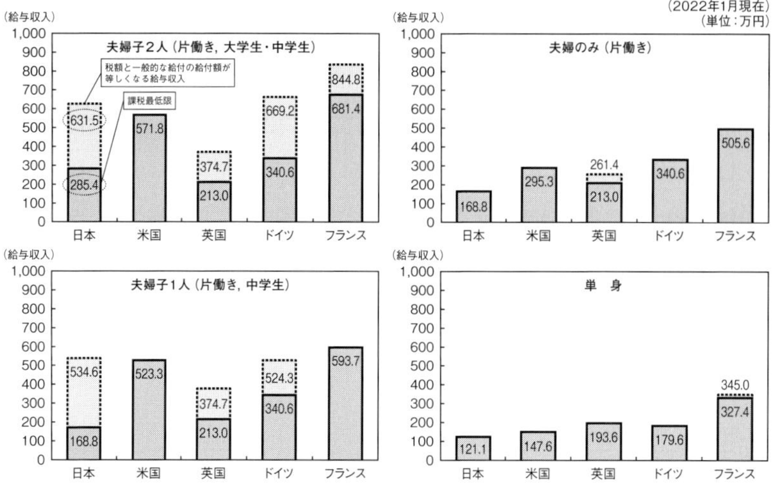

（注 1）　所得税額及び給付額の計算においては，統一的な国際比較を行う観点から，一定の家族構成や給与所得を前提として一般的に適用される控除や給付等を考慮している。
（注 2）　比較のため，モデルケースとして夫婦子 1 人の場合にはその子を 13 歳として，夫婦子 2 人の場合には第 1 子が就学中の 19 歳，第 2 子が 13 歳として計算している。
（注 3）　日本については，2013 年（平成 25 年）1 月からの復興特別所得税を加味していない。
（注 4）　米国の児童税額控除は所得税の税額控除として含まれており，また児童手当制度は設けられていない。英国の夫婦子 2 人及び夫婦子 1 人については，全額給付の児童税額控除・勤労税額控除及び児童手当を含めた場合の数字。なお，フランスの家族手当は子どもが 2 人以上いる場合に支給される。
（備考）　邦貨換算レート：1 ドル = 114 円，1 ポンド = 154 円，1 ユーロ = 130 円（基準外国為替相場及び裁定外国為替相場：令和 4 年（2022 年）1 月中適用）。なお，端数は四捨五入している。
（出所）　財務省資料「所得税など（個人所得課税）に関する資料」（https://www.mof.go.jp/tax_policy/summary/itn_comparison/j02.htm）より。

日本における課税最低限は低く抑えられているようにみえます。ただし，結婚をしていて子供がいるケースにおいて，一般的な給付措置を加味した際に税額が給付額と等しくなる（実質的に負担額が生じ始める）給与収入は，欧米諸国と比較して遜色がないとされています（左図）。しかし，子供のいない世帯の課税最低限は諸外国と比較して低くなっています（右図）。

図 7.16 は，日本の（課税最低限を超過した）所得階級別の税率を掲載しています。横軸に納税者の課税最低限を超えた所得（課税所得）が，縦軸には限界税率が描かれています。限界税率の意味について説明してみましょう。試しに，課税最低限を 194 万円超過した所得を得ている家計の所得が，2 万円増加した場合に税負担はどう変化するのでしょうか。

図 7.16　所得階級別の税率

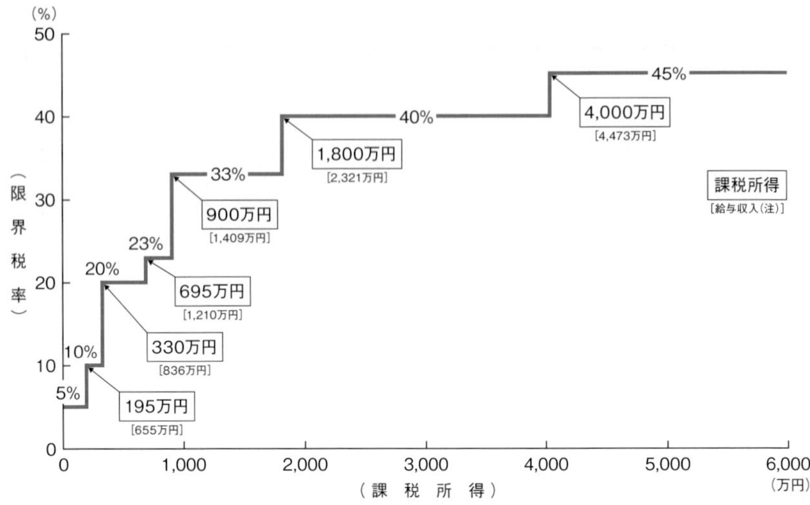

（注）夫婦子2人（片働き）の給与所得者で子のうち1人が特定扶養親族，1人が一般扶養親族に該当する場合の給与収入金額である。
（参考）最高税率の見直し（25年度改正）
（出所）財務省資料「税率・税負担等に関する資料」（https://www.mof.go.jp/tax_policy/summary/income/b02.htm）より。

所得増加前は，194 × 0.05 = 9.7 万円を負担しています。ここで，所得が 2 万円増加した場合，超過所得が 196 万円となるため，税率も 10% に上がって，196 × 0.1 = 19.6 万円の負担になるでしょうか。2 万円の所得の増加に伴って，税負担が 10 万円近く上がったのでは，誰も働いて所得を上げようなどと思わなくなりますよね。実際の税負担は（195 × 0.05）+（(196 − 195）× 0.1）= 9.75 + 0.1 = 9.85 万円となりますが，いずれにしてもこのように所得が上昇すると，税率が変化する境目を超過した分についてだけ，上昇した税率が適用されることになります。このようにして，累進税率が労働の意欲に与える影響を軽減しています。

この累進税率の上がり方を国際比較すると，日本の上がり方は比較的緩やかな部類に入るとされています。この累進税率の上がり方は社会としてどのような公平性を確保しようとするかという，いわば価値観の選択にかかるものですから，第 3 章でみたように近年の所得格差の状況等を勘案すれば何らかの見直しが求められるのではないでしょうか。

◆ 練習問題

問 7.1　ある財に単位当たり t の物品税の課税が行われたとします。この t は誰が負担することになるのでしょうか。最も適切な記述を以下から選択してください。

① 税法で誰に課税するのか決められたところに従って，売り手または買い手が負担する
② その財の価格弾力性に従って，売り手と買い手が負担する
③ 担税力に従って売り手と買い手が負担する
④ 社会全体が死荷重として負担する

問 7.2　課税されることで，その税収分を誰かが負担する以外に，社会全体に死荷重というコストが発生します。物品税を例にとった場合，どのような場合にその死荷重は大きくなるのでしょうか。適当なものを全て，以下から選択してください。

① 課税額が大きい場合
② その財の所得弾力性が低い場合
③ その財の価格弾力性が低い場合
④ その財の価格弾力性が高い場合

問 7.3　所得税の中立性について述べた記述として，最も適当なものを以下から選択してください。

① 所得税は財・サービスの相対価格を変化させないため資源配分について効率的な税である
② 所得税は余暇と財・サービスの相対価格を変化させるために中立的な税とは言えない
③ 所得税は納税者の担税力を考慮した課税が可能なため中立的な税と言える
④ 所得税は一括税よりも現実的であるため中立的な税と言える

問 7.4　少子高齢化が進むなど人口構造が変わる中で，重要性を増すと考えられている税は何か。最も適当なものを以下から選択してください。

① 物品税
② 所得税
③ 消費税
④ 一括税

補論　ラムゼイルール

様々な財・サービスに対して異なる税率を課税できるとしたときに，理論的にどのような税制が好ましいと考えられているかを考えていきましょう。これまで説明してきた税が社会にもたらすコスト（死荷重）をできるだけ少なくするためには，どのような基準で税制を構築すべきかを説明します。

二つの財（財 i，財 j）に対して異なる税率を適用できるものとしましょう。税率を低くすれば，社会に対する負担は少なくなります。しかし，その分税収は低下しますから，同程度の公共財や公共サービスを供給することができなくなります。つまり，好ましい税率を決定するためには，以下の二つの基準があると考えることができます。

① 税収（同じ社会的余剰でも多くの税収が挙げられる方が好ましい）

② 社会的余剰（同じ税収なら多くの社会的余剰が得られる方が好ましい）

ここでは②の基準によって，「二つの財への税から徴収される税収を一定とするときに」，「二財の消費から得られる社会的余剰を最大にするように」，二つの財への税率を決定するのはどうしたらよいかということを考えていきます。

図 7.17 に財 i，財 j の需要曲線を描いています。供給曲線は簡単化のため，限界費用が一定（$c_i = c_j$）のものとしています。このような二財の供給者に対して，t_i，t_j というそれぞれ異なる税率を課したものとしましょう。この場合，財 i 市場，財 j 市場の均衡点は，E_{i1} と E_{j2} となります。その場合の税収 R は，

$$R = b + c + h + j \quad (1)$$

[2]

となります。もし，この税構造が最適であれば，これらの税率からどのように税率を変更したとしても，税収が一定にとどまる限り，二つの市場で得られる社会的余剰の和はこれ以上大きくならないことになります。逆に言えば，税収を一定にしながら，もっと大きな社会的余剰を生み出すことのできる，別の税率の組み合わせがあるのであれば，元の組み合わせは最適ではないことになります。

以下においては，「t_i，t_j という税率を変化させても（1）式で示される税収が変化しない」という条件の下で，「社会的余剰が変わらない」のはどういう条件が成立している場合かを解説します。「社会的余剰が変わらない」のは，それが最適な税率になっているからです。

ここで，t_i，t_j という税率をそれぞれ $-\Delta t_i$，Δt_j だけ変化させたものとしましょう。そのとき，均衡点は $E_{i1} \to E_{i2}$，$E_{j2} \to E_{j1}$ に変化し，財 i 市場，財 j 市場から徴税できる税収はそれぞれ表 7.1 のように整理することができます。

財 i 市場，財 j 市場の税率変化後の税収は

---

[2] 右辺のアルファベットは図のアルファベットの領域の面積です。

図 7.17　二つの財に異なる税率を課税する影響

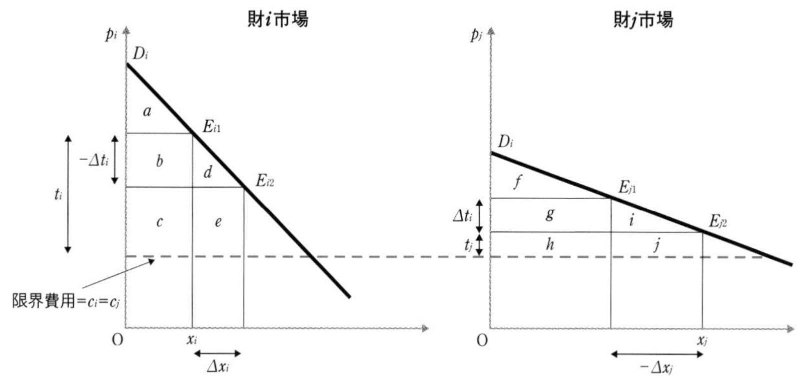

表 7.1　税率の変更による税収，社会的余剰の変化

	税率変更前（ti, tj）		税率変更後（ti−Δti, tj+Δtj）	
	税収	社会的余剰	税収	社会的余剰
財 i 市場	$b+c$	a	$c+e$	$a+b+(d)$
財 j 市場	$h+j$	$f+g+(i)$	$g+h$	f

$$R = c + e + g + h \quad (2)$$

と表すことができて，税率を変化させても税収は等しくなければなりませんから，（1）と（2）から

$$g - j + e - b = 0 \quad (3)$$

が成立します。

次に，元の税率で社会的余剰が最大であれば，微小な税率の変化による余剰の変化は0になるはずです。では，余剰の変化が0になる条件を探りましょう。ここ微小な税率の変化とは，$-\Delta t_i$ と Δt_j がともに限りなく0に近づくことを意味します。したがって，図 7.17 の微小部分面積 d, i[3] を無視することができます。すると表 7.1 から，財 i 市場と財 j 市場の余剰の変化を合計したものは $b+d-(g+i)=b-g$

3　Δt（限りなく0に近い変化）×Δx（限りなく0に近い変化）÷2 は，無視してもいいと考えます。

となり，余剰の変化を 0 とすると

$$b - g = 0 \tag{4}$$

（3）に（4）を代入すると

$$e - j = 0 \tag{4)'$$

が成立します。

つまり税率を変化させても「税収が変わらない」という条件の下，「余剰も変化しない」場合には（4）と（4)′ が成立します。これだけでは意味がわかりませんよね。このため（4）と（4)′ を縦軸の価格と横軸の数量で表現し直します。

$$\begin{aligned}
b &= \Delta t_i \times x_j \\
g &= \Delta t_j \times (x_j - \Delta x_j) \fallingdotseq \Delta t_j \times x_i \\
e &= (t_j - \Delta t_i) \times \Delta x_i \fallingdotseq t_i \times \Delta x_i \\
j &= t_j \times \Delta x_j
\end{aligned}$$

となりますから，（4）は

$$\Delta t_j \times x_j = \Delta t_i \times x_i \tag{5}$$

に，（4)′ は

$$t_j \times \Delta x_j = t_i \times \Delta x_i \tag{5)'$$

と書き直すことができます。(5)′ の両辺を（5）の両辺で割ると，

$$\frac{t_i \times \Delta x_i}{\Delta t_i \times x_i} = \frac{t_j \times \Delta x_j}{\Delta t_j \times x_j} \tag{6}$$

が成立します。$\Delta t_i = \Delta p_i$, $\Delta t_j = \Delta p_j$ に置き換えると

$$\frac{t_i \times \Delta x_i}{\Delta p_i \times x_i} = \frac{t_j \times \Delta x_j}{\Delta p_j \times x_j} \tag{6)'$$

となり，両辺に $\frac{p_j}{p_i}$ を乗じると，

$$\frac{t_i \times \Delta x_i \times p_j}{\Delta p_i \times x_i \times p_i} = \frac{t_j \times \Delta x_j \times p_j}{\Delta p_j \times x_j \times p_i} \tag{6)''$$

となります。これは以下のように変形できます。

$$\frac{t_i/p_i}{t_j/p_j} = \frac{\dfrac{\Delta x_j/x_j}{\Delta p_j/p_j}}{\dfrac{\Delta x_i/x_i}{\Delta p_i/p_i}} = \frac{1\Big/\dfrac{\Delta x_i/x_i}{\Delta p_i/p_i}}{1\Big/\dfrac{\Delta x_j/x_j}{\Delta p_j/p_j}} \tag{6)'''$$

(6)''' 式はラムゼイルールと呼ばれる最適な税構造の条件，逆弾力性の命題と呼ばれるものです。左辺は財 i と財 j の税率の比を示しています。右辺は，財 i と財 j の需要の価格弾力性の逆数の比を示しています。(6)''' を満たす税率を設定することで，社会的余剰が最大になることを示しています。つまり価格弾力性が小さい財には高い税率を，価格弾力性が大きい財には低い税率を割り当てることで社会的余剰が最大になることが示唆されています。

このことは第 1 節で行った，価格弾力性が高い財に課税をした場合に死荷重が大きいという説明と整合的です。つまり，課税によって相対価格が変化した場合に，それがもたらす消費者や企業の反応が大きいほど，財，サービスの必要性やコストを反映した，あるべき姿から大きく乖離することになるため，資源配分の観点からは好ましくないということになります。第 2 節で説明したように，税は一括税を除けば，必ず財，サービスの相対価格を変化させてしまいます。そうであれば，需要の価格弾力性の逆数に比例した税率で課税することが好ましいということになります。

しかし，これは必需品には高い税率を，ぜいたく品には低い税率を課税するということを暗に意味しており，みなさんの「あるべき税制」の直感とはかなり違った結論かもしれません。それは所得分配上の問題と資源配分上の問題を切り離して考えなければならないという，重要な視点を提供しています。

第8章
公　債

日本政府はGDP比でみて，突出した水準の公的債務を抱えています。この章では，この現実にどのように向き合えばいいのかを議論します。最初に伝統的な理論に基づき，なぜ公債という財源調達手段が許容されているのかを解説します。日本の公債残高の多さに不安を覚えている方も多いのではないでしょうか。どこまで国債の発行が許容されるのかについて，プライマリーバランスという概念を用いて解説します。そのあと，財政赤字の問題点を議論します。特に負担の将来世代に対する先送りという問題について，リカードの中立命題という考え方を紹介します。さらに，行動経済学の知見を踏まえて，公債に対する向き合い方を一緒に考えていきます。

8.1　公債の理論

この章では，税と並ぶ政府の大きな資金調達手段である公債について解説します。図8.1には主要国の債務残高のGDP比が描かれています。明らかに日本の債務残高比率は突出しています。家計に例えれば，収入に比べてその家計が抱えている借金の残高が多いことをイメージさせます。直感的に大丈夫だろうかという心配な気持ちにならないでしょうか。

この節では公債に関する制度と，どのような場合に公債を発行してもいいと考えられるのか，どのような場合に公債を発行をするべきではないのかについて最初に考えていきます。何らかの必要性があるとしても，これだけ公債を多く発行している状態を，我々はどう受け止めるべきなのかについても

図 8.1　主な国の債務残高（対 GDP 比）

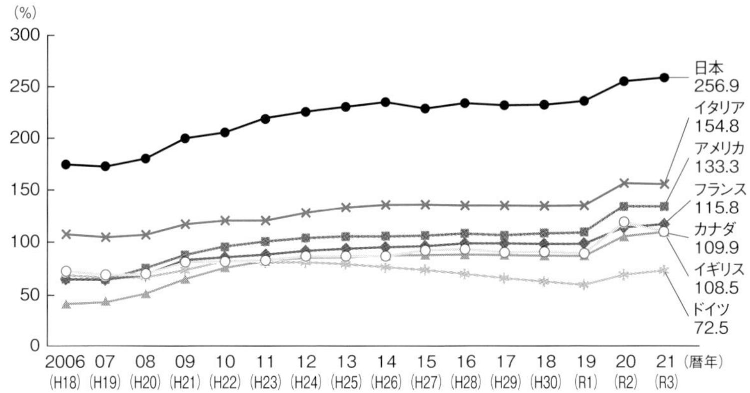

（原典）IMF "World Economic Outlook"（2021 年 10 月）
（注 1）数値は一般政府（中央政府，地方政府，社会保障基金を合わせたもの）ベース。
（注 2）日本は 2020 年及び 2021 年，それ以外の国々は 2021 年が推計値。なお，2022 年については，日本：252.3%，米国：130.7%，英国：107.1%，ドイツ：69.8%，フランス：113.5%，イタリア：150.4%，カナダ：103.9% と推計されている。日本について令和 3 年度補正予算及び令和 4 年度予算によって見込まれる債務残高の増加が反映されていないことに留意が必要。
（出所）財務省「これからの日本のために財政を考える」（https://www.mof.go.jp/policy/budget/fiscal_condition/related_data/202204_kanryaku.pdf）より。

考えてみましょう。

●公債を発行する理由

世代間の便益と負担の調整　日本政府が公債を発行することは，制度としてどのように扱われてきたのでしょうか。財政制度の根幹を定めている財政法では，第 4 条で「建設国債」と呼ばれる国債の発行のみを認めています。建設国債とは典型的には，公共事業による社会資本整備の財源調達のためのものです。私たちの身近なもので例えると，住宅という資産が残っているという意味で，住宅ローンに相当するものと考えることができるかもしれません。

一方，財政法では赤字国債の発行を認めていません。つまり，ローンで調達したお金を用いて消費を行うことはできません。これは私たちが行うローンでは，消費者金融に相当すると考えてもいいかもしれません。それなのに，日本政府は赤字国債を発行し続けています。なぜそんなことが可能なので

図 8.2　社会資本整備の財源調達

0 期　　　1 期

（社会資本整備に必要な財源 100 を全て 0 期の増税で調達した場合）

現役世代（0 期）			
便益	税負担	公債発行	便益－負担
50	-100	(0)	-50

将来世代（1 期）			
便益	税負担		便益－負担
50	0		50

（社会資本整備に必要な財源 100 を 0 期の 50 の増税と 50 の公債発行で調達した場合）

現役世代（0 期）			
便益	税負担	公債発行	便益－負担
50	-50	(50)	0

将来世代（1 期）			
便益	税負担		便益－負担
50	-50		0

しょうか。法律で定められたルールを変更するためには，特別なルールを法律という形で定め直す必要があります。このため，日本政府は毎年赤字国債を発行するために，特例法を定めて財政法第４条にかかわらず赤字国債で財源を調達できるようにしています。

まず，財政法第４条は，建設国債の発行をなぜ許容してきたのかを考えてみましょう。国債で財源調達をした方がいいケースは，大きく二つあると考えられています。

① 便益が中長期にわたるものの財源を調達する場合（世代間負担の公平性の確保）

② 何らかのショックへの対応のための財源を調達する場合（租税負担の平準化）

それではまず①を説明しましょう。図 8.2 には，0 期に社会資本を整備したケースについて，その費用 100 を全て増税で賄ったケース（上図）と，その費用の一部を公債で負担して，その返済は 1 期に行うケース（下図）が描かれています。この社会資本がもたらす便益は 0 期，1 期とも 50 であるとしましょう。利子率は無視します。

この場合，上の図に描かれた社会資本の負担を全て 0 期の国民への増税で賄った場合には，0 期の住民の便益は 50 － 100 ＝－ 50 となってしまい

図 8.3　減税の財源調達

0 期　　　　1 期

（0 期の減税に必要な財源 100 を全て 0 期の増税で調達した場合）

現役世代（0 期）				将来世代（1 期）			
便益	税負担	公債発行	便益－負担	便益	税負担		便益－負担
100 ←	-100	(0)	0	0	0		0

（0 期の減税に必要な財源 100 を 0 期の 50 の増税と 50 の公債発行で調達した場合）

現役世代（0 期）				将来世代（1 期）			
便益	税負担	公債発行	便益－負担	便益	税負担		便益－負担
100	-50	(50)	50	0	-50		-50

ます。それに対して，1 期の国民は何も負担しないため，タダで 50 の便益を受けることになります。つまり世代間に大きな不公平が発生することになります。一方，下図のように，100 のコストのうち 50 を 0 期の国民への増税で，残りを公債で賄って，1 期の住民への 50 の増税でこの公債の返済を行った場合，0 期，1 期の国民の便益は 50 − 50 ＝ 0 で，どちらの世代も便益と負担が釣り合っています。

図 8.3 には，インフレ対策などを名目に 0 期世代に 100 の規模の減税を行って，それによって増えた所得をもって 0 期世代が消費を増やした場合を描いています。上の図では，その財源を 0 期世代の増税で賄った場合が描かれています。0 期世代は 100 − 100 ＝ 0 で発生した便益と負担が釣り合っています。1 期世代に対して政府は何もしていませんし，追加的な負担も求めていません。つまり，このケースにおいては世代間の不公平は発生していません。

しかし，この減税の財源の一部を公債で賄ったケースではどうでしょうか（下図）。この場合，0 期の世代は 50 の税負担しかしていないため，100 − 50 ＝ 50 の便益を受けることになります。1 期の世代は何ら追加的な便益を受けることがない一方で，公債返済のために増税されますから，この世代の便益は − 50 になります。このケースにおいては，世代間の不公平が発

図 8.4　ショックが起きた場合の税負担

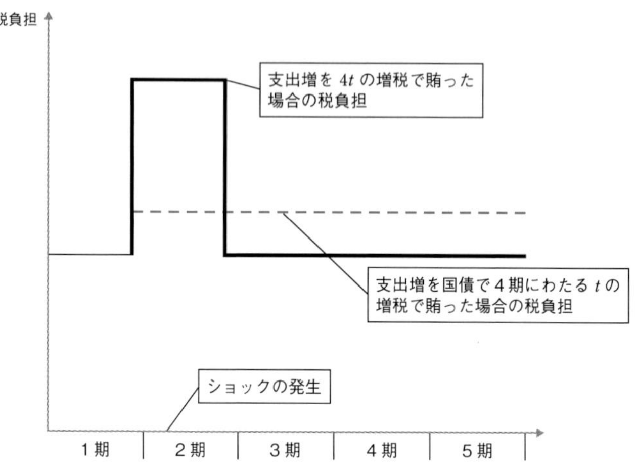

生することになります。

このような世代間の負担調整の観点から，財政法第４条で社会資本整備のための建設国債は許容され，消費のための赤字国債は許容されていないものと考えられます。

租税負担の平準化　次に②の理由ですが，第５章，第６章でも触れてきましたので，簡単に解説します。地震などの大災害，コロナウイルスによるパンデミック，非常に大きな景気後退など事前に予想できなかったショックが日本経済を襲って，大きな財政負担を強いられるようなケースを考えてみましょう。

図 8.4 には横軸に時間，縦軸に国民の税負担が描かれています。ここで，第２期に何らかのショックがあって，政府の支出が大きく膨らむものとしましょう。しかし，３期以降は大きな政府支出を行う必要はなくなります。このとき，２期の政府支出の増大をどうやって財源調達すればいいでしょうか。一つの選択肢は２期に必要な支出を２期の増税で賄うという方法です。この場合２期に $4t$ の何らかの財への増税を行うことで，必要な財源を調達できるものとしましょう。３期以降には税の水準は元に戻します。

もう一つの選択肢は，政府の支出の財源調達に使われる増税の規模を平準

図 8.5　増税の規模による死荷重の大きさ

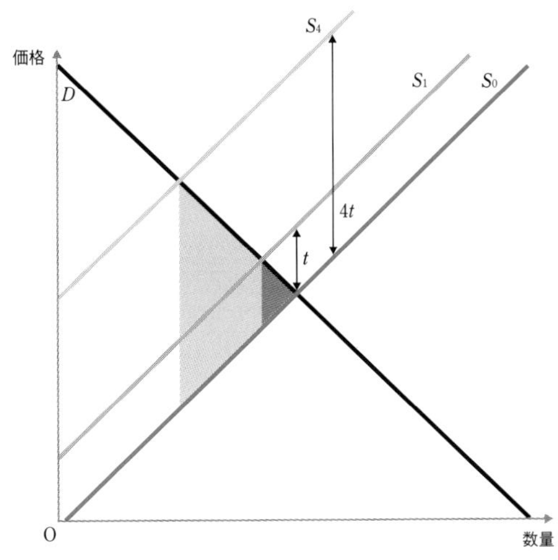

化するというものです。つまり，２期に生じた支出増の一部は同じ期の増税（t）で賄いますが，残りは国債で賄って，３期以降も元の税率には戻さずに，規模の小さな増税（t）を継続することで公債の償還をしていくのです。公債を用いることで，税負担の変化をなだらかなものにすることができます。

しかし，なぜ税負担の増大をなだらかなものにする必要があるのでしょうか。図 8.5 をみてください。前の章で解説したある財の供給者に対する増税を行った場合の，社会全体への負担（死荷重）が描かれています。最初は S_0 の供給曲線でその財が供給されているときに，t の課税が行われることで，供給曲線が S_1 にシフトした場合，社会全体が負担しなければならない死荷重は濃い灰色の網掛けのしてある三角形で示されています。その増税の規模が４倍の $4t$ だとしたら，供給曲線は S_4 にシフトし，死荷重は薄い灰色の網掛けのしてある三角形に変化します。この三角形の面積は，底辺も高さも４倍になっていますから，面積は４の２乗倍になっています。つまり，増税による死荷重は累乗分大きくなりますので，増税の規模はできるだけ小さなものであることが望ましいのです。つまり，公債には異時点間の税率や税収をなるべく一定にする，クッションとしての役割があることになります。

●どの程度の大きさまでなら公債を発行できるのか？

日本が抱える公債の規模　　これまでみたように公債は単なる借金ではなく，それによって財源を調達することの積極的な理由があることがわかりました。しかし，図 8.1 でみたように日本の公債の発行残高は他の先進国と比較して飛びぬけて高い状況にあります。

ここでは理解しやすいように，国の歳出，歳入を家計に例えて考えてみましょう（図 8.6）。税収等を家計の給与（月収）だと考えて，全ての年次について一律「40 万円」まで圧縮します。その圧縮比率で，国の歳出予算の全てを圧縮します。

まず圧縮した国債費を「ローン元利払い」として，給与から差し引いたものを，ここでは「可処分所得」として位置づけましょう。一方，社会保障，公共事業，文教及び科学振興，防衛など，国自身の意思に基づく政策に要する経費は，「家計費」として位置づけます。交付税交付金は，国が自由に使えるものではありませんから「故郷への仕送り」として位置づけています。「家計費」と「故郷への仕送り」が可処分所得を上回った分が，新たな借金になります。国の会計でいえば公債金収入です。この新たな借金はこれまでのローン残高に新たに加えられることになります。

このような形で，国の財政状況を図 8.6 のように家計に例えると，1975 年と 1990 年に比べて 2005 年の状況は著しく悪化していることがわかります。つまり，給料は 40 万円のままですが，過去のローンの返済額が給与の 40％にも上り，家計費と故郷への仕送りは可処分所得以上に支出をしているために，給与の 60％程度の借金を毎月行っています。このような家計の運営（財政運営）が図 8.1 のような膨大な借り入れ残高につながっています。

このような説明を受けると，いくらなんでも無茶苦茶ではないかという気がしてくるのではないでしょうか。このような家計に対しては誰もお金を貸してくれる人はいないでしょう。そうであれば，借金をすることができなくなるため，この家計はほどなくして破綻するしかなくなります。以前は，政府もこのように国の財政を家計に例えて説明をしてきました。しかし，今はそのような説明はあまりみかけません。なぜでしょうか。家計の借金と国の国債とは大きく異なる部分があるからです。

図 8.6　政府の財政状態を家計に例えた場合

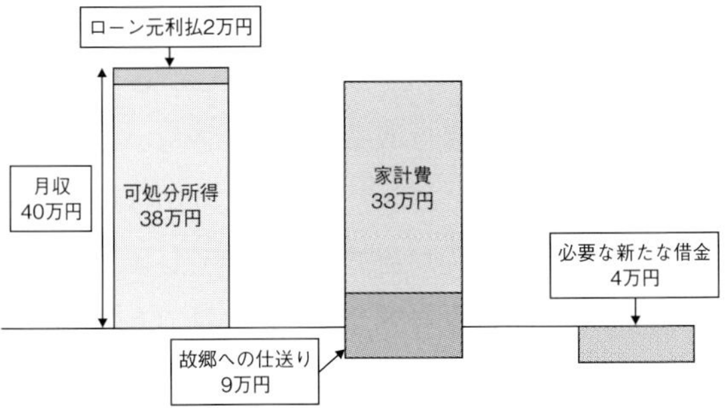

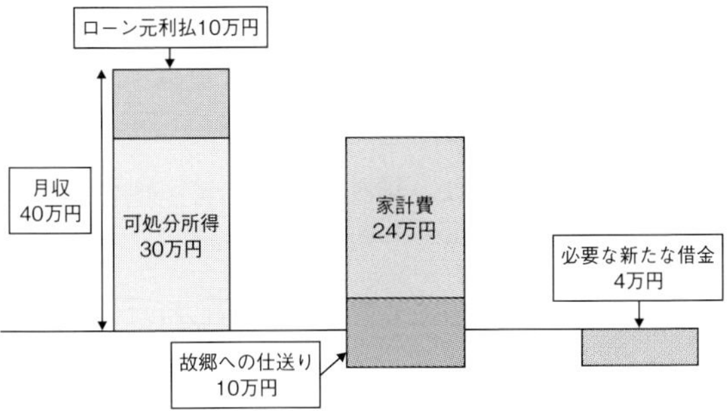

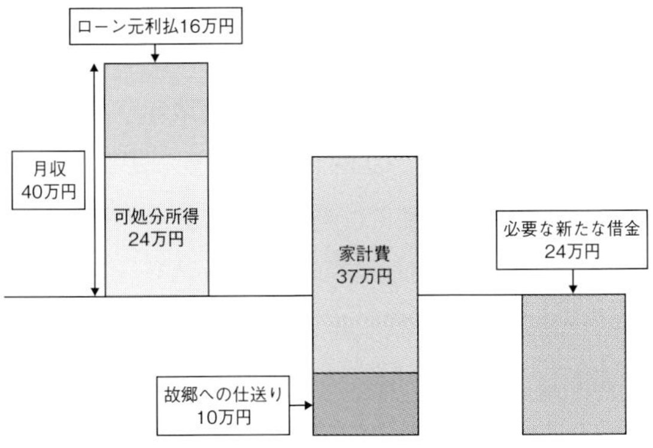

（注 1）　一般会計当初予算
（注 2）　誤差により家計の歳入と歳出の合計は一致しない。
（出所）　財務省資料「統計表一覧」（https://www.mof.go.jp/policy/budget/reference/statistics/data.htm）より筆者作成。

政府について解説する前に，なぜこのような家計にお金を貸してくれる人がいないのかを考えてみましょう。「お金を貸さない」という判断は，「返済能力がない」という根拠に基づきます。図 8.6 のような家計は借金を返す手段は，40 万円という給与しかありません。しかもその給与は働ける期間，少なくとも生きている間しか受け取ることができないのですから，図 8.6 の 2005 年度のような状況では「どう考えてもこれからお金を貸しても返ってこないのではないか」と思うのが自然ではないでしょうか。誰もがそう思って，この家計は借り入れで資金を調達することはできなくなります。

プライマリーバランス　では，政府ではどうなのでしょうか。最も大きな違いは「政府は死なない」ということでしょう。家計は，借金を返すために借り換えを行うのは，それほど簡単にできることではありません。先ほど述べたように，働ける期間や生きている期間が有限で，借りたお金を返せなくなる期限はすぐに来てしまうからです。しかし，政府は期限にしばられることなく「返さなければならない額を」徴税して，借金を返済する財源を生み出すことができます。

そんな政府でも「借金を返してくれないかもしれない」と，金融機関や市場が思うときはないのでしょうか。一般に市場の信認は，その国の究極の返済能力を示す GDP と債務残高の比率によって決まるとされています。つまり，多額の公債を発行しても，GDP との相対的な規模で安定していればよいということになります。しかし，債務残高 /GDP は事後的には判明するものの，予算編成過程でフローの数値である財政赤字の有無や大きさが，ストックの数値である債務残高 /GDP にどのような影響を与えるかを判定することは，それほど簡単なことではありません。

このために用いられる指標が，プライマリーバランスと呼ばれるものです。プライマリーバランスとは，「税収等－元利払い費を除く歳出（以下，「一般歳出」と言います）」を指し，財政の持続可能性を判断する重要な指標とされています。図 8.7 には，真ん中にこのプライマリーバランスが 0 の状態が描かれています。この状態は，過去の借金の元利払い以外の歳出は新たな借金に頼らない状態であり，プライマリーバランス均衡と呼ばれます。一方図 8.7 の左側にはこの数値が負になる状態が，右側には正になる状態が描かれ

図 8.7 プライマリーバランスとは

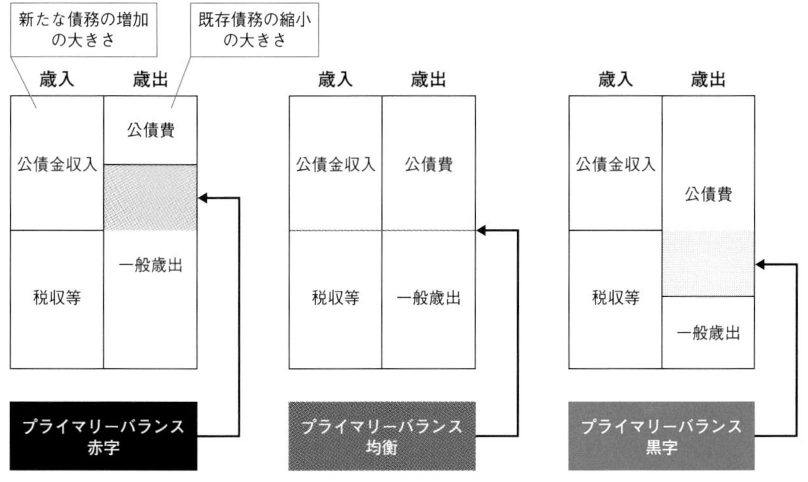

ています。それぞれプライマリーバランス赤字，プライマリーバランス黒字と呼ばれます。

それでは，試しに 2022 年度予算のプライマリーバランスを計算してみましょう。税収等＝一般会計歳入総額－公債金＝ 107.6 兆円－ 36.9 兆円＝ 70.7 兆円で，一般歳出＝一般会計歳出総額－国債費＝ 107.6 兆円－ 24.3 兆円＝ 83.3 兆円ですから，その差であるプライマリーバランスは，－ 12.6 兆円のプライマリーバランス赤字となります。

［公債残高の GDP 比の安定性］

i　数値例

なぜこのプライマリーバランスが，長期的な財政の持続性を示す重要な指標と考えられているのでしょう。以下では数値例を使ってみてみましょう。

昨年の GDP が 1,000，公債残高が 1,000，利子率が 5%，経済成長率が 5%の経済を取り上げましょう。政府に入ってくる税収等が毎年 100 で，今年の一般歳出が 100 のとき，

「税収等（100）」－「一般歳出（100）」＝ 0

となります。つまり，この状態はプライマリーバランス均衡の状態にあることになります。

図 8.7 から公債残高を今年の予算が減らすのか，増やすのかは，「税収等」－「一般歳出」によって決まることがわかると思います。ここで，今年度末の公債残高は，

今年度末の公債残高

＝去年の公債残高＋去年の公債残高の利子分＋今年の一般歳出－今年の税収等

$= 1{,}000 + 0.05 \times 1{,}000 + 100 - 100 = 1{,}050$

となります。このとき，公債残高の GDP 比率はどのように変化するでしょうか。

$$\text{昨年度末の公債残高の GDP 比率} = \frac{1{,}000}{1{,}000} = 1$$

でした。今年度の公債残高の GDP 比は，GDP が 5％で成長しているため $1{,}000 \times (1 + 0.05) = 1{,}050$ であることを考慮すれば，

$$\text{今年度末の公債残高の GDP 比率} = \frac{1{,}050}{1{,}000 \times (1 + 0.05)} = 1$$

となり，プライマリーバランス均衡が達成されている状態では公債残高の GDP は一定の値で落ち着いています。

一方，一般支出が 50 のときにはどうでしょうか。

「税収等（100）」－「一般歳出（50）」＝ 50

であるため，プライマリーバランス黒字の状態にあります。この場合，

$$\text{今年度末の公債残高} = 1{,}000 + 0.05 \times 1{,}000 + 50 - 100 = 1{,}000$$

となります。公債残高の GDP 比率は，

$$\text{昨年度末の公債残高の GDP 比率} = \frac{1{,}000}{1{,}000} > \text{今年度末の公債残高の GDP 比率} = \frac{1{,}000}{1{,}000 \times (1 + 0.05)}$$

となり，プライマリーバランス黒字が達成されている状態では公債残高のGDP比率は低下することになります。

一般歳出が150のときにはどうでしょう。

「税収等（100）」－「一般歳出（150）」＝－50

であるため，プライマリーバランス赤字の状態にあります。この場合，

今年度末の公債残高＝1,000＋0.05×1,000＋150－100＝1,100

となるため，公債残高のGDP比率は，

$$\text{昨年度末の公債残高の GDP 比率} = \frac{1{,}000}{1{,}000} < \text{今年度末の公債残高の GDP 比率} = \frac{1{,}100}{1{,}000 \times (1+0.05)}$$

となり，プライマリーバランス赤字の状態では公債残高のGDP比率は上昇することになります。

つまりこの数値例では，プライマリーバランス均衡，プライマリーバランス黒字の財政運営が行われた場合は，これまでに説明した「公債残高のGDP比率が安定的に推移する」ため，政府の公債の返済能力に関して市場が疑いを持つ状態には陥らないことが予想されます。一方，プライマリーバランス赤字の状態が続く場合には，「公債残高のGDP比率が上昇し続ける」ため，市場が政府の返済能力に疑義を持ち始める可能性があることを示しています。

ただし，次に説明しますが，この数値例の結果は，利子率と経済成長率が一致している前提が非常に重要な役割を果たしています。

ii　経済状況によるプライマリーバランスの意味

これまでに，各年度の財政運営状態を示すプライマリーバランスと，その財政運営がもたらす公債残高のGDP比率の変化の関係について，説明してきました。しかし，今までの説明は，たまたま与えられた数値に対応しているだけかもしれません。数値例でやってきたことを，もっと一般化してみましょう。D_tをt期末の債務残高，G_tをt期の一般歳出，T_tをt期の税収等，

rを利子率とします。その場合，数値例で示した今年度末の公債残高は，以下のように表すことができます。

$$D_t = (1 + r)\ D_{t\text{-}1} + (G_t - T_t) \qquad (1)$$

（1）式の両辺をt期のGDPを示すY_tで割って変形すると，

$$\begin{aligned} D_t/Y_t &= (1 + r)\ D_{t\text{-}1}/Y_t + (G_t - T_t)\ /Y_t \\ &= (1 + r)\ (Y_{t\text{-}1}/Y_t)\ (D_{t\text{-}1}/Y_{t\text{-}1}) + (G_t - T_t)\ /Y_t \qquad (2) \end{aligned}$$

と表すことができます。ここでGDP成長率をgとすると，$Y_{t\text{-}1}/Y_t = 1/(1 + g)$となりますので，（2）式は以下のようになります。

$$\begin{aligned} D_t/Y_t &= (1 + r)\ (Y_{t\text{-}1}/Y_t)\ (D_{t\text{-}1}/Y_{t\text{-}1}) + (G_t - T_t)\ /Y_t \\ &= \{(1 + r)\ /\ (1 + g)\}\ (D_{t\text{-}1}/Y_{t\text{-}1}) + (G_t - T_t)\ /Y_t \end{aligned}$$

ここで，$(1 + r)\ /\ (1 + g) \fallingdotseq 1 + r - g$という近似法を用いると，

$$D_t/Y_t = (1 + r - g)\ (D_{t\text{-}1}/Y_{t\text{-}1}) + (G_t - T_t)\ /Y_t$$

となります。これは，

$$D_t/Y_t - D_{t\text{-}1}/Y_{t\text{-}1} = (r - g)\ (D_{t\text{-}1}/Y_{t\text{-}1}) + (G_t - T_t)\ /Y_t \qquad (3)$$

と変形できます。

（3）式の左辺はt-1期からt期にかけての公債残高のGDP比率の変化を表しています。（3）式の意味を少し考えてみましょう。プライマリーバランスとは，$T_t - G_t$であることを思い出しましょう。成長率と利子率一致するならば（$r = g$），右辺の第1項は0になりますので，第2項だけを考えればいいことになります。プライマリーバランスが0であれば右辺は0となり，公債残高のGDP比率は一定となります。プライマリーバランス赤字（$T_t - G_t < 0$）であれば，$(G_t - T_t)\ /Y_t > 0$となり，比率の上昇をもたらすことになります。プライマリーバランス黒字の場合は，比率の下降をもたらします。

表8.1に，利子率と成長率が異なる場合も含めて（3）式の意味を整理しました。利子率が経済成長率よりも高い（$r > g$）場合（右辺の第1項が正

表 8.1　経済状況によるプライマリーバランスの意味

（経済状況とプライマリーバランスの組み合わせで，公債残高/GDP がどう変化するか？）

	プライマリーバランス赤字	プライマリーバランス均衡	プライマリーバランス黒字
利子率＞成長率	上昇	上昇	上昇，一定，下降
利子率＝成長率	上昇	一定	下降
利子率＜成長率	上昇，一定，下降	下降	下降

となる場合），プライマリーバランス均衡は何をもたらすのでしょう。(3) 式から明らかなように，この場合第 1 項が正の値になるので，プライマリーバランス均衡が達成されていても（第 2 項が 0 であっても），(3) 式の右辺は正になります。つまり，債務残高の GDP 比率は上昇することになります。このため，このケースにおいては表 8.1 のように債務残高の GDP 比率を一定に保つためには，一定規模のプライマリーバランス黒字が必要になることがわかります。

逆に利子率が経済成長率よりも低い（$r < g$）場合（右辺の第 1 項が負となる場合），プライマリーバランス均衡は何をもたらすのでしょう。(3) 式から明らかなように，右辺第 1 項が負になりますから，プライマリーバランス均衡が達成されていれば，(3) 式の右辺は負の値になります。つまり，債務残高の GDP 比率は低下することになります。このケースにおいては，表 8.1 のように一定額のプライマリーバランス赤字があっても，債務残高の GDP 比率が低下する，もしくは一定に保つことができます。

8.2　財政赤字がもたらす社会的な負担

これまでに公債を発行する積極的な理由を考え，プライマリーバランスの説明を通じて，公債を安定的に発行できる環境を整えるためには，どのような財政運営が必要なのかについて解説してきました。この節では，財政赤字を生み出し，公債を発行することの社会的な負担について考えてみましょう。

●様々な社会的な負担

通常，財政赤字の社会的な負担については，

- ・クラウディングアウト
- ・財政の硬直化
- ・負担の将来世代への転嫁

などが挙げられます。

まずクラウディングアウトについては，国民の限られた貯蓄を，政府は公債を発行して民間企業と競合して借り入れることになるため，利子率が上昇して，民間投資が減少してしまう現象を指します。この点については，第5章で詳細に述べたのでここでは説明を省きます。

次に財政の硬直化ですが，図 8.6 のように税収等を給与だと認識すれば，義務的に支払わなければならない過去のローンの元利払いを差し引いた場合に，自由に使える所得が減少してしまうことを指します。本来家族のために用いられるべき家計費の使い道が，非常に限定されてしまうおそれが出てくるはずです。

しかし，実際の政府の支出は，縮小した可処分所得の範囲に限定されてきたでしょうか。図 8.6 に示された過去の財政運営の状況をみると，公債という新たなローンを組むことでその時々の支出に対応しているようにみえます。つまり公債残高が累増することで，予算制約が厳しくなるはずなのに，実際にはその制約が機能していないようにみえます。これを予算のソフト化と呼びます。このような場合には，予算制約が意識されて支出の吟味が行われてしかるべきであるにもかかわらず，必要度の低い支出が行われ続けるかもしれません。

わかりやすい指摘ではありますが，財政赤字が財政の硬直化を実際に生み出しているという問題よりも，予算がソフト化して必要度の低い支出を賄うために，さらに公債残高が累増していることの方が大きな問題だと考えるべきかもしれません。

●中立命題

将来世代への負担の転嫁　　最後に将来世代への負担の転嫁について検討

してみましょう。第1節で建設国債が財政法で許容されている理由，赤字国債が財政法では許容されていない理由について述べました。建設国債については，便益が多世代にわたるために，公債を用いて負担も多世代に分散させていました。つまり，将来世代にもその社会資本整備の費用負担をしてもらうために公債を発行しているのです。それでも「全く将来世代の受益が期待できないような」社会資本整備をした場合には，将来世代に負担が生じることになります。ただし，これはどのような支出を行うべきかという問題であり，第2章で述べたような費用便益分析などにより，事前に社会資本整備の効果を評価することで対応すべき問題でしょう。

一方第5章，第6章では，何らかのショックに対応する税負担を平準化するためには，社会資本整備以外の支出，例えば何らかの給付，または減税などについても公債で財源を調達することの意義が示されていました。しかし，「何らかのショックに対応する」のではなく，今発生し，将来にわたっても継続するだろう課題や財政需要に対応するための支出は，その対応により受益を受ける世代に対する税負担で財源調達を行うことが求められるのではないでしょうか。

図8.8にあるように，近年の財政赤字は，社会保障費が大きく増加している一方で，税収がほとんど増加していないことによって発生しています。この社会保障費の増加は，何らかのショックによって発生したものではなく，事前に予想できた徐々に進行する高齢化によって生じています。また社会保障費の支出に伴う便益が，誰に帰着しているかという点を考えれば，現在の高齢期世代が主たる受益者だと考えるのが適当でしょう。そのような支出については，国債による財源調達は再考すべきではないでしょうか。

また，一時的なショックに対応するために行う減税や政府消費支出が，そもそも機能していない可能性を示唆する指摘もあります。例えば，景気後退などの一時的なショックに対応する場合に，一定の減税を行った場合に，その $\frac{c}{1-c}$ 倍のGDPの拡大が起こるのは，公債で財源調達を行った場合でした（c は限界消費性向）。減税と同額の増税で財源調達を行った場合には，当たり前の話ではあるものの，そのような効果は期待できません。しかし，このような公債で減税や消費支出の財源を調達しても，期待された効果

図 8.8　歳出，歳入構造の変化

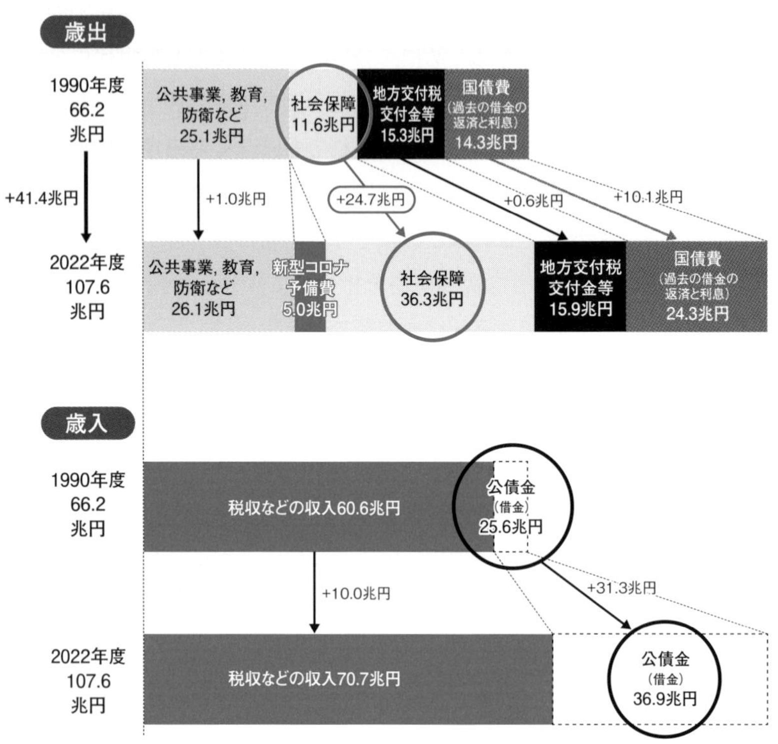

（注）　当初予算ベース
（出所）　財務省「これからの日本のために財政を考える」（https://www.mof.go.jp/policy/budget/fiscal_condition/related_data/202204_kanryaku.pdf）より。

は生じないとする議論があります。それはリカード（D.Ricard）の中立命題，バロー（R.J.Barro）の中立命題などと呼ばれる議論です。この議論によれば，景気安定化の効果が生じない反面，将来世代への負担の先送りの心配もないということになります。

リカードの中立命題　　リカードの中立命題は，景気対策のために実施された減税などの効果は，公債で財源調達が行われようと，増税で財源調達が行われようと変わらないと主張します。なぜでしょうか。ここでは数値例を用いて説明しましょう。全ての人の所得の合計が 1,000 で，限界消費性向

図 8.9　リカードの中立命題（数値のセットの説明）

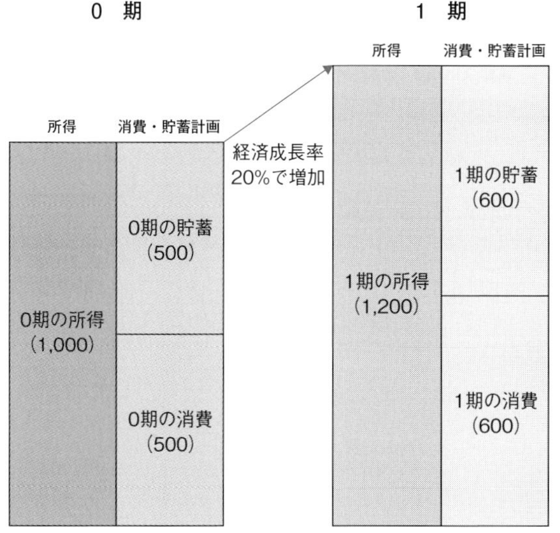

	可処分所得（現在価値）	消費（現在価値）	貯蓄（現在価値）
0 期	1,000	500	500
1 期	1,200/（1+0.2）= 1,000	600/（1+0.2）= 500	600/（1+0.2）= 500
合計	2,000	1,000	1,000

が 0.5, 経済成長率が 20%, 利子率が 20%のケースを考えてみましょう（図 8.9）。また，ここではフローの所得とその消費・貯蓄計画のみを考えます。したがって，毎期貯蓄された貯蓄とその利子分は，初めからフローの所得の減少分を賄うために貯蓄が行われる図 8.11 の場合以外は描かれません。

ここで図 8.10 にあるように，景気が悪化したため政府は 0 期に 200 の公債を発行して減税を実施したものとしましょう。ただし政府は，その公債の償還を 1 期の増税で賄う予定でいます。200 の公債は利子を加えて 200 × 1.2 = 240 になっており，これが 1 期の返済額＝増税額に相当します。

この場合，0 期の消費者は所得が増加したため，消費を（1,000 + 200）× 0.5 = 600 に増やします。この消費支出の増加分が乗数過程を経て，大きく GDP の増加に寄与する，というのが景気安定化のシナリオでした。

図 8.10 リカードの中立命題
（「今の状況だけを考えて消費を行う消費者」に減税を実施した場合）

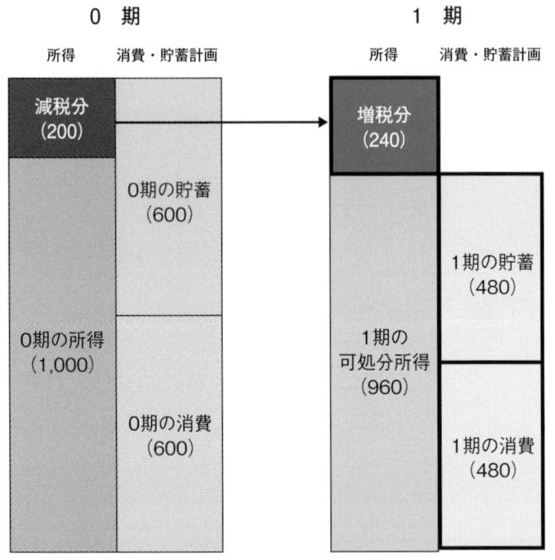

	可処分所得（現在価値）	消費（現在価値）	貯蓄（現在価値）
0 期	1,200	600	600
1 期	(1,200−240)/1.2＝800	(960*0.5)/1.2＝400	(960*0.5)/1.2＝400
合計	2,000	1,000	1,000

しかし，政府の公債償還計画を勘案すれば，この消費者の 1 期の消費は（1,200 − 240）× 0.5 = 480 となります。これは，割引現在価値で 480/1.2 = 400 に相当します。したがって，二つの期間を通算した，現在価値による消費額は 600 + 480/1.2 = 1,000 となります。減税を行わない場合の二つの期間を通算した消費支出額は，500 + 600/1.2 = 1,000 ですから，両期通算の消費額合計は変わりません。リカードの中立命題はこの 1 期の消費が減少する点に注目します。

つまり，消費者は将来増税が行われて所得が低下して，消費支出も減少することがわかっているときに，生活のレベルを下げる消費支出の低下をそのまま漫然と受け入れるでしょうか。消費者が将来の生活レベルの低下を防止

図 8.11　リカードの中立命題
（「将来の状況も考えて消費を行う消費者」に減税を実施した場合）

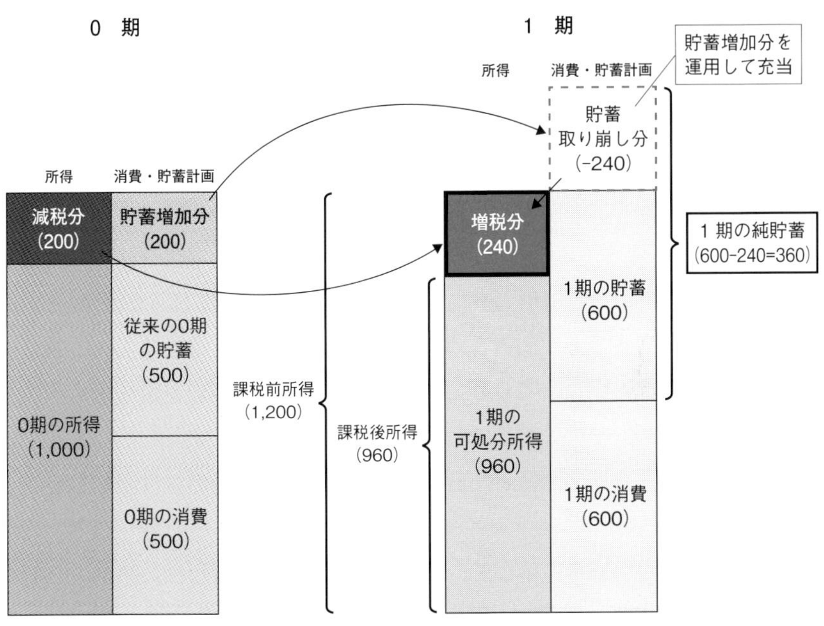

	可処分所得（現在価値）	消費（現在価値）	貯蓄（現在価値）
0 期	1,200	500	700
1 期	(1,200−240) / 1.2＝800	600/1.2＝500	(−240+600) / 1.2＝300
合計	2,000	1,000	1,000

しようとしたらどんな行動をとるのでしょうか。

ここで消費者は，「生涯所得のうち 5 割を消費に充てたいと考えているが，安定的な消費を 0 期と 1 期において継続したいと考えている」としましょう。その場合消費者は，0 期と 1 期の可処分所得の合計の現在価値は，(1,000 + 200) + (1,200 − 240) /1.2 = 2,000 ですから，それぞれの期に，現在価値で(2,000 × 0.5) ÷ 2 = 500 の消費支出を確保しようとするでしょう。

つまり，「将来を考えて今を生きる」消費者は，0 期は 1,000 + 200 の可処分所得がある一方で，1 期は 1,200 − 240 = 960 に可処分所得が低下

してしまいますから，２期間の消費の平準化を行うため，

・0 期は 1,200 の所得から 500 の消費と 700 の貯蓄を行う

・0 期に増額した貯蓄を 1 期の増税の支払いに充てる

という行動をとります。そして 1 期には，

・600（現在価値で 500）の消費を行い，600 の貯蓄を行う

ことになります。ただし，0 期に追加された貯蓄 240 の取り崩しを 1 期に行っていますから，1 期の純貯蓄は 600 − 240 ＝ 360（現在価値で 300）となります。

0 期，1 期を通じた消費行動は，図 8.9 と図 8.11 で変化がありません。「将来を考えて今を生きる」消費者の 0 期の行動に減税は影響を与えないのです。この場合，景気対策として 0 期に減税を行っても，0 期の消費を増やすことができないため，その効果はほとんどないことになります。

その一方で，0 期の消費者から 1 期の消費者への負担の付け回しも起こっていません。

バローの中立命題　　確かに，この数値例は減税が行われた時期にその恩恵を受けた世代が，生きているうちに公債の償還とそれに必要な増税が行われる場合には該当するかもしれません。しかし，現在の世代が死んでから現在の公債が償還されるとすれば，0 期の消費者は減税によって消費を増やすことになるのではないでしょうか。その場合は，景気安定化という政策目的も達成できるように思えます。その一方で，世代を超えた負担の付け回しが起こるのではないでしょうか。

バローの中立命題とは，その場合でも中立命題が成立するとするものです。もし，親の世代が利他的な遺産動機を持つとすれば，世代を超えた負担の先送りを図ろうとしても，それを実現することができないと考えるのです。つまり，親世代は子世代が公債償還のための増税で生活のレベルを低下させなければならないことを，回避させようとします。その場合，0 期の減税額を貯蓄して遺産として将来世代に残そうとしますから，消費を増やすことなく，リカードの中立命題の示唆と同じ結果がもたらされます。

実際にこのような超合理的な消費者が世の中の消費者のほとんどであれば，景気安定化政策は全く意味を持たないことになるでしょう。一方，赤字国債

の発行に伴って，負担を将来世代に先送りし押しつけることもできないことになります。しかし，実際には乗数で予想されたような大きな GDP 拡大効果は観察されないものの，何らかの効果が観察されているとする研究が多いように思います。そのような実証研究を前提とすれば，公債の発行は，便益を受けることのない世代への負担の転嫁はある程度発生していると考えるのが現実的でしょう。

●財政再建

これまでに説明してきたように，公債による財源調達はそれ自身に一定の意味があるとしても，現在の日本のように GDP の 2 倍を超える公債残高を抱えている状況には何らかの対応が必要だと考えるのが自然でしょう。

財政再建とは，「歳出の中身を見直すことと同時に，歳出を抑制し，税収を増加させて，公債発行を抑制して，将来世代への負担を回避すること」を意味します。政府全体として消費税の税率引き上げや，「社会保障と税の一体改革」をはじめとした様々な改革が取り組まれてきましたが，財政状況はむしろ悪化しています。このことは，「歳出の中身を見直す」こと，「歳出を抑制」すること，「税収を増加させ」ることも，利害関係者には一定の負担が生じるために，その利害調整が非常に困難であることを物語っています。

なぜこのような財政再建ができないかという問題は，民主主義的なプロセスで国民に負担をもたらす決定を行うことの難しさと結びついていますが，人間の認知的な特性にも関係があります。このため，この点については次節の行動経済学からの示唆を示し，財政再建を行えない場合の問題点は第 4 節で議論することにしましょう。

8.3 行動経済学からの示唆

これまでに日本の公的債務の GDP 比は，主要な先進国に比べて突出して高いことを説明してきました。この状況には，大きく二つの問題があります。一つは国家が債務不履行，つまり借入金を返せない状況に陥って，社会的な混乱が起きるというリスクです。このような状態をデフォルト（債務不履行）と言います。もう一つは世代間の不公平の問題です。

これらの問題があるにもかかわらず，日本はこの公的債務の累増にうまく対応できていないように思います。公的債務の GDP 比を他の先進国並みにするためには，①歳出削減，②増税，という手段をとる必要があります。政府は財政の維持可能性を保つために，プライマリーバランス均衡，黒字化の目標を掲げましたが，その目標は何度も先送りされています。歳出削減も増税も，十分に実行できていません。財政改革が進まないのは行政府の問題，あるいは立法府が無策なのでしょうか。先ほど触れたように財政改革には，「現在」受け止めなければならない負担が生じます。そのような負担を求める政策は，選挙の際に非常に不人気です。行政府，立法府が財政改革を行えないことには，我々選挙権を持つ者が，それを望まないということが，根本的な原因にあるのかもしれません。

では，なぜ我々は大きな問題のようにみえる公的債務の累積を放っておくのでしょうか。

●非現実な楽観主義

普通に考えたら，これだけ借金が多いということに不安を感じる人はたくさんいるのではないかと思います。実際，国債の償還や利払いを停止せざるを得なくなる事態が，1998 年のロシア，2002 年のアルゼンチンで起こりました。2010 年にギリシャで同様の事態が起こりそうになったことを，記憶している方も多いのではないでしょうか。ただし，この点については第 5 節で解説しますので，ここでは簡単に触れるくらいにします。

先例もあるのに，我々はなぜ財政改革を進めることを躊躇するのでしょうか。人々が必ずしも合理的ではないという心理的な特性の一つとして，非現実的な楽観主義というものがあります。たとえば，教室における実験であなたの人生で起こりうるイベントの確率予想が，他人のそれよりも高いか低いかを調査した結果が報告されています（Weinstein, 1980）。良いイベントの場合は高く，悪いイベントの場合はそれを低く感じる傾向が確認されています。このように人々は，起こって欲しいことは起こると予想し，起こって欲しくないことは起こらないと予想してしまいがちです。

アルゼンチン，ロシアの財政破綻には，それ以前から脆弱な経済や経済的な混乱が続いていたことが知られています。ギリシャの危機は政権交代に伴って，公表されていた財政赤字は GDP の 4 ～ 5%とされていましたが，実は 13%であったことが判明しました。国債の保有者が外国人，法人が多かったり，ギリシャなどはユーロ導入により独自通貨を発行していなかったことも原因だと言われています。人はこのような事象は起こらないと思ってしまう傾向にあります。起こって欲しくないことは起こらないと思う人であふれている社会においては，潜在的なリスクを正確に伝えることが，政府，政治，アカデミズムの役割として重要でしょう。

●時間割引率，双曲割引

世代間の不公平については，伝統的な経済学では，直前に説明したリカードの中立命題を代表に，超合理的な個人を前提とした議論がされてきました。そもそも公債による財源調達が，将来世代への負担の先送りをもたらすというのは，

・何らかの形で便益を「現在」受け取る
・その便益は，徴税による財源調達ではなく，公債によって賄われる
・将来公債の元利払い時に増税することで，将来世代に過去の便益の費用負担をしてもらう

ことによって，発生していました。しかし，リカードの中立命題では，「将来を考えて，現在を生きる」人は，将来の増税を予測して，それに備えた貯蓄をするから「付け回された負担」を相殺することができると考えていました。便益を受ける世代と増税を甘受する世代が異なっていたとしても，親世代が子世代のことを考えて，便益を受けた時点の貯蓄を遺産として子世代に回せば，将来世代が甘受しなければならない負担も相殺することができる，というのがバローの主張でした。

このように，超合理的な個人，子世代のことを利他的に考えてくれる親世代を前提とすれば，公債による負担の付け回しというのは大きな心配がいらない事象ということになります。しかし，人は将来のことをどれだけ

考えているのでしょうか。これまでの研究からは，特に遠い将来のことを驚くほど考えないということが示唆されています。この点について山崎・中川（2020）に基づいて解説します。

筆者が小学生のころ「1999 年の 7 の月」に人類が滅びるというノストラダムスの大予言というのが大流行して，筆者も人類が滅びるということに大きな恐怖を感じたことを思い出します。しかし，「1999 年に僕は何歳だろう？ 38 歳じゃないか。」と思い至った瞬間にどうでもよくなったことを覚えています。これは子供だからでしょうが，立派な大人も将来のことをそれほど遠くまでみつめられないことがわかっています。

経済学では将来のことをどの程度考えられるかということを，時間割引率という指標で表して言います。大阪大学 GCOE 調査「くらしの好みと満足度についてのアンケート」では，全国の 20 ～ 60 歳の男女の時間割引率，つまり現在と将来（7 日後）の利得を比較して，将来のそれがどれだけ割り引かれるかを調べています。

その結果，年率に直して 5%の時間割引率の人が最も多いのですが，0 ～ 5,000%まで広く分布しているという結果が得られています。この数値が大きいほど，将来の価値を高く評価しないことを意味しています。男女別に中央値をみると，なんと男性は 150%，女性は 70%となっています。現在もらえるのであればある価値で評価されているものが，「1 年後，2 年後…にもらえるということになれば」，その何%の価値として認識されるのかを，男女別に描いたものが図 8.12 です。これによれば，男性は 5 年後，女性は約 8 年後には 1% 程度の価値にしか評価できないことが示されています。それくらいの将来については，利得についても損失についてもほとんど真剣に考えることができないという結果が出ています。

先ほどのノストラダムスの大予言に戻ってみましょう。大予言がはやったとき（1973 年）と現在では経済環境が異なりますし，相当乱暴な話をしますが，お許しください。大学を卒業した就業者の生涯賃金は 270 百万円程度だと言われています。大予言を聞いた少年は，38 歳のときに人類が滅亡するために，自分の生涯賃金の 64%（23 ～ 65 歳までの雇用期間のうち，38 ～ 65 歳分），つまり 270 百万円 ×0.64 ≒ 170 百万円が失われる

図 8.12　計測された時間割引率と将来の価値

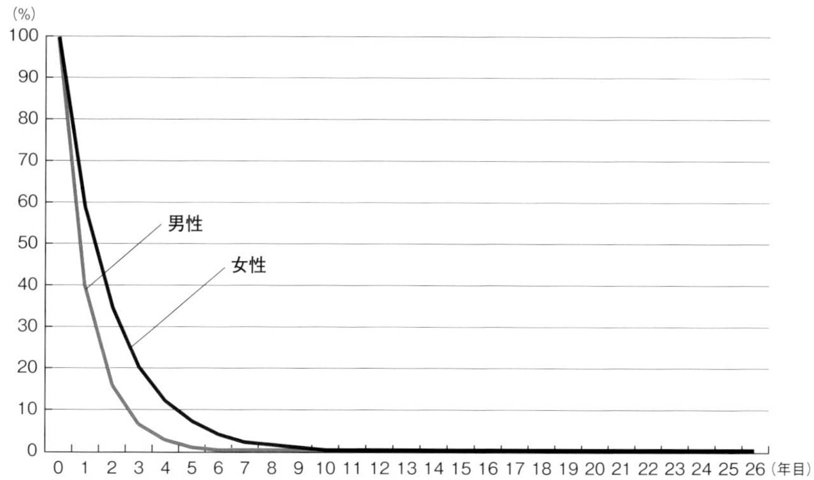

（出所）大阪大学 GCOE 調査「くらしの好みと満足度についてのアンケート」より筆者作成。

と理解したとしましょう。筆者はその当時 12 歳でしたから，人類が滅亡する 26 年後に，失われる 170 百万円はどのくらいに認識されるのでしょうか[1]。それは 0.008 円です。だから，彼は「まあいいや」って思ってしまったのかもしれません。

この結果は，人々は自身の将来についても，ましてや子孫の利害について，貯蓄や遺産に関する選択を行うことができないことを強く示唆しています。

さらに第 5 章では双曲割引という，人々の時間割引率が時間を通じて一定でないという特徴を紹介しました。人々は，遠い将来については低い時間割引率を持っていますが，近い将来の時間割引率は高くなってしまいます。つまり，遠い将来のことであればがまんできると思えるのに，いざ近い将来のことになってみるとがまんできないという現象が起こります。

例えば，3 年後に行うことが予定されている財政再建のために歳出削減と増税には，たくさんの国民が賛成したとしましょう。しかし，その期日が近

[1] 図 8.12 の時間割引率 150％を用いています。

づくと歳出削減にも，増税にも反対する人が多くなるということはいかにも起こりそうです。双曲割引を持っている人は，自身のことについてもダイエットや宿題のように，現在を犠牲にして将来の何かを得ようとするものを先延ばしにする傾向にあると言われています。子孫のために財政再建をすることは理解しても，そのために今増税や歳出削減をすることには反対するという行動が誘発されそうです。

8.4　避けなければならないシナリオ，求められる対応

先に述べたように，国債の償還や利払いを停止せざるを得なくなる事態が，1998年のロシア，2002年のアルゼンチンで起こりました。例えばロシアではソ連邦が解体後，ハイパーインフレーションに見舞われるなど多くの経済的混乱が続きました。ロシア政府は，国内の資金不足を補うために多額の国債を発行しましたが，ロシア経済への不安が高まるにつれ，ロシア国債の価値は下がり，逆に金利は大きく上昇しました。その債務を返す見込みがつかなくなったことから，ロシアはデフォルトを宣言しました。外国人，法人も多くの国債を持っていたのですが，それは紙くずとなったことから，誰もロシアに投資をしてくれなくなりました。最終的にはIMFの融資，石油価格の上昇に救われることになりますが，経済的な混乱は大きな社会の混乱をもたらしたとされます。

アルゼンチンも，利払い停止の宣言後，深刻な不況や極端なインフレにより，貧困の拡大，失業者の増加に見舞われました。アルゼンチンもIMFの介入で最終的には混乱は収束しましたが，このように国家の破綻は大きな社会的なコストが伴います。

日本の財政が，破綻の危機に今直面しているという人は必ずしも多くないかもしれません。それは，図8.1でみたように公的債務のGDP比率が突出して高いにもかかわらず，中長期的に国債の利回りがきわめて安定しているという事実もそのような判断を支えています。

図 8.13　国債の保有者別内訳（2021 年 12 月末）

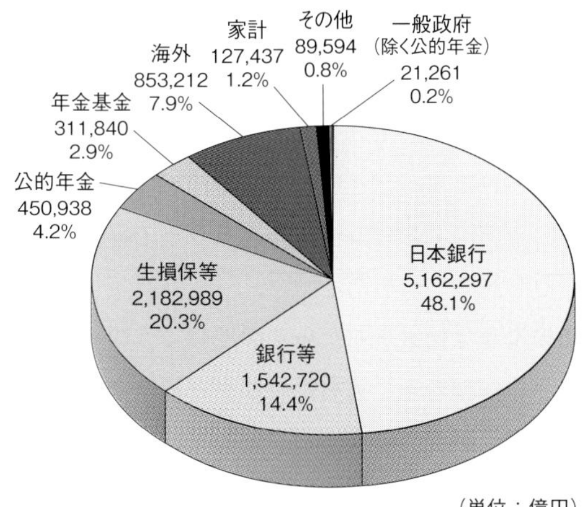

（原典）　日本銀行「資金循環統計」
（注 1）　「国債」は「財投債」を含む。
（注 2）　「銀行等」には「ゆうちょ銀行」,「証券投資信託」及び「証券会社」を含む。
（注 3）　「生損保等」は「かんぽ生命」を含む。
（出所）　財務省資料「国債等の保有者別内訳（令和 4 年 3 月末（速報））」(https://www.mof.go.jp/jgbs/reference/appendix/breakdown.pdf) より。

ギリシャが財政危機に見舞われた際に，ギリシャの国債の 75%程度は外国の主体が保有していました。一方図 8.13 からわかるように，日本国債は日本銀行が 48.1%，銀行等が 14.4%，生損保が 20.3%，公的年金が 4.2%，年金基金が 2.9%と 9 割近くを占めています。海外の法人等は 7.9%，個人は 1.2%しか保有していません。このような面から日本の公的債務の問題は，国内問題，言ってしまえば家庭内で資金のやりとりをしているだけなので，その家庭自身が破綻することはないという人もいます。しかし，家庭内のやりとりでも返済の可能性がない資金を，いつまでも提供し続けてもらえる保証はないかもしれません。また，銀行を含む金融機関の国債は個人の資金によって支えられていますから，誰も国債を買ってくれないような状況になった場合には，金融システム自体が大きな打撃を受けてしまい，個人もそのような意味で大きなリスクを抱えていると考えることができます。

このような状況の行きつく先は，どのようなシナリオが描けるのでしょうか。

① 大幅な歳出削減

② 増税

③ デフォルト

④ インフレ

という選択肢が考えられます。③という選択肢がどのような結果をもたらすのかについては，ロシア，アルゼンチン，ギリシャで経済の大きな混乱を起こしてしまったことを説明しました。

④についてはどのような結果をもたらすのでしょうか。国債の返済額は名目ですから，インフレが起きると実質価値が下がり，借金は大きく目減りします。しかし，インフレはどのようにしてもたらされるのでしょうか。最もありそうなシナリオは日本銀行が国債を大量に引き受けて，貨幣を大量に供給することを通じてインフレが起きるというものでしょう。その場合，円の通貨価値は大きく下がり，国内の今まで国債を引き受けてくれていた主体も，さすがに資産を円で持ってくれなくなるかもしれません。資本が海外に逃避して，日本経済が大きな混乱に見舞われるかもしれません。

今の日本の状況は，この財政ファイナンスと呼ばれる状況に近いところまで至っているのかもしれません。近年 MMT（Modern Monetary Theory；現代貨幣理論）という立場から，財政赤字は問題ではないという主張を聞く機会が多くなりました。これらの主張は，日本銀行が国債を購入して，貨幣を市中に流通させても，多くは現預金として滞留し，消費に回らないためインフレにはならないと言います。しかし，インフレが何をきっかけに起きるかを正確に予想することは困難です。また一度起こったインフレをコントロールすることは，長い期間かけなければ困難かもしれません。このような予想不可能な結果をもたらすシナリオは避けた方がいいのではないでしょうか。

先ほど提示した，①歳出削減という選択肢は粘り強く進める必要のある選択肢でしょう。ただし，今の歳出の最も大きな部分を社会保障が占めているという現状は，その削減から直接的な痛みを受ける国民が非常に多くいるという現実を乗り越える必要があります。また，②増税については，それを公約に掲げた場合に選挙で大きく負けてしまう可能性が高まりますので，政治的に大きなコストを支払わなければならないことも，これまでの経験でわかっています。しかし，うまくコントロールできない③や④のようなシナリオではなく，

・第３節で説明した将来のコストを認知しにくい国民に対しても，政府は①，②のような地道な手段を辛抱強く訴えていく，
・我々は将来の自分，将来世代のことを考える力を身に着けてそれを理解するように努める

という選択肢しか，とりえないのではないでしょうか。財政学を学ぶということが，そのような理解につながることを期待したいと思います。

◆ 練習問題

問 8.1　便益が中長期にわたって発生する事業の財源調達のために，認められている債券発行はどれか。最も適切なものを以下から選択してください。

① 赤字国債
② 建設国債
③ 財投債
④ 財投機関債

問 8.2　利子率が経済成長率よりも高いときに，プライマリーバランス均衡を維持した財政運営をした場合に，公債残高の GDP 比率はどのように変化するか。最も適切な記述を以下から選択してください。

① 公債残高の GDP 比率は低下する
② 公債残高の GDP 比率は変わらない
③ 公債残高の GDP 比率は上昇する
④ 予想できない

問 8.3　財政赤字が社会にもたらす負担とは何でしょうか。不適当だと考えられるものを，以下から選択してください。

① クラウディングアウト
② 財政の硬直化
③ 負担の将来世代への先送り
④ デフレーション

問 8.4　バローの中立命題が成立するのは，どのような場合でしょうか。最も適切な記述を以下から選択してください。

① 人々が将来の厚生水準のことを合理的に考えて，子孫の厚生水準についても利他的に考えている場合
② 人々が現在の厚生水準のことしか考えられず，子孫の厚生水準については利他的に考えている場合
③ 人々が将来の厚生水準のことを合理的に考えるが，利己的であるため子孫の厚生水準については関心がない場合
④ 人々が現在の厚生水準のことしか考えられず，利己的であるため子孫の厚生水準については関心がない場合

第4部

政府間関係

第3部までは，まるで「政府」と呼ばれるただ一つのものがあるかのように，説明を続けてきました。しかし，政府には中央政府，地方政府，社会保障基金という三つが含まれるとされています。これまで中央政府を主に念頭に置いた説明を行ってきましたが，第4部では主に「地方政府」を扱います。特に，中央政府と地方政府の関係（政府間関係）が日本全体の財政の在り方に大きな影響を及ぼすという観点から，これまでよりも制度に重点を置いた解説を行います。

第9章

地方財政

この章では，地方政府の役割と財政活動を対象にした解説を行います。まず日本の地方政府は中央政府と比較してどの程度の規模で，どのような機能を果たしているのかをみてみましょう。その上でそのような地方政府の機能は，経済学ではどのように説明されているのかについて，地方分権化定理，足による投票などの概念を解説します。次に，地方政府の機能はどのような財源によって支えられているのか，特に国とどのような財政面での結びつきがあるのかについて解説します。最後に人口減少時代，少子高齢化の深刻化を受けて，「避けなければならないシナリオ，求められる対応について」一緒に考えていきたいと思います。

9.1　地方政府の役割

「政府」の経済的活動を扱うのが財政学です。これまでは，まるで「政府」と呼ばれるただ一つのものがあるかのように，説明を続けてきましたが，政府には

・中央政府
・地方政府
・社会保障基金

という三つが含まれるとされています。

今までは，中央政府を主に念頭においた説明を行ってきました。社会保障

図 9.1　中央政府支出，地方政府支出の国際比較（GDP 比）

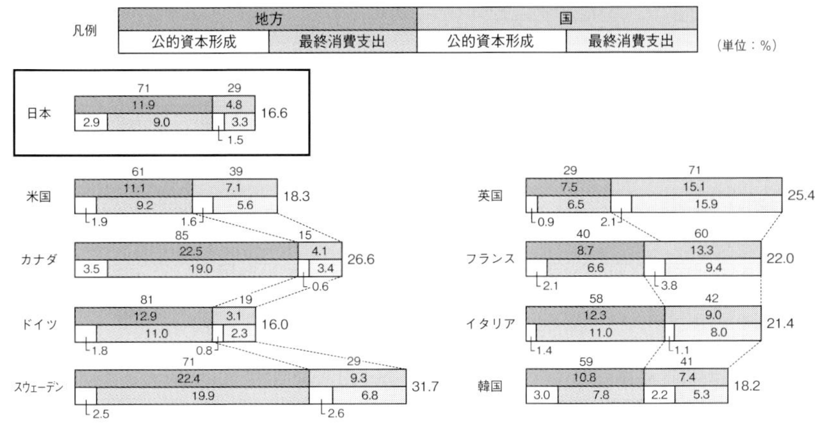

（原典）　国民経済計算及び OECD データに基づき総務省作成。
（注）　ドイツ，フランス及び韓国については，暫定値を使用
（出所）　総務省資料「一般政府支出（社会保障基金を除く）の対 GDP の国際比較（2020）」（https://www.soumu.go.jp/main_content/000806483.pdf）より。

基金は，第 4 章で説明した社会保険を提供する組織です。本章では「地方政府」を扱います。日本において地方政府は，「都道府県」と「市町村」という二層の組織で構成されています。国（中央政府）と地方（地方政府）は独立した組織ですが，機能及び財政面で非常に強い結びつきを持っています。以下においては，中央政府と地方政府の関係を解説します。

●地方政府はどのような仕事をしているのか

図 9.1 には，中央政府と地方政府の支出の GDP 比率の国際比較が描かれています。そもそも日本の中央政府と地方政府の支出の GDP 比率の水準が低いのは，第 7 章で説明した国民の租税負担率が低いことと整合的です。

その内訳をみてみましょう。左側に地方政府の経済活動のウェイトが比較的高い国，右側にそれが比較的低い国が整理されています。日本は，米国，カナダ，ドイツ，スウェーデンとともに，比較的地方政府の経済活動のウェイトが高い国に分類されています。米国，ドイツ，カナダのように，連邦制と呼ばれる，国家の成り立ちとしてそもそも地方政府があって，それが連合

表 9.1　中央政府と地方政府の役割分担

分野		公共資本	教育	福祉	その他
国		○高速自動車道 ○国道 ○一級河川	○大学 ○私学助成（大学）	○社会保険 ○医師等免許 ○医薬品許可免許	○防衛 ○外交 ○通貨
地方	都道府県	○国道（国管理以外） ○都道府県道 ○一級河川（国管理以外） ○二級河川 ○港湾 ○公営住宅 ○市街化区域、調整区域決定	○高等学校・特別支援学校 ○小・中学校教員の給与・人事 ○私学助成（幼～高） ○公立大学（特定の県）	○生活保護（町村の区域） ○児童福祉 ○保健所	○警察 ○職業訓練
	市町村	○都市計画等（用途地域、都市施設） ○市町村道 ○準用河川 ○港湾 ○公営住宅 ○下水道	○小・中学校 ○幼稚園	○生活保護（市の区域） ○児童福祉 ○国民健康保険 ○介護保険 ○上水道 ○ごみ・し尿処理 ○保健所（特定の市）	○戸籍 ○住民基本台帳 ○消防

（出所）　総務省資料「地方財政の果たす役割」(https://www.soumu.go.jp/main_content/000428066.pdf) より。

することで中央政府を成立させている国では，地方政府のウェイトが高い傾向があります。しかし，日本もスウェーデンとともに，中央集権制をとっていますが，地方政府のウェイトが高い国になっています。

次に，中央政府と地方政府が果たしている機能について説明しましょう。表 9.1 においては国と地方がどのような仕事をしているのかが説明されています。そして，図 9.2 においては，それぞれの分野ごとに，国と地方がどの程度の経済規模の仕事をしているのかを描写しています。第 1 章でいわゆる「政府」が行う仕事として，

・資源配分の調整

・所得再分配

・景気安定化

という三つの分野を挙げました。

このうち資源配分の調整は，第 2 章で説明した「公共財の供給」が主な仕事になります。表 9.1 をみますと，国はこの分野で防衛，外交，高速自動車道，国道，一級河川，大学，私学助成などの，その影響が国全体に及ぶ国家公共財と言われるものの供給を行っていることがわかります。一方，地方公共団体が供給している公共財は，例えば道路については，都道府県であれ

図 9.2　中央政府と地方政府の財政的役割分担

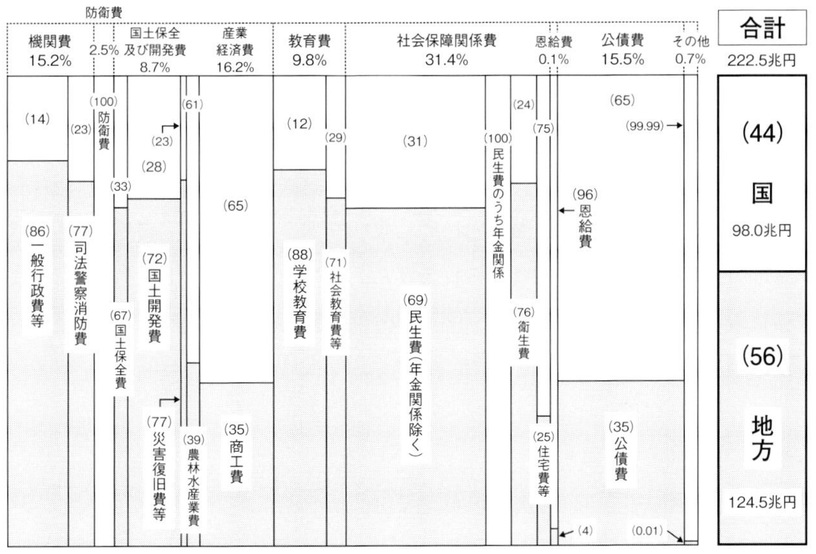

（注）（　）内の数値は，目的別経費に占める国・地方の割合。
　　　計数は精査中であり，異動する場合がある。
（出所）総務省資料 (https://www.soumu.go.jp/main_content/000428066.pdf) より，2020 年度決算ベースの数値。

ば「都道府県道」，市町村であれば「市町村道」のように，その影響が供給する地方公共団体の地域に基本的に収まる，地方公共財の提供を行っています。「福祉」に分類されていますが，「保健所」，「上水道」，「ごみ・し尿処理」は，経済学的には「地方公共財」の提供に分類されます。

一方，所得再分配については，役割分担においても，その経済活動の規模においても地方が大きな位置づけを占めていることがみてとれます。それは図 9.2 の社会保障関係費の国と地方の財政分担が地方の方に大きな比重がかかっていることから，容易に読み取ることができます。

それではこのような国と地方が果たす機能について，経済学はどのような整理を行っているのでしょうか。

9.2 地方政府の機能に関する理論

政府の重要な機能として，公共財の供給に代表される資源配分の調整，所得再分配，景気安定化が挙げられています。ただし，景気安定化については金融政策を実施できるのは中央銀行です。また生産活動は，サプライチェーンによって様々な地域と結びついており，財政政策を独自に地方政府が行っても，その効果は周辺に漏れ出してしまいます。このため，景気安定化政策は地方政府の仕事だとは考えられません。このため，以下では公共財の供給に代表される資源配分の調整，所得再分配に関して中央政府と地方政府の役割分担について説明します。

●地方公共財の供給

地方分権化定理　経済学においては，伝統的に地方分権化定理という考え方が主張されてきました。これは,「地域に密着し，地域ごとに選好やニーズが異なる地方公共財の供給については，中央政府よりも地方政府の方がたくさんの情報を持っている」と考えられるため，「地方公共財の供給を地方政府自身に決定させる分権的供給」の方が効率的な地方公共財の供給を実現する，というものです。

図 9.3 には，地域 1 と地域 2 の二つの地域が存在し，それぞれの住民の公共財に対する選好が異なっている状況が描かれています。地域 1 の住民は公共財に対して相対的に小さな価値しか持たない住民ですので，公共財に対する（第 2 章の集計需要曲線によって示された）限界便益は図の MB_1 のような形で示されています。それに対して地域 2 の住民は，公共財に対して大きな価値を持っているため, その(第 2 章の集計需要曲線によって示された)限界便益曲線 MB_2 は常に MB_1 の上方にあります。

ここで，地域 1 と地域 2 の行政を担う，地方政府 1 と地方政府 2 が存在し，それぞれの地方政府は住民の選好を把握することができるものとします[1]。一方，中央政府は地域 1 の住民と地域 2 の住民の平均的な選好しか把握で

[1] ここでは，地域 1 と地域 2 の人口は同じで公共財に関する好みのみが異なるものとします。

図 9.3　分権的システムの効率性

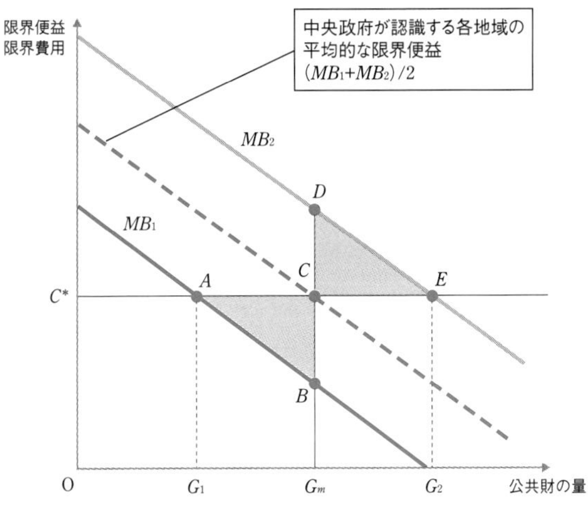

きないこととしましょう。公共財を供給する際の限界費用は，C^* で一定とします。

ここで，中央政府が各地域の地方公共財の供給量を決定する仕組みを集権的システム，地方政府が自らの地域に関する供給量を決定する仕組みを分権的システムと呼びます。このような状況において集権的システムを採用した場合，中央政府は自ら把握している平均的な集計需要曲線と，水平な限界費用曲線の交差する C 点で公共財の供給を決定して，G_m を供給します。なぜでしょうか。ここでは政府は利他的に行動，つまり国民のことだけを考えて行動するものとしましょう。C 点で公共財を供給することで，平均的な集計需要曲線を持っているタイプの国民の消費者余剰が最大化されていることがわかります。

しかし，真の公共財に対する集計需要曲線は，MB_1 と MB_2 です。このため本当は，地域 1 での最適な供給水準は A 点，地域 2 の最適な供給水準は E 点となります。中央政府が C 点で公共財供給を決定して，両地域に供給している状況下では，地域 1 にとっては過大な公共財供給，地域 2 にとっては過少な公共財供給がもたらされていることになります。この場合，$\triangle ABC$ と $\triangle CDE$ に相当する，消費者余剰の損失つまり，死荷重が生じています。

しかし分権的システムの下で，地方公共財を供給した場合どうなるでしょうか。地方政府１は，その選好（MB_1 の位置，形状）をよく知っている地域１の住民の消費者余剰を最大にするように公共財の供給量を決定しますから，地域１においては A で公共財の供給が決定され（G_1），地域２においては E で公共財供給の決定が行われる（G_2）ことになります。この場合，消費者余剰が地域１の住民については△ABC 増加し，地域２の住民については△CDE 増加するため，中央集権的なシステムをとったときよりも，分権的なシステムをとった場合の方が社会の厚生水準は改善されます。

足による投票　　しかし，地方政府が前述のような情報の優位性を活かした，適切な地方公共財供給を行わない可能性はないでしょうか。つまり，政府が利他的に行動するという前提が，そもそも疑わしいのではないでしょうか。その場合，地方分権定理は成立しませんから，分権化が常に望ましい結果をもたらすとは限りません。

地方政府が実現する資源配分は，住民移動という評価にさらされるため，効率性が確保されることを，ティブー（C.Tiebout）は彼の 1956 年の論文で唱えました。ティブー仮説とされるもののエッセンスは，

①　住民は居住地を選択することによって，地方政府を選択することができる

②　地方政府は住民を獲得しなければ，税源を失い存続できないため，他の地方政府との間の競争にさらされることとなる

③　この競争を通じて，地方政府による最適な水準の公共財供給が実現する

というものです。この場合，住民の地方政府の選択は，主に以下の二つの観点から行われることが予想されます。

一つは，その政府が効率的な財政運営を行っているか，という点です。効率の悪い財政運営を行っている地方政府の地域では，税が高く公共財のサービス水準が低くなり，この地域に住む住民の効用水準は低くなります。このため，住民は他の地方政府が行政を行っている地域に転出するインセンティブを，強く持つようになります。このように効率の悪い行政を展開している地方政府は，住民が他の地域に転出するリスクを抱えることになります。つまり，足による投票と呼ばれる住民の地域間移動は，地方政府に効率的な財

政運営を行うことを強く求めることになります。

二つ目の観点は，地方政府が住民の選好を正しく反映した資源配分を実現しているか，という点です。地方政府が，自地域の住民の選好と大きく離れた地方公共財の供給を行った場合も同様に，その地域から住民の転出が生じて，地方政府を維持できない事態が生じます。このため，地方政府は住民のニーズを正しく把握し，それに合致した資源配分を実現するインセンティブを持つようになるのです。しかし，現在の住民の選好に合致していなくても，効率的で魅力的な政策を実現することで，他地域からの住民移動を促し，地方政府を維持することができるかもしれません。すると地方政府は，「足による投票」を念頭に置いて，潜在的な住民も対象に，支持してくれる住民を最も多く獲得できる資源配分を実現しようとします。

つまり「地方政府」は本来「利他的」ではないとしても，自らの存続を守るために，住民のことを考えて行動せざるを得なくなるのです。

●所得再分配

それでは福祉分野に代表される再分配政策の分権化を取り上げてみましょう。

この分野では，分権的なシステムが思わぬ地方政府の戦略的な行動をもたらし，再分配という政策の効果を発揮できなくなるという指摘が伝統的に行われています。その原因は，再分配水準の高い地域には低所得者が流入し，高負担地域からは高所得者が流出するという福祉移動が生じるとされていることにあります。

このことを図 9.4 を使って説明してみましょう。もしも中央政府が所得再分配を行っているとすれば，地方公共財の説明の際と同様に，全国一律の水準で再分配が行われます。しかし，分権的システムで再分配が行われた場合は，地方政府ごとに再分配のレベルが異なる可能性があります。

例えば，隣り合った地方 A と地方 B があって，それぞれの地方政府が再分配を行っているものとしましょう。地方政府は，高所得者から住民税などの所得に関連する税制で財源を調達して，それを生活保護などの現金給付で低所得者に給付を行うものとします。それぞれの地方政府と高所得者，低所

図 9.4　福祉移動とは何か

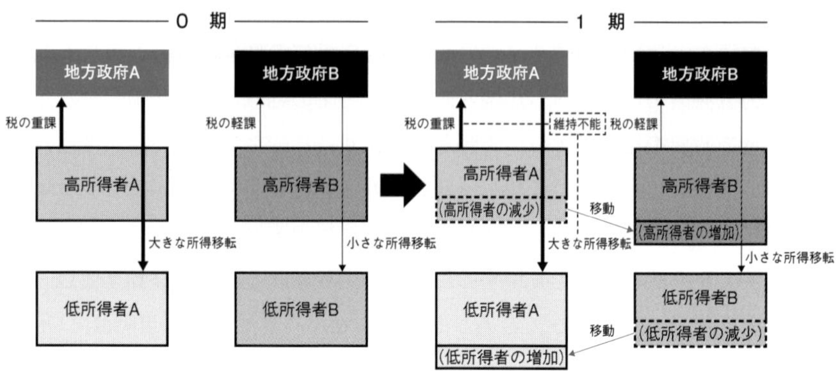

得者間に引かれた線は現金の流れで，その線の太さは所得移転の大きさを示しているものとします。

0 期において，地方政府 A は非常に手厚い所得再分配を実施し，地方政府 B の所得再分配の水準は，地方政府 A に比べると見劣りするレベルとします。この場合，A 地域の高所得者からは大きな額の住民税の徴税が行われますので，効用水準が低下しています。一方，A 地域の低所得者は手厚い現金給付を受け取りますから，効用水準が上昇しています。隣接した地域ですから，A 地域の高所得者は大した費用をかけずに，地方 B に移転することで，大きな額の徴税から免れることができます。逆に B 地域の低所得者は地方 A に移転することで，大きな現金給付を受け取れますから，地方 A に移転します。

このことによって，1 期には地方政府 A では高所得者が減少し，低所得者が増加しますので，税源を失う一方で歳出が増えますから，自身で決めた手厚い再分配政策を維持できなくなります。場合によっては，地方政府 A を存続できない事態に陥ります。地方政府 B は逆のことが起こります。

つまり，地方政府によって異なる再分配水準が実現すると，このような人口移動（福祉移動）が起こります。地方政府 B のように，近隣の地方政府よりも少しでも再分配の水準が低い方が，税源である高所得者を獲得し，歳出を増やす要因である低所得者の人数を抑えることができます。このため地方政府は，近隣自治体よりも所得再分配の水準を引き下げるインセンティブを持ちます。これによって福祉の切り下げ競争（福祉競争）がはじまって，全体の再分配水準が低下してしまうという結果をもたらします。

これらのことから，「分権的な意思決定に基づいて，所得再分配を執行するシステムは維持できない」ということが経済学で伝統的に論じられてきています。米国では低所得者への所得移転に関して，実際に福祉競争が生じていたことが，実証的にも示されています。

では日本の現状はどうなのでしょうか。表 9.1，図 9.2 で描かれている国と地方の役割分担をみると，所得再分配の部分が理論と異なる実態になっているという印象を持つのではないでしょうか。日本における福祉移動や福祉競争に関する研究はそれほど多くの蓄積がありません[2]。このような再分配については，福祉競争の有無などについての研究の進展を期待したいと思います。

9.3 国と地方の財政関係

●国と地方の財政規模

これまでに経済学の理論的な側面から，どのような仕事を地方政府が行っているのかをみてきました。以下では，このような理論的な分類とは別に，現実に地方政府はどのような仕事をしていて，どのような財源調達によって賄っているかを描いてみましょう。

図 9.5 の右側には地方財政計画といって，総務省によって示される都道府県，市町村をまとめた地方政府全体の財政計画を示しています。

歳出項目をまずみていきましょう。このうち，給与関係費は，地方公務員のそれのみならず，小中学校教職員，児童福祉司，ケースワーカー，保育所保育士などの給与を含みます。一般行政経費には，生活保護，介護保険，後期高齢者医療，警察・消防の運営費，ごみ処理，予防接種，乳幼児健診，義

[2] 中川（2005）では公営住宅の配分について，福祉競争が生じているという指摘を行っています。

図 9.5　国と地方の財政関係（金額は 2022 年度当初のもの）

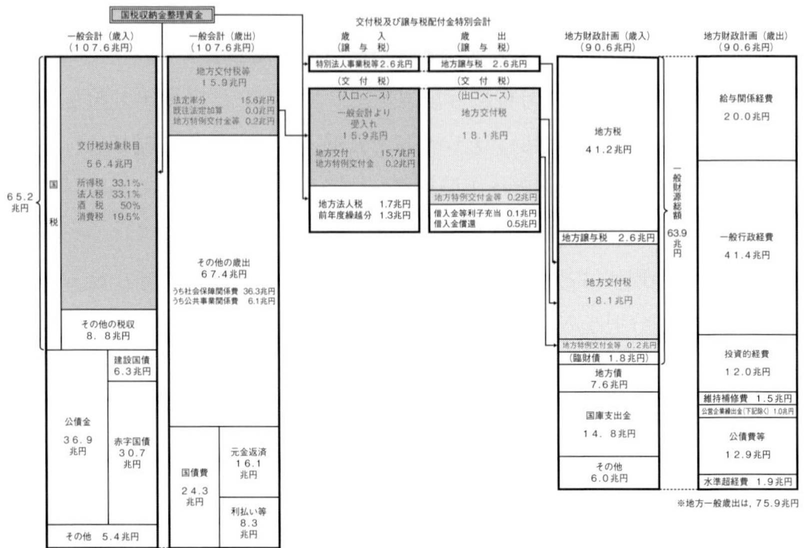

（注）　表示未満四捨五入の関係で，合計が一致しない場合がある。
（出所）　総務省資料「国の予算と地方財政計画（通常収支分）との関係（令和 4 年度当初）」（https://www.soumu.go.jp/main_content/000806492.pdf）より。

務教育学校の運営費など広範な仕事が対象になっています。投資的経費はいわゆる公共事業にかかるもので，直轄事業の負担分，補助事業，地方単独事業を含んでいます。公債費等は地方債の元利償還分です。

次に歳入項目をみてみましょう。地方税は，各々の地方政府が独自に徴収する税になります。地方譲与税は徴税の効率性の観点から国が徴税するものの，一定の基準に従って地方政府に配分されるものです。地方債は地方政府の借り入れです。また図 9.5 には，地方交付税，国庫支出金などの大きな歳入項目が示されますが，この二つの歳入項目についてはあとで解説します。

なお，このような地方政府の歳出，歳入構造に関しては図 9.6 のような指摘が行われることがあります。図 9.6 に示されているとおり国民が支払う租税は 104.9 兆円にも上ります。その 62％が国税として徴収され，38％が地方税として徴収されます。一方，公債などの税源以外の財源からの調達も行われますので，国民へのサービスの還元は大きく増えて 222.5 兆円まで

図 9.6　国と地方の税財源配分

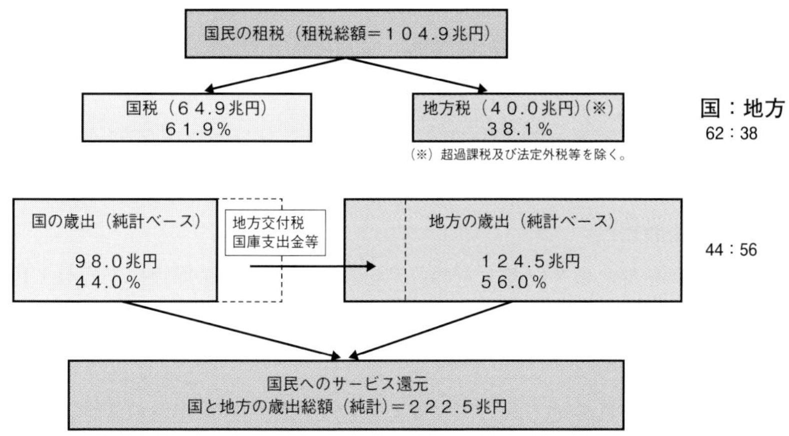

（出所）総務省資料「国と地方の税財源配分の見直し」(https://www.soumu.go.jp/main_content/000806486.pdf) より。

に増えます。しかし，その44％が国の歳出で，56％が地方の歳出となっています。

最終支出ベースにおける国と地方の比率と，国民が負担する租税収入の配分における国と地方の比率はちょうど逆転しているのです。このため国・地方間の税財源の配分の見直しが唱えられることがあります。このような逆転があるのは，中央政府から地方政府への大きな財政移転があるからですが，その大きな部分を占めている交付税交付金と国庫支出金について以下で詳細に解説しましょう。

●地方交付税

図 9.5 で青色の網掛け部分が地方交付税です。これは所得税の 33.1％，法人税の 33.1％，酒税の 50％，消費税の 19.5％を財源として，「交付税及び譲与税配付金特別会計」に繰り入れを受けます。それを主な財源として，一定の算式によって計算された額が地方交付税として各地方政府に配分されます。

地方財政計画の歳入のうち，地方税と地方交付税等の 63.9 兆円が，地方政府が自由に使用できる一般財源と呼ばれる財源になっています。

それでは地方交付税の算定の方法について説明を加えましょう。地方交付税とは，前述のように国の税収入の一定割合を財源として，地方政府の財政運営に関して

① 全ての住民にとって，最低限必要な公共サービスを確保（財源保障機能）
② 経済力の低い地方政府に所得を再分配する地域間所得再分配を実現（財源調整機能）

という機能を果たしていると言われています。このため算定にあたっては，

基準財政需要額－基準財政収入額＝財源不足額＝普通交付税額

として，それぞれの地方政府に対する普通交付税額が算出されます。

基準財政需要額とは，その地方政府が標準的な行政を行ったときの行政需要額です。つまり，地方交付税は首長の個別の方針で足りなくなった財源を補填するのではなく，標準的な行政サービスを提供し，標準的な徴税を行ったときの財源不足に対応しようとするものです。基準財政需要額は，例えば地方政府が管轄する地域の面積，住民の数，高齢者の数，インフラの量などの行政需要に影響を与えるだろう項目が選ばれて，単位費用×測定単位×補正係数によって算出されます。ここで補正係数とは豪雪地帯であるか否かなどの，地域の個別事情が反映されます。

基準財政収入額とは，地方税法に規定された税の標準税率によって，どれだけの税収があがるかを表す標準税収入額の 75％に，国から交付される地方譲与税を加えて得られます。

この地方交付税の算定にあたって，なぜ標準税収入の 75％しか考慮されないのでしょうか。図 9.7 には地方交付税算出の概念図が描かれています。横軸には所得などの一人当たりの課税ベース[3]がとられていて，地方政府ごとに徴収可能な税収が異なることが，45 度線の標準税収入額の線で示されています。一人当たり必要な行政需要は，地方政府ごとに大きな差はないと考えられますので，水平線で示されています。

[3] 課税の対象をこのように呼びます。ここでは，住民税の対象となる課税所得だと思ってください。

図 9.7　地方交付税の仕組み

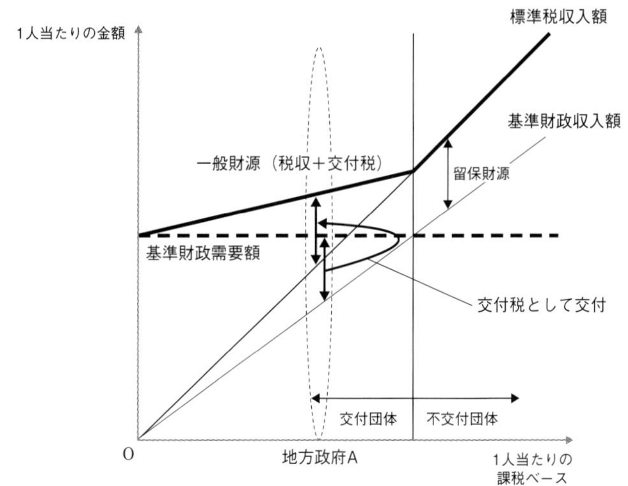

ここで，一人当たりの課税ベースが中程度の地方政府 A を例にとってみましょう。地方交付税は，先の説明のとおり，基準財政需要額と標準税収入額の 75％である基準財政収入額の差額を交付するものです。交付後の姿が太線の一般財源＝税収＋交付税で示されています。基準財政需要額と基準財政収入額の交差する点の右側の地方政府は，財源不足が生じていませんので不交付団体となります。このため不交付団体の一般財源の線は，標準税収入額と一致します。

標準税収入額と基準財政収入額の差，つまり標準税収入額の 25％は留保財源と呼ばれますが，なぜこんなものがあるのでしょうか。もしこれがなければ，交付団体は，基準財政需要額と基準財政収入額の差額を 100％補填されます。つまり，交付団体の一般財源は水平線になってしまいます。これは，第 3 章の所得再分配の際に述べた「現金給付と所得税の組み合わせによる再分配」が，労働のインセンティブを失わせる状況と似ていますね。つまり，この場合地方政府は一人当たりの課税ベースを拡大しても，それは 100％地方交付税の減少につながりますので，税収を増やすインセンティブがなくなります。このような事態を防ぐために留保財源は存在します。

●国庫支出金

国庫支出金とは何でしょうか。これはいわゆるインフラ整備への補助金など，使う目的が定められている財政移転を指します。言い換えれば，地方政府に対して「特定財に対する補助」によって再分配を行っていると考えることもできます。

しかし，このような「特定財に対する補助」を通じた再分配は，一般的には効率性の悪い政策と受け止められています。合成財としての公共サービスの消費量を Z，特定のインフラサービスの消費量を I，代表的住民の所得を Y_0 としましょう。Z の価格を 1，特定のインフラサービスの価格は，P_0 とします。インフラサービスの価格とは，一単位のインフラサービスを供給するために，どれだけの租税負担が必要かという租税価格と呼ばれるものを念頭に置きます。この場合，代表的住民の予算制約線は，

$$Y_0 = Z + P_0 I \quad \rightarrow \quad Z = - P_0 I + Y_0$$

となります。

図 9.8 には，合成財 Z とインフラサービス I の選択に直面した消費者の予算制約線 ab と無差別曲線 U_0 が描かれています。消費者は E_0 で自分の効用を最大化しています。国庫支出金はインフラを整備するときに交付されますから，特定のインフラを整備する際の住民の租税負担は低下します。つまり，そのインフラが提供するインフラサービスを消費するときの価格のみを引き下げる，と位置づけることが可能です。このため住民の予算制約線 ab は，

$$Z = - P_1 I + Y_0 \qquad (P_1 < P_0)$$

と変化します。つまり，切片が同じで，傾きが緩やかな直線 ac へと，反時計回りに回転することになります。このため，均衡は E_1 に移動します。

このことにより，消費者は新しい無差別曲線 U_1 に到達することができ，効用水準は国庫支出金を受けることにより上昇します。E_1 ではインフラサービスの消費量は I_1 で，合成財の消費量は Z_1 ですが，国庫支出金がない場合，

図 9.8　一般補助金と特定補助金の効果

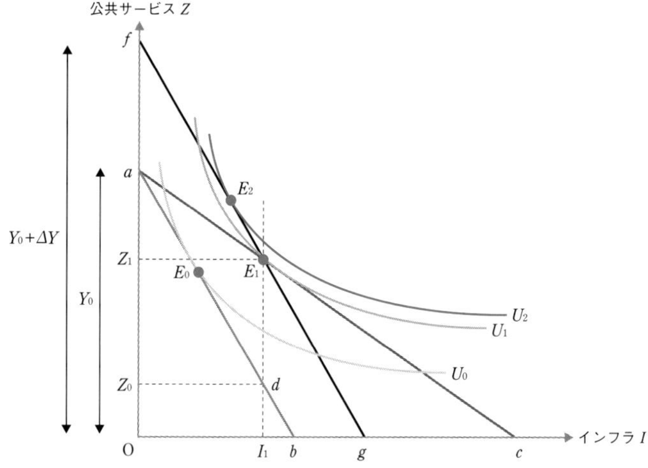

I_1 のインフラサービス消費を行えば，合成財は Z_0 しか消費できないはずです。つまり，E_1 に到達するために，合成財で測って $Z_1 - Z_0$ だけの国庫支出金が交付されていることになります。

では，この $Z_1 - Z_0$ だけの補助を特定のインフラの整備に対してだけ行うのではなく，何に使用してもいい形で，つまり一般財源としてこの消費者に与えた場合はどうでしょうか。使途を限定しない同額の一般財源（$Z_1 - Z_0 = \Delta Y$）が与えられたケースは，予算制約線が，

$$Y_0 + \Delta Y = Z + P_0 I \quad \rightarrow \quad Z = - P_0 I + Y_0 + \Delta Y$$

と変化します。これを図 9.8 で表現すれば，この補助は当初の予算制約線を ΔY（図 9.8 の af）だけ平行移動させるものとして表すことができます（直線 fg）。この場合，この消費者はより高い効用水準 U_2 を点 E_2 において獲得することができます。つまり，使途を限定しない補助を行うことで，同じ政策資源を用いてより高い効用水準を実現することができます。このため，国庫支出金のような特定補助金は，一般財源の交付のような一般補助金に比べて非効率だと言われています。

ただし，インフラはその種類によって，使用する者が地元の住民に限られ

ず，その影響も整備された地域をはるかに超えた広い範囲に及ぶことがあります。例えば，道路であれば都道府県道であっても他の道路とネットワークで結びついていますから，そのような傾向は強いと考えられます。河川整備にしても，上流下流は行政区域に限らずにつながっていますから，影響は行政の境界を越えます。このような現象をスピルオーバーと言います。スピルオーバーがある場合，整備される予定の地域にのみ負担を求めた場合，その供給は過少になる可能性があります。このため，国庫支出金はこのようなスピルオーバーに対応するものとして位置づけることが可能です。

9.4　避けなければならないシナリオ，求められる対応

●人口減少が地方財政にもたらすもの

この本では繰り返し述べてきたことですが，日本は今人口減少期を迎え，今後それが本格化し，長期化することが確実視されています。以下においては，山崎・中川（2020）に基づいて，地方財政に対して人口減少が持つ意味を議論します。まず地方政府の人口規模が縮小し，規模の経済と呼ばれるメリットが失われると考えられます。もう一つ，現在様々なところで取り組まれているコンパクトシティ化[4]ができない場合には，人口密度が大きく低下しますので，集積の経済が失われることになります。

なぜ都市が存在するのかという問いに対して経済学は，一つの答えとして「集積の経済」が存在するからだとしています。集積の経済は，なぜ都市に人が集まるのか，なぜ都市が発展するのかを説明する要因であると考えられています。集積の経済については，①公共財の存在，②マッチング，③情報スピルオーバー，と呼ばれる要因がそれをもたらしていると考えられています。

[4] 広がりすぎた都市の範囲を人口減少時代にあわせたコンパクトなものに作り直そうとする試み。都市計画の立地適正化計画などによって取り組まれています。

まず, ①公共財の存在ですが, 第2章で説明したようにみんなで使える財・サービスは，その財・サービスを消費する人が多くなればなるほど，一人当たりのコストが安くなります。つまり，効率的に財・サービスを提供できるようになります。逆に人口減少によって財・サービスを消費する人口が少なくなれば，その財・サービスの供給はどんどん非効率なものになります。以下では主にこの点を詳しく説明します。

次に②マッチングについて説明しましょう。都市のように多様な労働者，多様な企業が集まって，顔をつき合わせた（フェイスツーフェイス）コミュニケーションをとることのできる環境では，それぞれにピッタリの相手をみつけることができます。雇用に限らず，未婚男子と未婚女子のマッチングを達成する環境という観点から，都市は効率的な結婚市場だとも言われています。

最後に③情報スピルオーバーについて説明します。これは，多様な人たちの日常的なコミュニケーションから，新しいアイディアやそれに基づくイノベーションが生まれることなどを指します。米国のシリコンバレーでは，オフィシャルではない日常的な人々の交流から，多くの新しいビジネスのアイディアが生まれたとされています。

ここでは公共サービスやインフラに代表される公共財に注目して，都市の人口規模及び人口密度と一人当たりの歳出額の関係を簡単にみていきましょう。

市町村における基礎的なサービスの提供には，資本集約的な技術を用いるもの（住宅や公共施設）と労働集約的な技術を用いるもの（介護・福祉サービス等)があります。前者は固定費用が大きな割合を占めるため, 横軸にサービスの供給量，縦軸にその平均費用（＝総費用/供給量）を測ると，サービスの供給量が少ない当初は平均費用が顕著に低下しますが，ある水準を超えると，次第に上昇する傾向にあります。つまりU字カーブを描くと言われています。

図 9.9 は，市町村別の一人当たり歳出総額（対数値）と人口（対数値）の散布図ですが，横軸の 10 ～ 14 に至る区間でちょうど底になっていることがわかります。10 万の対数値は約 11 で，100 万の対数値は約 14 ですから,

図 9.9　一人当たりの歳出額と人口規模

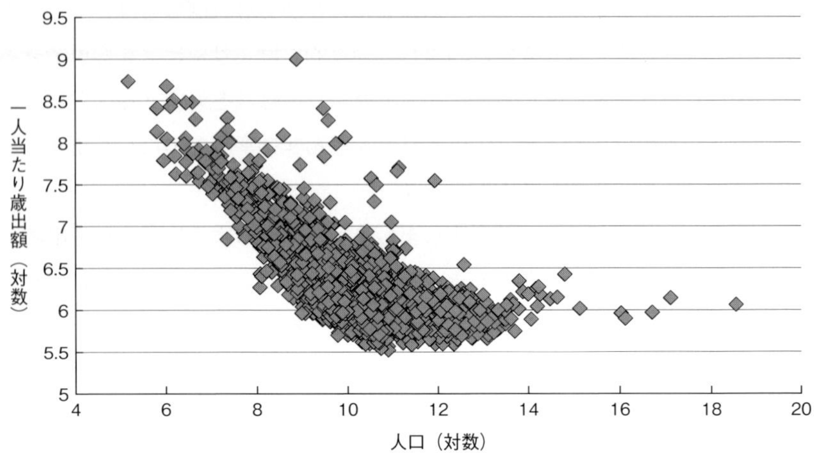

（出所）　総務省「平成 27 年市町村別決算状況調」，総務省「平成 27 年国勢調査」をもとに筆者作成。

公共サービスをコストを抑えて効率的に提供できる都市の最小効率規模と言われる水準は 10 ～ 100 万人程度だということです[5]。

さらに，これを人口密度（対数値）でみると，同様に底が平坦な U 字形が観察されます（図 9.10 参照）。ここでは ln（1096）≒ 7 を若干上回る水準で底を形成しています。少し乱暴ですが，効率的な公共サービスの供給を実現するためには，少なくとも 1,100 人 /km^2 程度の人口密度が必要になってくると考えられます。

介護・福祉サービス等労働集約的な技術を用いるものについては，対象となる高齢者等が分散して居住している場合よりも，近接していれば，専門ス

[5] 林（2002）では，人口の最適規模に関する実証研究の推計結果が整理されています。吉村（1999）は地域人口の最小最適規模を 18.1 ～ 21.6 万人，林（1999）では 11.8 万人，中井（1988）は 12.8 ～ 29.6 万人，西川（2002）は 17.0 万人，横道・村上（1996）は 9.1 ～ 20.5 万人とそれぞれ推計しており，これらの間には，大きな幅が存在します。

このように推計値にかなりの差があるのは，人口の規模が拡大するにつれて，より大規模な資本を必要とする公共サービスが供給可能になるからだと思われます。10 万人の都市の中心部にある道路の車線数と 100 万人の都市のそれらは異なっているでしょうし，海外や他の地域からたくさんの人々が訪れる 100 万人都市では，公園の規模や機能にも差があるでしょう。

図 9.10　一人当たりの歳出額と人口密度

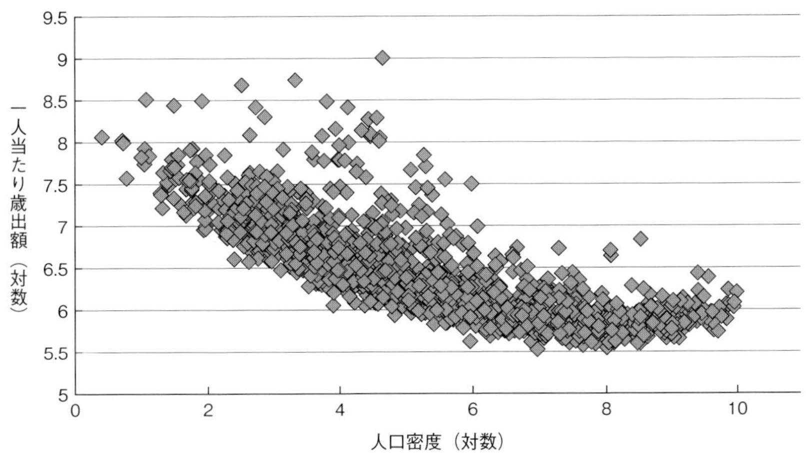

（出所）　総務省「平成 27 年市町村別決算状況調」，総務省「平成 27 年国勢調査」をもとに筆者作成。

タッフの移動のコストが節約できるので，そのコストが小さくなることは容易に想像できます。そのため，先に述べた固定資本による規模の経済性だけでなく，労働集約的なサービスについても集積の経済が発生するのです。したがって，都市のコンパクト化によってどの程度人口密度を高めるかが重要になります。

現在，中央政府も地方政府も様々な手段で，コンパクトシティという政策に取り組もうとしています。それは広がりすぎた都市の居住や行政，医療，福祉など様々な機能を集約しようとする試みです。これは図 9.9 及び図 9.10 において示された都市の最小効率規模やコストを最小にする人口密度を，はるかに下回る都市が多数存在しているからです。そして，人口減少社会では，その傾向がよりはなはだしくなるという問題意識に基づいたものと考えることができるでしょう。

市町村の人口規模，密度に関する将来をみてみましょう。日本では既に人口減少局面に入っていますが，十分な規模の市町村が既に形成されていれば，あるいは，総人口が減少してもより狭い地域に人口集積が進められていれば，公共財や公共サービスの効率性について心配する必要はないのかもしれませ

図 9.11　規模別市町村の分布

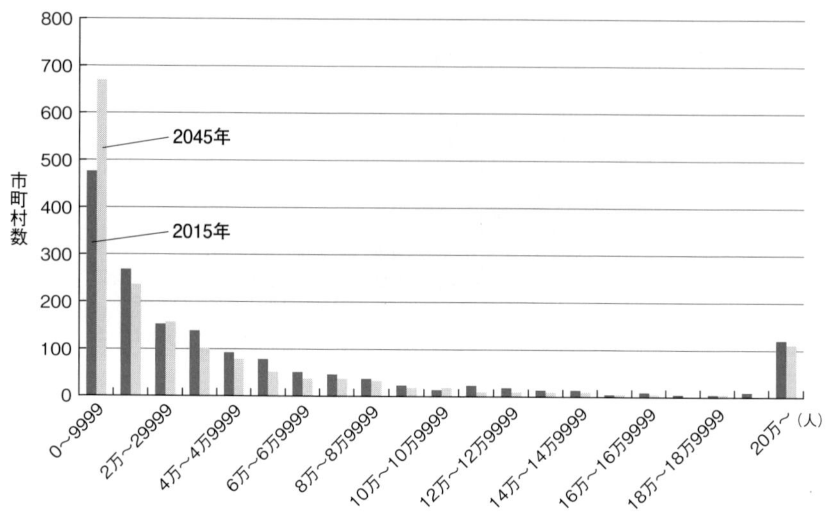

（出所）　国立社会保障・人口問題研究所「日本の市区町村別将来推計人口（平成 30 年推計）」をもとに筆者作成。

ん。問題なのは，どのクラスの人口規模，人口密度の市町村が増加するのかという点です。

多くの先行研究は，一人当たりの歳出規模が最小値に到達する人口を 20 万人と推計しています。図 9.11 は，各市町村の人々を 1 万人単位で分類し，その数を現在と将来で比較したものです。1 万人未満の市町村は，2015 年には 479 市町村と全体の 28%でしたが，2045 年には大きく上昇し，674 市町村と全体の 40%を占めるに至ります。人口密度についても同様に，2045 年には最も集積の経済を発揮しにくい市町村が大きく増加することになります。

政府は少子高齢化，人口減少に歯止めをかけるために，子育て支援等様々な政策を講じています。その効果が発現すること自体が難しいものである上に，合計特殊出生率の低下傾向に現在歯止めがかかったとしても，かなりの長い期間人口減少が継続するものと予測されています。人口減少自体を止められないとしても，人口集積を促すことは可能なのではないでしょうか。それが達成できない場合は，図 9.9，図 9.10 に示したように公共財，公共サー

図 9.12　地方公共団体の財政の健全化に関する法律

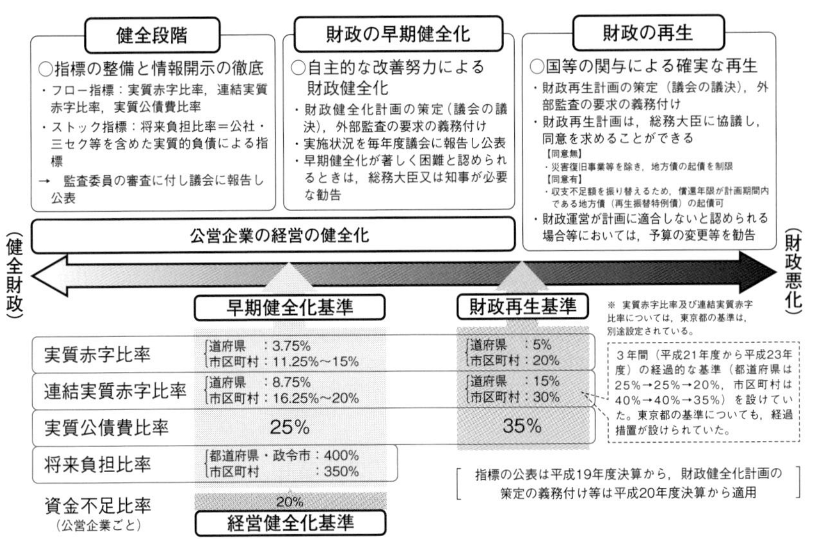

（出所）　総務省資料「地方公共団体の財政の健全化に関する法律の概要」(https://www.soumu.go.jp/main_content/000811051.pdf) より。

ビスを提供するコストが大きく上昇してしまうため，地方財政に大きな負荷がかかることが予想されます。このような都市政策，地域政策は，人口減少時代の地方財政の維持可能性を高めるためにも非常に重要なことだと考えられます。

●地方財政破綻の回避

このようなリスクに日本の地域はさらされています。しかし，第 1 節でみてきたように，中央政府は地方政府に対してかなり手厚い財政移転を行ってきたのは間違いないでしょう。さらに，中央政府は地方政府が財政破綻しない仕組みを整備しています。

図 9.12 には「地方公共団体の財政の健全化に関する法律」（地方財政健全化法）の仕組みが描かれています。地方財政健全化法は，2006 年に夕張市が実質的に財政破綻状態に陥ったことをきっかけに整備された法律です。夕張市はかつて，石狩炭田の中心都市として栄えましたが，1990 年までに

全ての炭鉱が閉山しました。このため，観光振興に活路を見出そうとした夕張市は多くの観光施設を整備しましたが，思うような活性化を達成することができませんでした。その後，公表されていた以上の実質的な借入金があることが判明したこともあり，実質的な財政破綻状態に陥ったのです。

地方財政健全化法では地方政府は毎年，

① 地方公共団体の最も主要な会計である一般会計等に生じている赤字の大きさを，その地方公共団体の財政規模に対する割合で表した実質赤字比率

② 公立病院や下水道など公営企業を含む，地方公共団体の全会計に生じている赤字の大きさを，財政規模に対する割合で表した連結実質赤字比率

③ 地方公共団体の借入金の返済額の大きさを，その地方公共団体の財政規模に対する割合で表した実質公債費比率

④ 地方公共団体の借入金など現在抱えている負債の大きさを，その地方公共団体の財政規模に対する割合で表した将来負担比率

を公表しなければならないこととされています。その値が，図 9.12 に描かれている早期健全化基準に該当した場合に地方政府は，

・財政健全化計画の策定，外部監査の要求
・実施状況を毎年度議会に報告し，公表
・早期健全化が困難と認められると総務大臣，知事が必要な勧告

を行うこととなります。さらに財政再生基準を超えると，

・財政再生計画の策定，外部監査の要求
・財政再生計画の総務大臣協議との同意
・財政運営が計画に適合しないと認められる場合等においては，総務大臣が予算等の変更の勧告

を行うこととなっています。夕張市の財政危機においては，財政危機が明るみに出て，いきなり国の強い介入が必要な状態に移行しました。このときに，その前の段階で健全化を促せなかったことや，地方政府本体の会計は健全な状況でも，密接に関連している公営企業や第３セクターに実質的な赤字が累積していたという反省を踏まえて，地方財政健全化法では，早期に広範な情

報を把握して措置をすることとしました。

このように，日本の地方財政制度は地方政府の破綻を認めていません。非常に厳しい状態に陥ったとしても，中央政府が介入してきて，その監視のもとに財政再建を果たすという仕組みが構築されています。しかし，米国などにおいては，地方政府の債務調整，つまり財政破綻が認められています。図9.11から，これからの人口減少を受けて，財政的には非常に厳しくなる地方政府はこれまで以上に増えることが懸念されます。この場合は，財政が非常に悪化した全ての地方政府について，国の介入で再建を果たすことが可能でしょうか。

むしろ，これからの日本においては人口減少下で，集積をこれまで以上に促進することが求められます。誰がどこに住むかは，もちろん住民自身が決めることでしょう。そういった足による投票でどの地方政府が維持されるのか，維持できないのかが決められることが最も効率的だと思います。その場合は，財政情報を開示するとともに，財政運営如何によっては破綻してしまうというシナリオを用意しておくことで，人の移動は合理的なものになるのではないでしょうか。今後の地域を支えるのは，中央政府からの財政的支援よりも，住民に選ばれる政策の実施，政策運営であることを前提とした仕組みを検討すべき時期にあるのではないでしょうか。

◆ 練習問題

問 9.1 「地方分権化定理」と呼ばれる考え方は，どのような機能を地方政府が果たすことが好ましいとしているのでしょうか。最も適切なものを以下から選択してください。

① 高速道路の整備
② 身近な公園などの整備
③ 低所得者への現金または現物給付
④ 景気安定化

問 9.2 地方政府はなぜ，住民の選好により沿った公共財・サービスの供給を行うと考えられているのでしょうか。適切な記述を全て以下から選択してください。

① 足による投票が働くから
② 地方政府が利他的に行動するから
③ 中央政府からの指導が行われるから
④ 住民に身近な存在であるため住民の選好に関する情報を持っているため

問 9.3 経済学の理論で指摘されている，（地方政府がそれぞれ判断して）分権的に所得再分配の水準を決定した場合に懸念されることは何でしょうか。適当だと思われる記述を，以下から選択してください。

① 国民の間で不公平が生まれる
② 再分配が過大な水準に設定される
③ 再分配を行えない地方政府が出てくる
④ 再分配の水準の引き下げ競争が起こる可能性がある

問 9.4 「地方公共団体の財政の健全化に関する法律」で定められた，地方公共団体の財政状況を把握する上で，地方公共団体本体だけでなく，またその年度のフローの財政状況を把握するだけでなく，ストックに関するより広い財務情報を提供する指標はどれでしょうか。最も適切なものを以下から選択してください。

① 実質赤字比率
② 連結実質赤字比率
③ 実質公債費比率
④ 将来負担比率

参考文献

■第 1 章

上村敏之（2013），『コンパクト 財政学 第 2 版』，新世社

釣雅雄・宮崎智視（2009），『グラフィック 財政学』，新世社

筒井義郎・佐々木俊一郎・山根承子・グレッグ＝マルデワ（2017），『行動経済学入門』，東洋経済新報社

山崎福寿・中川雅之（2020），「経済学で考える 人口減少時代の住宅土地問題」，土地総合研究所編，東洋経済新報社

Bernheim, B. D., and D. Tauninsky(2018), “Behavioral Publid Economics”, *Handbook of Behavioral Economics:Foundations and Applications 1*, B. D. Bernheim, S. DllaVigna and D. Laibson(Eds), North Holland, pp.381-515

Congdon, W. J., J. R. Kling and S. Mullainathan(2011), *Policy and Choice: Public Finance through the Lens of Behavioral Economics*, Brookings Institution Press

■第 2 章

大橋弘編（2020），『EBPM の経済学』，東京大学出版会

中川雅之（2003），『都市住宅政策の経済分析』，日本評論社

中川雅之（2008），『公共経済学と都市政策』，日本評論社

Zelmer, J.(2013), “Linear Public Goods Experiments:A Meta Analysis”, *Experimental Economics*, 6, pp.299-310

■第 3 章

瀧澤弘和・小澤太郎・塚原康博・中川雅之・前田章・山下一仁（2016），『経済政策論』，慶應義塾大学出版会

筒井義郎・佐々木俊一郎・山根承子・グレッグ＝マルデワ（2017），『行動経済学入門』，東洋経済新報社

中川雅之（2008),『公共経済学と都市政策』, 日本評論社

山崎福寿・中川雅之（2020),『経済学で考える 人口減少時代の住宅土地問題』, 土地総合研究所編, 東洋経済新報社

Ambrus, A., E.Field and R. Gonzalez(2020), "Loss in the Time of Cholera: Long-Run Impact of a Disease Epidemic on the Urban Landscape", *American Economic Review*, 110(2), pp475-525

■第４章

瀧澤弘和・小澤太郎・塚原康博・中川雅之・前田章・山下一仁（2016),『経済政策論』, 慶應義塾大学出版会

田中きよむ（2021),『少子高齢社会の社会保障・地域福祉論』, 中央法規

山崎福寿・中川雅之（2020),『経済学で考える 人口減少時代の住宅土地問題』, 土地総合研究所編, 東洋経済新報社

Laibson, D. (1997),"Golden eggs and hyperbolic discounting", *Quarterly Journal of Economics*, 112(2), pp.267-272

■第５章

中谷巌・下井直毅・塚田裕昭（2021),『入門マクロ経済学（第６版)』, 日本評論社

佐藤主光（2020),「コロナ経済対策について」,『コロナ危機の経済学』, 小林慶一郎・森川正之編著, 日本経済新聞出版

■第６章

小林慶一郎・森川正之（2020),『コロナ危機の経済学』, 日本経済新聞出版

齋藤誠（2002),「自然災害リスクと地価形成：リスク・シグナルとしての地価」,『不動産市場の経済分析』, 西村清彦編, 日本経済新聞社 , pp.195-237

齋藤誠・野田博（2016),『非常時対応の社会科学：法学と経済学の共同の試み』, 有斐閣

筒井義郎・佐々木俊一郎・山根承子・グレッグ＝マルデワ（2017),『行動経済学入門』, 東洋経済新報社

山崎福寿・中川雅之（2020),『経済学で考える 人口減少時代の住宅土地問題』, 土地総合研究所編, 東洋経済新報社

■第７章

上村敏之（2013),『コンパクト 財政学 第２版』, 新世社
瀧澤弘和・小澤太郎・塚原康博・中川雅之・前田章・山下一仁（2016),『経済政策論』, 慶應義塾大学出版会
釣雅雄・宮崎智視（2009),『グラフィック 財政学』, 新世社
中川雅之（2008),『公共経済学と都市政策』, 日本評論社
Bernheim, B. D., and D. Tauninsky(2018), "Behavioral Publid Economics", *Handbook of Behavioral Economics:Foundations and Applications 1*, B. D. Bernheim, S. DllaVigna and D. Laibson(Eds), North Holland, pp.381-515
Taubinsky,Dmitry,Rees-Jones,Alex,(2017), "Attention variation and welfare: theory and evidence from a tax salience experiment", *The Review of Economic Studies*, vol 85(4), pp.2462-2496

■第８章

井堀利宏（2000),『財政赤字の正しい考え方』, 東洋経済新報社
岩本康志・大竹文雄・齋藤誠・二神孝一（1999),『経済政策とマクロ経済学』, 日本経済新聞社
上村敏之（2013),『コンパクト 財政学 第２版』, 新世社
瀧澤弘和・小澤太郎・塚原康博・中川雅之・前田章・山下一仁（2016),『経済政策論』, 慶應義塾大学出版会
釣雅雄・宮崎智視（2009),『グラフィック 財政学』, 新世社
筒井義郎・佐々木俊一郎・山根承子・グレッグ＝マルデワ (2017),『行動経済学入門』, 東洋経済新報社
Weinstein, N. D. (1980), "Unrealistic optimism about future life events", *Journal of Personality and Social Psychology*, 39(5), pp.806-820

■第９章

上村敏之（2013),『コンパクト 財政学 第２版』, 新世社
釣雅雄・宮崎智視（2009),『グラフィック 財政学』, 新世社
中井英雄（1988),『現代財政負担の数量分析』, 有斐閣
中川雅之（2005),「公営住宅をどうすべきか」,『応用経済学への誘い』, 大竹文雄編著（日本評論社), pp.91-114
西川雅史（2002),「市町村合併の政策評価：最適都市規模・合併協議会の設置確率」,

『日本経済研究』，46，pp.61-79
林正義（1999)，『地方財政論：理論・制度・実証』，ぎょうせい
林正義（2002)，「地方自治体の最小効率規模ー地方公共サービス供給における規模の経済と混雑効果ー」，『フィナンシャル・レビュー』，pp.59-89
山崎福寿・中川雅之（2020)，『経済学で考える 人口減少時代の住宅土地問題』，土地総合研究所編，東洋経済新報社
横道清孝・村上康（1996)，「財政的効率性からみた市町村合併」，『自治研究』，第72巻，11号，pp.69-87
吉村弘（1999)，「行政サービス水準及び歳出総額からみた最適都市規模」，『地方経済研究（広島大学経済学部付属地域経済研究センター紀要)』，第10号，pp.55-70.

索　引

あ　行

か　行

さ　行

た　行

な　行

は　行

著者紹介

中川　雅之（なかがわ　まさゆき）

1961年，秋田県に生まれる。日本大学経済学部教授。1984年京都大学経済学部卒業，経済学博士（大阪大学）。1984年建設省入省後，大阪大学社会経済研究所助教授，国土交通省都市開発融資推進官などを経て，2004年から現職。国家戦略特別区域諮問会議議員，日本計画行政学会会長，日本公共政策学会会長に就任。

主要著書・論文

『都市住宅政策の経済分析』（2003年，日本評論社，日経・経済図書文化賞，2003年NIRA大来政策研究賞）

『公共経済学と都市政策』（2009年，日本評論社）

『経済学で考える 人口減少時代の住宅土地問題』（山崎福寿との共著。一般社団法人土地総合研究所編）（2020年，東洋経済新報社）

“Earthquake risks and land prices : Evidence from the Tokyo Metropolitan Area”
(Masayuki Nakagawa, Makoto Saito, and Hisaki Yamaga, *Japanese Economic Review*, 2009)

●ライブラリ 経済学への招待—5

財政学への招待

2022年11月25日© 初 版 発 行

著 者 中川雅之 発行者 森平敏孝
印刷者 篠倉奈緒美
製本者 小西惠介

【発行】 株式会社 新世社
〒151-0051 東京都渋谷区千駄ヶ谷1丁目3番25号
編集 ☎(03)5474-8818(代) サイエンスビル

【発売】 株式会社 サイエンス社
〒151-0051 東京都渋谷区千駄ヶ谷1丁目3番25号
営業 ☎(03)5474-8500(代) 振替 00170-7-2387
FAX ☎(03)5474-8900

印刷 (株)ディグ 製本 (株)ブックアート

《検印省略》

ISBN 978-4-88384-362-6

PRINTED IN JAPAN

サイエンス社・新世社のホームページのご案内
https://www.saiensu.co.jp
ご意見・ご要望は
shin@saiensu.co.jp まで。